Dein Erfolg liegt in Dir

Systemisches Selbstmanagement mit der Vier-Körper-Aufstellung

FRANK ASTOR

Remote Verlag
www.remote-verlag.de

Bibliografische Information der Deutschen Nationalbibliothek

Die Deutsche Nationalbibliothek verzeichnet diese Publikation in der Deutschen Nationalbibliografie; detaillierte bibliografische Daten sind im Internet über http://dnb.dnb.de abrufbar.

Für Fragen und Anregungen:
info@remote-verlag.de

ISBN Print: 978-3-948642-23-5
ISBN E-Book: 978-3-948642-22-8

Originalausgabe
Erste Auflage 2021

Projektleitung: Nico Hullmann
Manuskriptbearbeitung: Katrin Gönnewig, Nina Blank
Umschlaggestaltung: Wolkenart - Marie-Katharina Becker, www.wolkenart.com
Abbildungen im Innenteil: © Frank Astor – mit Ausnahme bis Seite 61 (Melvyn Paulino)
Satz und Layout: Melvyn Paulino

Haftungsausschluss:

Die Verwendung der Informationen in diesem Buch und die Umsetzung derselben erfolgt ausdrücklich auf eigenes Risiko. Verlag und Autor können für etwaige Unfälle und Schäden jeder Art, die sich bei der Verwendung der Informationen ergeben (z. B. aufgrund fehlender Sicherheitshinweise), aus keinerlei Rechtsgrund die Haftung übernehmen. Haftungsansprüche gegen Verlag und Autor für Schäden jeglicher Art, die durch die Nutzung oder Nichtnutzung der Informationen bzw. durch die Nutzung fehlerhafter und/oder unvollständiger Informationen verursacht wurden, sind ausgeschlossen. Folglich sind auch Rechts- und Schadenersatzansprüche ausgeschlossen. Der Inhalt dieses Werkes wurde mit größter Sorgfalt erstellt und überprüft. Verlag und Autor übernehmen keine Haftung für die Aktualität, Richtigkeit und Vollständigkeit der Inhalte des Buches, ebenso nicht für Druckfehler. Es kann keine juristische Verantwortung sowie Haftung in irgendeiner Form für fehlerhafte Angaben und daraus entstandenen Folgen vom Verlag bzw. Autor übernommen werden.

Der Inhalt darf nicht mit medizinischer oder psychologischer Hilfe verwechselt werden. Bei Vorliegen von schweren Krankheiten sollte ärztlicher Rat eingeholt werden.

Für die Inhalte von den in diesem Buch abgedruckten Internetseiten sind ausschließlich die Betreiber der jeweiligen Internetseiten verantwortlich. Verlag und Autor haben keinen Einfluss auf Gestaltung und Inhalte fremder Internetseiten. Verlag und Autor distanzieren sich daher von allen fremden Inhalten. Zum Zeitpunkt der Verwendung waren keinerlei illegalen Inhalte auf den Webseiten vorhanden.

Inhalt

Vorwort

In den letzten Jahrzehnten sind eine unglaubliche Menge neuer Coaching-Techniken und -methoden auf den Markt gekommen. Viele davon habe ich persönlich kennengelernt und in meinen Seminaren, Trainings und in meiner Coaching-Praxis ausprobiert und weiterentwickelt. Immer wieder fiel mir dabei auf, dass Menschen, die schon viel an sich gearbeitet hatten, trotzdem oft an einem bestimmten Punkt feststeckten oder nicht mehr in der Lage waren, die Methoden, die sie eigentlich schon gut kannten, für sich oder andere erfolgreich anzuwenden. Deshalb ging ich auf die Suche nach einem Zugang, der die Grundlage für alle weitere Beratungs- und Persönlichkeitsentwicklungsarbeit schafft. Und da nur derjenige, der Fragen hat, auch Antworten bekommt, habe ich sie gefunden: die Vier-Körper-Aufstellungstechnik.

Sie ist genauso einfach wie genial und vor allem höchst wirkungsvoll. Man kann sie alleine für sich, in seiner Beratungspraxis mit Einzelnen, aber auch in Gruppen anwenden. Es ist jedoch mit dieser Methode genauso wie mit vielen anderen: Man muss sie vor allem konsequent anwenden. So, wie ein Musiker, der ein Leben lang seine Fingerübungen machen muss, um seine Musikstücke auch noch im hohen Alter oder bei Höchstanforderungen spielen zu können.

Ich wünsche Ihnen ganz viel Freude, viel Erfolg und inspirierende Erkenntnisse mit der Vier-Körper-Aufstellungstechnik und stehe Ihnen für weitere Fragen, Einzelberatung oder Trainings in dieser und auch weiteren Methoden gerne zur Verfügung.

Ihr Frank Astor

Sie oder du?

Ursprünglich hatte ich das Buch in Sie-Form geschrieben, weil ich es höflicher finde, Menschen die ich nicht kenne, zu siezen. Mittlerweile haben mich

Kollegen eines Besseren belehrt. Gerade wenn es um persönliche, therapeutische oder psychologische Inhalte geht, so die neuesten wissenschaftlichen Untersuchungen, scheint die Wirkung tiefer zu gehen, wenn man die Du-Form benutzt. Vertrauen wir also der Wissenschaft. Und ab jetzt also „du".

Wie alles begann

Seit vielen Jahren arbeite ich mit systemischen Struktur- und Lösungsaufstellungen, die aus der systemischen Arbeit mit Familien von Virginia Satir und Bert Hellinger weiterentwickelt wurden. Hocheffektive Werkzeuge für die Coaching- und Beratungspraxis, um den Ursprung und die Dynamik von Konflikten auch für nicht familienbasierte Themen schnell sichtbar zu machen.

Systemaufstellungen sind für mich als gelernter Theatermacher, Schauspieler und Regisseur ein spannendes und effektives Instrument, um mögliche Lösungswege aufzudecken. Denn sie ähneln der klassischen Theaterarbeit, die uns Menschen schon seit den alten Griechen hilft, mit unserem Schicksal besser in Einklang zu kommen. Auch beim Inszenieren von Theaterstücken wird mit der „richtigen" Anfangsaufstellung aller beteiligten Figuren und Personen begonnen, um von dort aus deren Entwicklungen zu zeigen. Claus Peymann, der große deutsche Regisseur, hat oft Tage damit zugebracht, die richtige Anfangsposition für eine Szene oder ein Theaterstück zu finden. Und wenn er diese gefunden hatte, nahm seine Inszenierungen automatisch einen stimmigen Lauf. Auch im Filmgeschäft sind sogenannte Drehbuchaufstellungen mittlerweile fester Bestandteil der Entwicklungsarbeit am Drehbuch und der Ausfeilung der richtigen Rollenkonstellationen. Manchmal werden Drehbücher wieder umgeschrieben, nachdem man durch eine Aufstellung festgestellt hat, dass jemand anderes der „Mörder" ist oder bestimmte Figuren „Geheimnisse" miteinander haben, die sie charismatischer und interessanter machen.

Systemische Aufstellungen können aber auch bei persönlichen Problemen, z. B. beim Hausbau, Problemen mit Nachbarn, Ämtern und Behörden, bei Störungen im Auto, verlegten oder verlorenen Gegenständen, bei Krankheiten und Verhaltensauffälligkeiten von Haustieren, bei geschäftlichen Dynamiken, persönlichen und beruflichen Partnerschaften, helfen, den Ursprung eines Problems herauszufinden. Ich wende Aufstellungstechniken gerne in verschiedenen Formen in meiner Beratungspraxis an. Denn kaum eine Methode ist geeigneter, schnell kreative Ressourcen zu erschließen, Lösungen zu finden und wieder Ruhe in die Sache zu bringen.

Um es gleich vorwegzunehmen: Ein Problem erkannt und den Lösungsweg gesehen zu haben, ist immer nur der erste Schritt auf dem Weg zur Problembeseitigung. Du musst auch bereit sein, die Gewohnheiten zu ändern, die das Problem weiter aufrechterhalten und neue Verhaltens- und Denkweisen wagen, die die Integration des Neuen erst möglich machen. „Genie", sagte Einstein, „ist 1 % Inspiration und 99 % Transpiration." So ähnlich verhält es sich auch mit Systemaufstellungen. Ohne konsequenten Umsetzungswillen nützen uns die schönsten Erkenntnisse einer Aufstellung nicht sehr viel.

Seit Jahren mache ich dabei die Erfahrung, dass überwiegend Klienten in meine Beratungspraxis finden, die wirklich bereit sind, etwas zu verändern. Das sollte selbstverständlich sein, wenn du dir externe Unterstützung holst. Doch der Familienaufsteller Bert Hellinger hat es einmal sehr schön auf den Punkt gebracht: „Manche lieben ihr Problem mehr als die Lösung."

Vor einigen Jahren wurde das Anliegen einer Klientin während eines Aufstellungsseminars die Grundsteinlegung für die hier vorliegende Methode. Die Teilnehmerin äußerte ihr Anliegen: „Ich kann mich nicht fühlen, habe Probleme im Job, eine angeschlagene Gesundheit und immer sehr schwierige Beziehungen." Ich bat sie, aufgrund der Fülle der Themen, ihr Anliegen in einem prägnanten Lösungssatz auszudrücken. Auf der Suche nach der richtigen Formulierung entfuhr ihr dabei: „Ich wäre gerne ich." Da wusste ich sofort, damit müssen wir arbeiten.

Ich bat sie, sich erst einmal einen Platz für sich selbst auf einem begrenzten Bereich im Raum, ihrem Lebensfeld, zu suchen und dann aus dem Kreis der anwesenden Teilnehmer vier Stellvertreter für die Qualitäten der vier Worte ihres Satzes: „Ich. Wäre. Gerne. Ich." auszusuchen. (Das ist die sogenannte Aufstellung des „Lösungssatzes".)

Schnell verabschiedeten sich drei der vier Stellvertreter aus ihrem „Lebensfeld" ins Nachbarzimmer und machten dort lautstark „Party". Das verdeutlichte uns, dass die Kraft und Vitalität unserer Teilnehmerin im Nebenzimmer und nicht bei ihr waren. Deshalb konnte sie sich auch nicht spüren und fühlte sich energielos und als Spielball ihrer Umgebung. Lediglich ein Teil von ihr hielt tapfer die Stellung, war aber immer kurz vorm Kollabieren und musste von meiner völlig überforderten Klientin gestützt und versorgt werden.

Nach verschiedenen Interventionen – ich spreche später noch darüber, wie genau solche Interventionen aussehen –, landeten schließlich alle Teile auf ihrem Lebensfeld und umringten sie mit ihrer ganzen Kraft und Lebendigkeit. Ich kann mich auch jetzt nach Jahren noch gut erinnern, dass wir mit allen anwesenden Teilnehmern eine spontane Party feierten, in den Schwimmteich unseres Gartens sprangen, Musik auflegten und tanzten, meine Frau spontan eine Erdbeerbowle zauberte und wir alle in einer unglaublichen Hochstimmung waren, weil da jemand „ins Leben zurück gekommen" war. Und das musste gefeiert werden.

In der Auswertung dieser Aufstellung fiel der Begriff der „vier Körper". Mir wurde klar, die Anteile, die sie mit den Worten „Ich. Wäre. Gerne. Ich." benannt hatte, waren die Entsprechungen Ihrer vier Körper: Der physische Körper, der emotionale Körper, der mentale Körper und der spirituelle Körper.

Im Laufe der nächsten Monate begann ich meine Vorgehensweise mit diesen vier Körpern immer mehr zu verfeinern und entwickelte dabei die hier vorliegende Struktur der Vier-Körper-Aufstellung. Ich entdeckte, dass jedes Problem, jedes Anliegen, jeder Verbesserungswunsch, alles, was wir als nicht stimmig in unserem Leben empfinden und sich in irgendeinem Bereich als Mangel oder Problem zeigt, sich darauf gründet, dass ein oder mehrere der vier Körper nicht im Blick, nicht am richtigen Platz oder durch andere Ursachen in ihrer Kraft behindert sind. Manchmal behindern sie sich auch gegenseitig, oder ein Teil dominiert alle anderen. So, wie bei einem Auto ein einziger platter Reifen dir die ganze Freude am Fahren nehmen kann, ist das auch mit den vier Körpern. Nur wenn diese am richtigen Platz stehen, d. h. im richtigen Abstand und uns zugewandt, können sie uns dienen. Und genau das ist ihr ursprünglicher Sinn und Zweck.

Jahre später, als ich wieder einmal in einem regelmäßig stattfindenden Seminar mit meinen Hochschul-Professoren am Thema Sensibilität und Wahrnehmung für ihren Vorlesungsalltag arbeitete, sprach ich über die Vier-Körper-Aufstellungstechnik. Eine anwesende Professorin, die auch als systemischer Coach und Familienaufstellerin arbeitet, wurde sofort hellhörig und bat mich, diese Technik einmal vorzuführen. Das tat ich dann auch gleich mit ihr, da sie in einer persönlichen „Umbruchssituation" war. Bei Aufstellungen gilt immer die Devise: Je größer das Anliegen, desto kraftvoller das Ergebnis. Die beteiligten Professoren, die als Stellvertreter für ihre vier Körper standen, verstanden zwar überhaupt nicht, was da vor sich ging, aber die Teilnehmerin war am Ende sichtlich beeindruckt. Nach einigen Monaten schickte sie mir diese Nachricht:

> *„Lieber Frank, ich war bei Dir im Sensibilitätstraining in Hohenwart (ich habe die Aufstellung zum Schluss gemacht) und wollte Dir kurz berichten, was seither passiert ist: Ich habe aufgehört Zucker zu essen. Habe plötzlich volle Breitseite gespürt, was in meiner Beziehung abgeht. Habe 15 Kilo abgenommen – bisher! Mein Mann bezieht nächste Woche eine eigene Wohnung. Ich habe Erfolg ohne Ende, viel mehr Einzelklienten, schon Buchungen für den Herbst, habe eine Fotoausstellung bei mir in den Räumen organisiert, habe ein neues Logo, neue Fotos für meine Website und fühle mich zum ersten Mal seit langem so richtig lebendig! Ich danke Dir sehr für die Aufstellung. Sie hat viel in mir bewegt und ins Rollen gebracht. Danke. Danke. Danke. Herzliche Grüße Petra K."*

Die reichen Erfahrungen, die ich mit dieser einfachen und doch so wirksamen Technik gemacht habe, möchte ich dir in diesem Buch weitergeben. Du kannst sie jederzeit alleine anwenden, wenn du etwas klären möchtest oder du dich energielos fühlst. Du kannst sie mit anderen machen, in Seminaren nutzen und vor allem zu wirklich jedem Thema anwenden, um Veränderungen möglich zu machen. Denn in ihr zeigt sich eine fundamentale Grundwahrheit des Lebens. In meiner Beratungspraxis beginne ich daher mit dem eigentlichen Coaching immer erst, nachdem ich die vier Körper des Klienten in eine gute Ordnung gebracht habe. Oft spiegeln sich Anliegen, Konflikt und auch die Lösung schon darin, sodass mit dem Ordnen der vier Körper, das Beratungsanliegen zum Großteil erfüllt ist.

Im Folgenden erhältst du eine reiche Sammlung von Techniken, mit denen du die Komplexität der vier Körper erleben und aktivieren kannst. Und in den Praxisbeispielen kannst du die Vielfalt der Anwendungsmöglichkeiten hautnah erleben.

Grundsätzlich verhält es sich mit therapeutischen Techniken wie mit Weinproben: Du kannst ganze Bücher über Weine schreiben oder lesen, aber bevor du nicht einen Schluck Wein probiert hast, hast du keine Ahnung davon, was Wein sein könnte. Trotzdem können Bücher über Weine neugierig darauf machen. Und ich möchte dich mit diesem Buch neugierig machen, die Technik der Vier-Köper-Aufstellungen selbst auszuprobieren.

Im zweiten Teil dieses Buches habe ich für dich eine Menge Hintergrundwissen, Analogien und allgemeine Bezüge zu den vier Körpern zusammengetragen. Es macht die Dimensionen deutlich, die dahinterstecken und wirken. Ganz besonderen Dank möchte ich bereits jetzt meinem Freund Klaus Jürgen Becker für seinen großen Forschergeist sagen, der mich unaufhörlich über das Jahr meines Schreibens hinweg mit seinem Wissen, seiner Erfahrung, literarischen Quellen und Buchtipps versorgt hat.

Um es noch einmal hervorzuheben: Unsere wunderschöne Erde ist aus den vier Elementen Feuer, Wasser, Erde und Luft erschaffen. Diese Elemente und Kräfte sind auch in uns, da wir ebenfalls Schöpfer sind. So ist es uns möglich, unser Leben so zu gestalten, wie wir das möchten. Alles liegt in uns, die Ursachen und die Lösung. Und dieses Wissen und diese Ressourcen stehen uns jederzeit zur Verfügung. Aus diesem Grund heißt mein Buch auch „Dein Erfolg liegt in Dir“.

Übrigens habe ich eine Buch-Webseite erstellt, auf der du weitere Praxisbeispiele, Videos von Vier-Körper-Aufstellungen, geführte Entspannungsreisen zu den vier Körpern, Meditationen und Erfahrungsberichte findest. Gerne kannst du dort auch von deinen Erfahrungen berichten.

Teil 1. Die Vier-Körper-Aufstellung

Alle vier Bereiche unseres Körper-Energie-Systems müssen kooperieren und im harmonischen Miteinander funktionieren, damit wir stabil und souverän als „befreites Bewusstsein“ inmitten der Herausforderungen des modernen Lebens stehen und weitblickend agieren können. Oftmals sind wir jedoch so sehr mit uns selbst bzw. unseren inneren Anteilen verstrickt, dass wir nicht mehr „durchblicken“ und angemessene Lösungen für unsere Lebenssituationen erkennen können.

Manchmal verselbstständigen sich auch neuronale Prozesse. Wir werden zum Spielball unserer eigenen Muster, die wir auf mentaler Ebene kaum mehr durchblicken.

Um hier zu helfen, habe ich begonnen, Aspekte des neuronalen Systems von Klienten in der Form von „Körpern[1]“ darzustellen.

In diesem Modell ist jedem Aspekt des neuronalen Systems ein *Körper* zugeordnet, mit dessen Hilfe jeweils eine Selbst-Qualität verwirklicht werden kann:

> *„Jeder Mensch besitzt mindestens vier verschiedene Körper, einen sicht- und anfassbaren, den Physischen Körper und mehrere unsichtbare, feinstoffliche Körper. Bei ihnen unterscheiden wir den Emotionalen, den Mentalen und den Spirituellen Körper. Das Wissen um diese Körper ist bis heute erstaunlich wenig verbreitet; es sollte jedoch zum Basiswissen jedes Menschen gehören. Jeden dieser vier Körper können wir wie eine Persönlichkeit betrachten, der es gut oder schlecht gehen kann. Sie dienen uns, um die unterschiedlichen Erfahrungen, neben den physischen, die emotionalen, mentalen und spirituellen Erfahrungen zu ma-*

1 *Körper (von lateinisch corpus ‚Leib‘) ist die in Erscheinung tretende Gestalt eines Lebewesens, mit der es von seiner Umgebung abgesetzt ist.*

> *chen und zu verarbeiten. Wenn es uns schlecht geht, wenn wir nicht glücklich sind, nicht klar wissen, was wir wollen, uns innerlich zerrissen anfühlen, dann liegt dies meist am Zustand und der Disharmonie dieser vier Körper.“ (Robert Betz*[2])

In diesem Modell repräsentiert jeder der vier Körper einen unabhängigen Wesensbereich, gespeist durch das ihn betreffende neuronale System. Er ist mit einem eigenen Bewusstsein und einer eigenen Intention ausgestattet und auf seine einzigartige Weise mit unseren neuronalen Funktionen verbunden:

- Physischer Körper: Der physische Körper hat sein „Hauptquartier“ im Kleinhirn und integriert alle physische Aktivität, organisch wie muskulär. Seine Sprache sind Bewegung und Berührung.
- Emotionaler Körper: Der emotionale Körper beinhaltet u. a. unser instinktives, individuelles Selbst. Sein neuronales „Hauptquartier“ sitzt im Hypothalamus. Alle vom physischen Körper ausgehenden Informationen und Impulse, alle sinnlichen Wahrnehmungen sowie alle Informationen und Impulse, welche vom Gehirn zum Körper laufen, passieren diese Region. Das instinktive, individuelle Selbst ist der Aspekt des Emotionalkörpers, der allen Handlungen Ausdruck verleiht. Seine Sprache sind Leidenschaftlichkeit und Hingabe. Der emotionale Körper verfügt auch über einen instinktiven Zugriff auf alle Aufzeichnungen der DNS.
- Mentaler Körper: Der mentale Körper verfügt über verschiedene Fähigkeiten. Hierzu zählen die Fokussierung auf ein Ziel (Konzentration), der Aufbau mentaler und kausaler Strukturen (Glaubenssystem = Summe aller Glaubenssätze) sowie die Fähigkeit, sich von sich selbst zu transzendieren und jeden vorstellbaren Standpunkt einzunehmen (Selbst-Transzendenz). Sein „Hauptquartier“ liegt in der hinteren Außenseite des Schläfenlappens der linken Gehirnhälfte. Seine Sprache sind die Gedanken, dargestellt in Bildern, Symbolen oder Worten.

---

2 Zitat aus: Vier Körper Meditation: Klärung, Heilung und Integration deiner vier Körper, Robert Theodor Betz, Robert Betz Verlag, 2014.

- Spiritueller Körper: Das „Hauptquartier“ des spirituellen Körpers ist zugleich subtil wie auch umfassend. Es beinhaltet das Chakra-Energiesystem (insbesondere die „höheren“ Chakren 4–7), die „Herz-Intelligenz“, die Cerebrospinalflüssigkeit, das Meridiansystem (insbesondere den Zentral- und Gouverneursmeridian). Seine Sprache besteht aus Licht-Information sowie telepathischen Eindrücken in Gebet, Meditation und inneren Reisen (Fantasiereisen, Yoga Nidra).

Jeder der vier Körper kann energiereich oder schwach, blockiert oder im Lebensfluss eingebunden sein. In ihrer Vierheit stellen die vier Körper dein gesamtes menschliches Potenzial dar, mit dem du dein Leben gestaltest und dich ausdrückst. Die vier Körper stehen für dich als deine schöpferischen Werkzeuge zur Verfügung und warten darauf, von dir bewusst und im Dienst deiner Intention eingesetzt zu werden.

Natürlich gibt es diese vier Körper nicht im physikalischen Sinne. Sie besitzen jedoch eine subjektive Realität, wodurch dieses Modell höchst funktional und hilfreich ist.

Chronische Krankheiten, Frustrationen, Unzufriedenheit, äußere Hindernisse und Blockaden deuten darauf hin, dass diese vier Körper nicht optimal im Dienst deiner Absichten kooperieren, dass sie abseits oder dir sogar im Wege stehen – aber dies kannst du ändern.

Mithilfe der in diesem Buch beschriebenen Übungen kannst du die einzelnen Teile deines neuronalen Systems getrennt betrachten, optimieren und auf eine ideale Weise wieder zusammensetzen – so wie Uhrmacher oder Automechaniker, die einzelne Teile auseinandernehmen, optimieren und wieder zusammensetzen, sodass die Uhr oder das Auto wieder optimal funktionieren.

Wie bei der „inneren Ratsversammlung“ (dazu später mehr) können die einzelnen Anteile zu Wort kommen, geführt werden und in einer neuen Ausrichtung ihren Beitrag zu deiner Lebensoptimierung leisten.

Die Erfahrung hat mich davon überzeugt, dass dieses System wesentlich effektiver ist als die übliche in der modernen Psychologie verwendete „Teilearbeit", da in dem Vier-einigen-System die Gesamtheit aller inneren Vorgänge enthalten ist.

Im Gegensatz zum herkömmlichen „inneren Team" handelt es sich bei den vier „elementaren" Körpern nicht nur um verschiedene Stimmen oder Meinungen, sondern um gewaltige Ressourcen, welche auch im Dienst von Wandlungs- und Transformationsprozessen bereitstehen.

Je besser das Miteinander dieser vier Körper in uns funktioniert, desto gesünder, kraftvoller, erfolgreicher und erfüllter werden wir im Leben sein.

In den nachfolgenden Kapiteln gebe ich dir das Wissen, wie diese vier Körper funktionieren, welche Lebensgeheimnisse sich in ihnen verbergen, welchen Mechanismen sie folgen. Diese wieder optimal „einzustellen" fördert deine Gesundheit, dein Lebensglück, deine geistige Klarheit und deine Lebenserfüllung. Dies bedeutet:

- eine gelingende Beziehung
- Erfüllung und Erfolg im Beruf
- finanzielle Leichtigkeit
- Basis für körperliche Gesundheit und Vitalität
- genussvolle Freizeit
- Lebenssinn und spirituelle Rückverbindung

Innere Pluralität

Die praktische Durchführung

Systemische Familienaufstellungen haben in den letzten Jahren einen gewissen Bekanntheitsgrad erlangt. Ihr Funktionsmechanismus fließt als Basis in die Vier-Körper-Aufstellung ein.

In Familienaufstellungen wird das eigene Herkunfts- oder Gegenwartsfamiliensystem exemplarisch von Stellvertretern in einer Raumskulptur nachgestellt, um Beziehungsdynamiken sichtbar zu machen. Organisationsaufstellungen, die von Unternehmensberatern in Firmen gemacht werden, können die Bezüge einzelner Abteilungen, Teams oder Mitarbeiter, aber auch die Beziehung des gesamten Unternehmens zur Umwelt, zu Mitbewerbern, der Gesellschaft oder den Kunden untersucht und sichtbar machen. Es ist wie ein energetisches Abbild im Raum, in das sogenannte Stellvertreter hineintreten können, und dann über das „morphische Feld" beginnen, die Gedanken, Empfindungen und Gefühle des Themas oder der einzelnen Mitglieder eines Systems wahrzunehmen und auszudrücken.

Selbst wenn Menschen völlig unbedarft in eine Aufstellung geraten, sind sie überrascht, wie real und stark diese Empfindungen und Eindrücke sind. Vor einigen Jahren rief mich mein Sohn an, der in Wien studierte und damals große Probleme hatte. Ich hörte mir das Ganze an, ohne näher auf Details einzugehen und fragte ihn, ob ich eine Aufstellung zu seinem Thema machen dürfe. Er gab mir die Erlaubnis dazu. (Das ist sehr wichtig, da derjenige, der diese gibt, damit ermöglicht, tief in sein Seelensystem und auch in verdrängte und unbewusste Seiten einzusteigen.) 20 Minuten später stellte sich ein Praktikant bei mir im Büro vor. Ich bat ihn ohne große Vorerklärung, sich im Wohnzimmer auf den Teppich zu stellen und zu sagen, was er wahrnehmen würde. Er war plötzlich wie verändert und völlig überrascht, dass er überall alte Häuser, Plätze und Straßen sah und sich vor allem komplett anders fühlte. Ich sagte ihm, er solle es einfach nur zulassen und arbeitete mit ihm an dem Teil, der meinem Sohn in Wien gerade Probleme bereitete. Relativ schnell fanden wir eine Lösungsaufstellung, also eine harmonische Konstellation, in der die Spannungen aus dem System gewichen waren.

Anschließend erklärte ich dem Praktikanten, was ich mit ihm gemacht hatte, und dass die Vorstellung der alten Häuser sicherlich daher rührte, dass mein Sohn, um den es ging, gerade in Wien lebe. Als ich drei Stunden später wieder mit meinem Sohn telefonierte, sagte dieser, dass sich das Thema, das ihn am Morgen noch arg durchrüttelte, völlig aufgelöst hatte.

Diese „magische" Fernwirkung habe ich auch einmal erlebt, als ich im hintersten Winkel des Seminarraumes für den Sohn einer Familie stand, der sich komplett von der Familie abgewandt hatte und in Australien lebte. Als der Vater mich fragte, warum ich so weit weg stünde, antwortete ich ihm spontan, weil Australien der entfernteste Ort auf der Erde sei. Wenn es einen weiteren gegeben hätte, wäre ich dorthin gegangen. Das war sehr schockierend für den Vater, zeigte aber auch deutlich, was wirklich los war, und erst dann konnten wir anfangen zu arbeiten und diese Familie in eine harmonische Konstellation hineinbegleiten. Ich bin sicher, dass die Familie wieder einen guten Kontakt zu ihrem Sohn aufnehmen konnte.

Oft rufen kurze Zeit nach Aufstellungen Familienmitglieder oder Beteiligte an, mit denen der Aufstellende jahrelang nicht gesprochen hatte, die aber eine wichtige Funktion in der Aufstellung hatten. Aufstellungen haben immer eine direkte Auswirkung auf das wirkliche Leben. Das kann sich allerdings niemand vorstellen, der noch keine Aufstellung erlebt hat.

Ich sprach schon im Eingangskapitel darüber, dass es einen mentalen, einen spirituellen, einen emotionalen und einen physischen Körper gibt. Ich verwende gerne das Bild eines Wagens oder einer Kutsche, die möglichst vier intakte Räder haben sollte, die richtig montiert, mit dem richtigen Reifendruck befüllt und vor allem alle in die gleiche Richtung weisen sollten, damit sich das Gefährt galant fortbewegen kann. Vielleicht gefällt dir aber auch das Bild von vier Pferden, die vor eine Kutsche gespannt sind und von denen jedes einzelne gesund, genährt und vital sein sollte und bei aller Individualität und Unterschiedlichkeit auch bereit, sich einspannen zu lassen und den Anweisungen des Kutschers zu folgen, um die Kutsche dorthin zu ziehen, wohin der Kutscher sie lenken möchte. Genauso verhält es sich mit den vier Körpern. Sie sind quasi die vier Kutschpferde oder Wagenräder, mit denen wir unser Leben so gestalten können, wie wir das möchten. Die vier Elemente Erde, Wasser, Feuer und Luft bilden die Grundlage allen Lebens und sind in der Lage, solange es ein sich ergänzendes Wechselspiel ist, diese unglaubliche Vielfalt in der Natur und der gesamten Schöpfung hervorzubringen.

So verhält sich das auch mit den vier Körpern, die uns vom Leben geschenkt wurden, um damit selbst schöpferisch tätig zu werden. Aber wir sind verantwortlich für sie und müssen uns um sie kümmern. Wenn wir uns schlecht ernähren, zu wenig schlafen und unseren physischen Körper ständig über die Kante ziehen und nicht auf dessen Bedürfnisse hören, dann wird früher oder später ein noch so gesunder Körper seinen Dienst quittieren, krank werden und uns nicht mehr mit der Vitalität versorgen, die wir brauchen, um unsere Ideen umzusetzen und unser Leben zu genießen.

Wenn wir ständig unsere Gefühle übergehen, sie nicht wahrnehmen oder spüren wollen, ist unser Leben zum einen sehr trostlos und eindimensional, aber vor allem haben wir kein klares Unterscheidungsinstrument mehr, um stimmige Situationen von unstimmigen und gute Entscheidungen von schlechten trennen zu können. Wir wissen nicht mehr, was wir wollen oder nicht. Denn, wie es Wilhelm Reich, der große Körpertherapeut und Begründer der Bioenergetik, einmal formulierte: „Mit unserem Gefühl sind wir immer am nächsten an der Wahrheit dran." Außerdem haben wir ohne eigene Gefühlsfähigkeit unweigerlich auch weniger Empathie für die Gefühle und Befindlichkeiten anderer.

Und ein mentaler Körper, der permanent überfordert wird und an vielen Baustellen gleichzeitig präsent sein muss, kann leicht den Überblick verlieren, sich verzetteln und keine Aufgabe mehr richtig zu Ende bringen. Allerdings kann ein mentaler Körper auch schnell unterfordert sein. Er braucht Herausforderungen und Aufgaben und er möchte stetig trainiert und weiterentwickelt werden. Deshalb ist Lernen auch im hohen Alter so wichtig. Ich kenne seit mehr als 50 Jahren eine mittlerweile 94-jährige Schauspielerin, die deshalb körperlich und geistig so wach und jung geblieben ist, weil sie immer noch jeden Tag spielt, schreibt, improvisiert, Texte auswendig lernt und sich vor allem viel bewegt. Denn „wer sich nicht bewegt, bewegt nichts." Geistig und körperlich. Demenzerscheinungen haben viel mit Trägheit zu tun, weil Menschen, die einen früher, die anderen später, irgendwann aufhören, sich zu fordern und weiterzutrainieren. Und was wir nicht mehr benutzen, wird unweigerlich abgebaut.

Der vierte Körper ist der spirituelle Körper. Er ist die Verbindung zum großen Ganzen, zu unserem Urvertrauen, unserer Anbindung an das Göttliche. Und wenn uns diese verloren geht, dann wird ein Leben schnell sinnlos und wir können uns in dieser komplexen, widersprüchlichen Welt sehr verloren fühlen. Mehr über den spirituellen Körper erzähle ich noch in späteren Kapiteln.

Die Aufstellung mit lebenden Stellvertretern

Die Methode funktioniert am leichtesten mit vier Stellvertretern, also vier Personen, die man bittet, stellvertretend für die vier Körper zu stehen. Der Aufstellende, der seine vier Körper kennenlernen möchte, bestimmt zunächst einen Anfangs- oder Referenzpunkt im Raum, auf dem er ganz er selbst ist. Dann nimmt er einen Stellvertreter nach dem anderen hinten an den Schultern und führt ihn intuitiv auf den Platz, von dem er das Gefühl hat, dass dies gerade die richtige Distanz und Blickrichtung des jeweiligen Körpers ist. Sobald der Aufstellende einen Stellvertreter in den Raum gestellt hat, übernimmt Letzterer das Feld, spricht die Wahrnehmungen und Gedanken dieses Körpers aus und kann gegebenenfalls seine Haltung auch leicht korrigieren. Manchmal ändert sich dann die Blickrichtung oder der Stellvertreter stellt sich etwas weiter weg oder näher hin zur Person, macht die Augen auf oder zu und beginnt dann auf „andere Weise" wahrzunehmen und zu fühlen. Und genau um diese Gefühle und Wahrnehmungen geht es. Denn sie leiten uns durch die Aufstellung bis zu dem Punkt der Lösung und Harmonie.

Eine Vier-Körper-Aufstellung mit lebenden Stellvertretern zu durchlaufen, befreit von dem einschränkenden Blick und Griff des Egos, welches oftmals die Ursache für unsere Probleme ist. Die Stellvertreter sind befreit von ihrem Ego, da sie nicht für sich selbst, sondern für jemand anderen stehen. Und der Klient ist befreit von seinem Ego, da er die Wahrnehmung anderen überlässt, nämlich seinen Stellvertretern. Dadurch sind bei der Aufstellung mit lebenden Stellvertretern Einsichten möglich, welche über die Aufstellungen mit dem Systembrett, das ich später noch beschreiben werde, hinausgehen.

Die Aufstellung mit lebenden Stellvertretern findet üblicherweise in Seminarform als Gruppenveranstaltung statt. Die Seminar-Teilnehmer sind im Kreis versammelt, sodass der Platz in der Mitte leer ist.

Man kann entweder gleich fragen, wie es dem jeweiligen Körper geht und was er der Person sagen möchte oder man kann erst einmal alle vier Körper gleichzeitig aufstellen und dann die einzelnen Körper nach ihren Wahrnehmungen und Bedürfnissen fragen.

Wenn man diese Menschen-Skulptur aus einem Aufsteller und den vier Stellvertretern für die verschiedenen vier Körper von außen sieht, sind sie immer ein exaktes Abbild der inneren Dynamiken dieser Person. Und auch des jeweiligen Themas. Hat sie Kontakt zu den verschiedenen Aspekten? Dominiert ein Körper alle anderen? Sind einzelne Körper sehr weit weg, eventuell sogar im Nebenraum, zusammengekauert, abwesend oder behindern sich diese gegenseitig?

Alleine durch dieses bewusste Wahrnehmen und Erkennen, beginnen sich Aufstellungsskulpturen im Raum zu verändern und suchen sich eine neue, bessere Position, von der aus sie optimaler für die Person wirken können. Nicht immer im ersten Schritt, aber in jedem Fall nach ein paar Zwischenschritten. Ich werde gleich ein paar praktische Aufstellungen beschreiben, durch die das deutlich wird.

Das Ziel ist immer, dem Fluss der einzelnen Anteile, die sehr genau wissen, wo ihre optimale Position ist, zu folgen. Weder der Aufsteller noch die Stellvertreter sollen hierbei bewusst manipulieren oder willentlich nachhelfen. Das dauert so lange, bis die vier Körper harmonisch in der Nähe um den Aufstellenden herumstehen, sich alle im Blick haben und wohlwollend auf diesen blicken und Klarheit, Kraft und Frieden spürbar wieder da sind.

Klärung der Regeln für die Teilnehmer

Der Seminarleiter erklärt, dass die Stellvertreter-Rolle im Feld ein Dienst am großen Ganzen, insbesondere natürlich an dem betreffenden Klienten ist. Die Stellvertreter stellen sich zur Verfügung, die Empfindungen zu haben, die Gefühle zu fühlen, die Gedanken wahrzunehmen, die mit dem Klienten zu tun haben. Da ein Stellvertreter nicht „zufällig" für eine Rolle gewählt wird, klärt der Stellvertreter in vielen Fällen unbewusst auch Aspekte von ihm selbst.

Wer für eine Rolle (einen „Körper") gewählt wird, kann dies ablehnen, auch noch mitten in der Aufstellung, z. B., falls die Empfindungen, die er stellvertretend wahrnimmt, für ihn zu intensiv sind. Auch kann es sein, dass der Seminarleiter ihn auswechselt, z. B. um zu testen, ob wirklich eine stellvertretende Wahrnehmung vorliegt. Der Teilnehmer sollte dies nicht persönlich nehmen.

Zu den Regeln für den Teilnehmer gehören:

- die Aufmerksamkeit auf die Aufstellung gerichtet halten, still beobachten, Ablenkungen (tratschen etc.) vermeiden;
- Verschwiegenheit gegenüber Dritten über alles, was während der Aufstellung erfahren und erlebt wird. Auch: Verschwiegenheit gegenüber dem Klienten über die eigenen Interpretationen und Bedeutungen einer gerade erfolgten Aufstellung.
- Wenn Eltern/Kinder oder enge Bezugsperson des Klienten im Seminar sind, ist es manchmal anzuraten, dass sie den Raum verlassen, damit der Klient sich unvoreingenommen äußern und die Aufstellung sich unvoreingenommen entwickelt kann (es sei denn, diese Personen sind als Teil der Aufstellung eingeplant).
- Jeder Teilnehmer übernimmt selbst Verantwortung für das, was er erlebt und wie er es verarbeitet. Er sollte den Seminarleiter kontaktieren, falls er sich belastet fühlt und stets gut für sich selbst sorgen.
- Sachbeschädigungen, physische Gewalt, sexuelle Handlungen sind zu unterlassen.

- Der Teilnehmer darf nicht unaufgefordert ins Feld gehen oder seine Position im Feld verändern.

Die Klärung der Regeln schafft einen sicheren Rahmen für eine gelingende Aufstellung.

Das Anliegen

Finden mehrere Aufstellungen nacheinander statt, organisiert sich die Reihenfolge der Aufstellungen in der Regel selbst. Der Klient spürt, wann die Zeit für seine Aufstellung gekommen ist. Dann nimmt er neben dem Aufstellungsleiter Platz. Im Eingangsinterview wird das Anliegen und damit das Thema des Klienten definiert.

Tipps für den Klienten:

- seinen Namen sagen
- auf das Wesentliche konzentrieren
- zentrale Punkte übersichtlich bereithalten
- während der eigenen Aufstellung nicht mitschreiben
- das Anliegen (das Problem, die „Not") klar definieren.

Anliegen können sein:

- Berufliche Schwierigkeiten
- Beziehungskonflikte (mit Partner, Verwandten, Vorgesetzten, Kollegen o. Ä.)
- Emotionale Belastungen (Ärger, Frustration, Kummer ...)
- Finanzielle Blockierungen
- Gesundheitliche Schwierigkeiten
- Muster des Verhaltens oder von Situationen, die regelmäßig wiederkehren
- Psychische Probleme (Überreaktionen, Stress-Empfindlichkeit etc.)
- Sexuelle Schwierigkeiten

- Sinnlosigkeits-Empfinden
- Sucht-Themen
- Überreaktionen auf ganz bestimmte Auslöser
- Unentschlossenheit zwischen mehreren Handlungs-Alternativen
- Wiederkehrende Themen (z. B. immer die gleichen Enttäuschungen)
- usw.

Für den Seminarleiter ist es wichtig, konzentriert, offen und zugleich gesammelt zuzuhören, keine Wertungen über die Darstellungen des Klienten vorzunehmen, sondern durch gute Fragen dem Klienten zu helfen, aus dem Anliegen einen *Auftrag* an den Seminarleiter zu formulieren.

Der Auftrag hat stets etwas mit dem Klienten selbst zu tun, nicht mit dritten Personen, wie z. B. dem Partner oder dem Kollegen des Klienten. Erst wenn der Aufstellungsleiter einen Auftrag spürt, beginnt er mit der eigentlichen Aufstellung.

Ergänzende Fragen an den Klienten

- Mit welchem Ziel bist du hergekommen?
- Was müsste heute geschehen, dass es eine gute Aufstellung wird?
- Wann hast du dich zuletzt so richtig wohl gefühlt?
- Wann hattest du zuletzt das Gefühl, dass in deinem Leben alles in Ordnung ist?
- Nehmen wir an, dein Problem wäre gelöst, wer würde es als Erster bemerken, ohne dass du es sagst, und woran?
- Gibt es einschränkende Glaubenssätze, welche die Lösung verhindern?
- Was sind die großen Erfolge in deinem Leben und welche Fähigkeiten, die dir zu deinen großen Erfolgen verholfen haben, kannst du hier einsetzen?
- Bist du als Klagender, als Besucher oder als Klient hier?
  - Klagender: bekundet Beschwerden, aber keinen Lösungswillen → noch nicht für eine eigene Aufstellung geeignet, evtl. Beobachtungsaufgabe als Zuschauer geben

- Besucher: bekundet keine Beschwerde, sondern will sich nur einmal anschauen, um was für eine Methode es sich handelt → eine Frage darüber, ob er sich eine Veränderung für sein eigenes Leben wünscht, klärt, ob er ein Anliegen hat; andernfalls: nicht für eine eigene Aufstellung geeignet
- Klient[3]: Beschwerde („Leidensdruck") und Lösungsbereitschaft sind erkennbar. → hier ist eine Intervention möglich

Die Wahl der Stellvertreter

Bei der Arbeit mit lebenden Stellvertretern ist es besonders wichtig, dass der Klient seine eigene Position gut spürt, bevor er die Stellvertreter ins Feld führt. Deshalb bittet der Seminarleiter den Klienten nach dem Eingangsinterview erst einmal, sich selbst zu spüren. Dann wählt der Klient für sich selbst einen Seminarteilnehmer aus und führt ihn wortlos und gesammelt (d. h. achtsam) in das freie Feld dorthin, wo er intuitiv spürt, dass dieser hingehört.

Anschließend wählt der Klient Stellvertreter (oder Bodenanker wie Kissen, Zettel mit Namen, Spielfiguren) für seine vier Körper aus. Jeder Teilnehmer, der ausgewählt wurde, vertritt einen Körper im Anliegen des Klienten. Gegebenenfalls wird noch ein überpersönlicher Fokus (eine Blockade, eine Ressource, ein Ziel o. Ä.) aufgestellt.

Die Stellvertreter übernehmen dabei die Rolle der einzelnen Körper bzw. Anteile und werden so aufgestellt, wie sie aus Sicht des Aufstellers der Position im inneren Bild zu dem aufgestellten Thema entsprechen. Durch die Empfindungen der aufgestellten Personen kann so ein Verständnis für die (unbewusste) innere Organisation der vier Körper des Klienten entstehen.

Diese wird über die Stellvertreter externalisiert (nach außen verlagert). Die Interventionen und Veränderungen im aufgestellten Vier-Körper-System

3 Wörtlich: aus lat. Clientis = Schutzbefohlener, in diesem Zusammenhang: Auftraggeber.

können Veränderungen im Vier-Körper-Energie-System der Klienten bewirken (Spiegelneuronen[4]).

Im Gegensatz zu den allgemein üblichen Aufstellungsformaten, bei denen meist zahlreiche Angehörige und Bekannte des Klienten aufgestellt werden, kommt die Vier-Körper-Aufstellung mit deutlich weniger Stellvertretern aus. Nur in Ausnahmefällen werden mehr als fünf Stellvertreter(Positionen) benötigt. Alles konzentriert sich auf die optimale Ausrichtung des Vier-Körper-Systems des Klienten.

Repräsentierende Wahrnehmung

Wichtig ist, dass jeder Vertreter sich in seine Rolle (z. B. den Körper des Klienten) einfühlt und dabei nicht seine private (d. h. eigene) Thematik in die aufgestellte Position hineinträgt. Der Stellvertreter sollte sich am besten komplett frei machen von der Geschichte, welche der Klient erzählt. Er sollte von „theatralischer Performance" und natürlich auch von jedem Selbstdarstellungsdrang Abstand nehmen. Er ist eingeladen, authentisch gegenüber seiner eigenen Wahrnehmung zu sein und diese zu bekunden, ohne etwas hinzuzufügen oder wegzulassen.

Dieser Vorgang wird stellvertretende Wahrnehmung oder auch repräsentierende Wahrnehmung[5] genannt. Üblicherweise ist es für die Vertreter und auch den Seminarleiter leicht erkennbar, wenn die Vertreter private Empfinden in ihre Rolle mit hineinnehmen.

---

4 Ein *Spiegelneuron* (Plural: *Spiegelneurone* oder *Spiegelneuronen*) ist eine Nervenzelle, die im Gehirn von Primaten beim Betrachten eines Vorgangs das gleiche Aktivitätsmuster zeigt wie bei dessen eigener Ausführung, weitere Informationen: https://de.wikipedia.org/wiki/Spiegelneuron

5 Der Begriff *repräsentierende Wahrnehmung* wurde von *Matthias Varga von Kibéd* und *Insa Sparrer* entliehen – für
Phänomene, die im Rahmen *systemischer Aufstellungen* in Form von „Fremdgefühlen" bei Stellvertretern (von ihnen unbekannten Personen) auftreten. *Sigmund Freud* meinte mit *repräsentierender Wahrnehmung* ursprünglich das Auftreten eines „fremden Gefühls" als Symptom (*Fremdgefühl* als Symptom eines Patienten).

Wechselseitigkeit und wissendes Feld

Die Phänomenologie der Vier-Körper-Aufstellung liegt darin, dass die aufgestellten Personen die Empfindungen, Verhaltensweisen, Gefühle, Gedanken, Glaubenssätze, Erinnerungen und Prägungen der „vier Körper" übernehmen, selbst dann, wenn sie den Klienten überhaupt nicht kennen. Die vier Körper des Klienten werden also im strukturierten Raum der Wahrnehmungen gleichsam zu „psychisch" Anwesenden und im Laufe der Aufstellung auch wie eigenständige, zu einer (Körper)Familie gehörende Personen behandelt.

Die Vertreter machen Aussagen über Elemente des Vier-Körper-Systems, die sie eigentlich, ihrem Wissensstand nach, nicht machen könnten. Immer wieder gelingt es im Rahmen von Vier-Körper-Aufstellungen, dem Klienten völlig unbewusste Zusammenhänge aufzudecken und zu heilen.

Für jemanden, der das erste Mal in einer Aufstellung steht, ist es ein Phänomen, dass er sich augenblicklich so fühlt, wie der physische, emotionale, mentale oder spirituelle Körper des Klienten.

Es gibt verschiedene Erklärungen für die Phänomenologie von Vier-Körper-Aufstellungen. Einige führen diese *repräsentierende Wahrnehmung* auf das Prinzip der Wechselseitigkeit zurück.

Das Prinzip der Wechselseitigkeit besagt: *„Ich bin – und du bist – und da beides ‚ist', bin ich auch du!"* Dieses Phänomen wird im englischen Mutuality genannt. Das englische Wort Mutual bedeutet sowohl *gegensätzlich, wechselseitig* als auch *gemeinsam*. Mutuality bezieht sich auf gemeinsame Teilnahme an einer Realität.

Das „Institut für erwachte Wechselseitigkeit" (The Institute of Awakened Mutuality[6]) schreibt in seinen Statuten: *„Das Erste, was wir brauchen, ist eine Verbindung zu unserer Essenz, das Selbst, die Seele, Gott, das Sein, die Quelle inneren Friedens, Freude, Liebe. Dieses ewige menschliche Bedürfnis ist ge-*

6 http://awakenedmutuality.org/

rade heute besonders vordringlich, wenn wir uns zerfetzt, hektisch, zerstückelt fühlen."

Sicherlich zeigen die Vier-Körper-Aufstellungen, dass die ganze Welt, so auch die vier Körper des Klienten potenziell in jedem von uns, also auch in den Stellvertretern enthalten sind. Durch Identifikation mit dem entsprechenden Körper des Klienten werden wir – in einem gewissen Maße – zu ihm.

Eine ergänzende These ist, dass die Aufstellungs-Phänomene mit dem „morphischen" bzw. „wissenden Feld" zusammenhängen:

Rupert Sheldrake[7] hat zahlreiche Experimente veröffentlicht, die aufzeigen, wie sich Veränderungen an einem Platz A auf einen anderen Ort B auswirken. Bekannt ist das Experiment, in dem ein Mann und sein Hund überwacht worden sind: Ein Mann wurde an seinem Arbeitsplatz mit einer Videokamera beobachtet und zu Hause zur selben Zeit sein Hund. Immer, wenn der Mann seinen Schreibtisch aufräumte, um nach Hause zu fahren, wurde der Hund unruhig und wedelte mit dem Schwanz. Eines Tages fuhr der Mann früher als geplant heim. Auch diesmal wurde der Hund gleichzeitig unruhig und wedelte mit dem Schwanz, was aufzeigt, dass die Information zeitunabhängig übertragen wurde. Der Entschluss des Mannes heimzufahren, wurde auf eine phänomenologische Weise auf den Hund zu Hause übertragen. Wie das Beispiel zeigt, können Informationen offenbar zeit- und personenübergreifend „gelesen" werden.

Der Begriff *wissendes Feld* wurde durch Albrecht Mahr[8] geprägt. Viele Jahrzehnte zuvor jedoch definierte bereits Carl Gustav Jung ein über das Individuum hinausgehendes *Gruppenunbewusstes*, später Kurt Lewin das *gruppendynamische Feld.* Peter Schlötter wies empirisch nach, dass repräsentierende Wahrnehmungen überindividuell reproduzierbar sind[9].

---

7 Weitere Informationen über morphische Felder s. www.sheldrake.org/deutsche.

8 Mahr, Albrecht: *Konfliktfelder – Wissende Felder. Systemaufstellungen zur Friedens- und Versöhnungsarbeit.* Carl-Auer Verlag. 2003.

9 Peter Schlötter: *Vertraute Sprache und ihre Entdeckung. Systemaufstellungen sind kein Zufallsprodukt – der empirische Nachweis.* Heidelberg. 2005.

... hebt aus dem Beschwerdebild den positiven Anteil hervor und öffnet so die Tür für Lösungswege;

... enthält sich negativer Bewertungen über den Klienten und „normalisiert" („entdramatisiert") das Thema, sodass ein weiter Blick darauf möglich wird;

... nimmt eine wertschätzende und stützende Haltung ein;

... vermittelt dem Klienten das Gefühl, dass seine Themen lösbar sind;

... weckt im Klienten die Eigenverantwortung und das Interesse daran, seine eigenen Stärken und Kompetenzen näher kennenzulernen;

... lädt den Klienten dazu ein, mit ihm gemeinsam durch den Aufstellungsprozess zu gehen, statt ihn mit einer vorgefertigten Lösung zu überrumpeln;

... weiß, dass er nicht die Themen des Klienten lösen muss, sondern der Klient dies selbst kann, sobald dieser mit dem wissenden Feld in Verbindung kommt; er „befähigt" den Klienten, sich dieser Lösung gegenüber zu öffnen;

... stimmt Tonfall, Sprechgeschwindigkeit, Vorgehen und Tempo der Aufstellung an die Erfordernisse des Klienten und des Prozesses an;

... spürt den Wahrnehmungen der Stellvertreter nach, um zu erkennen, was in ihnen vorgeht;

... findet den Weg, durch kleine Veränderungen große Wirkungen auszulösen;

... hat Sinn und Platz für Humor in der Aufstellung, dort wo Humor angebracht ist und befreiend wirkt;

... entlässt den Klienten mit dem guten Gefühl, dass eine Verbesserung bereits eingetreten ist.

Die Interviews

Nachdem die einzelnen Körper und ggf. weitere Faktoren aufgestellt wurden, wird der Seminarleiter jeden einzelnen Stellvertreter darüber interviewen, wie es ihm geht, wie er sich im Verhältnis zu den anderen Stellvertretern erlebt und welche Handlungsimpulse er hat.

- Beziehungen zu den anderen Körpern: Distanz, Nähe, Verbundenheit usw.
- Gefühle und Emotionen, wie Wut, Trauer, Verzweiflung
- Körperempfindungen (Druck, Weite, Wärme, Kälte, Zusammenziehen, Körperteile, die sich melden etc.)
- Räumliche Impulse, z. B. sich wegdrehen, jemand anschauen, sich ducken, hinlegen, nach draußen gehen etc.
- Stress-Phänomene
- Worte, Sätze, Gedanken, Glaubenssätze, die sich melden

Die Stellvertreter sind keine Schauspieler, d. h. sie unterlassen es, irgendeine Rolle des Klienten gemäß seiner Beschreibung nachzuspielen. Stattdessen fühlen sie sich unvoreingenommen in die gestellten Positionen ein und beschreiben, was gerade in ihnen geschieht. Es zeigen sich so die Kräfte, die im Unbewussten des Klienten vorherrschen.

Wenn die Stellvertreter ihrer stellvertretenden Wahrnehmung vertrauen, erleben sie, dass ihre Wahrnehmung nichts mit ihnen persönlich zu tun hat. Mit zunehmender Aufstellungserfahrung gelingt es immer leichter, stellvertretende Wahrnehmung von der persönlich gefärbten Wahrnehmung zu unterscheiden.

Die einzelnen Interventionen

Dann beginnen die ersten Interventionen.

Davon ausgehend, dass die Lösung unbewusst bereits vorhanden ist, ist es die Aufgabe des Seminarleiters, sich vom wissenden Feld führen zu lassen. Aus dem wissenden Feld heraus ergeben sich für den sensitiven Seminarleiter wahrnehmbar die unterschwellig wirkenden Dynamiken.

Häufig tritt eine bisher unbekannte Information oder Regung zutage, die zu einer Klärung im Aufstellungsfeld führt. Sobald das, worum es bei der Aufstellung wirklich geht, auf dem Tisch ist, zeigt sich der nächste Impuls in Richtung Lösung.

Alle Lösung liegt beim Klienten bedeutet: Unbewusst wissen die Stellvertreter, was sie brauchen, damit sie sich in Richtung Harmonie und Verbundenheit wandeln können. Sie wissen auch, wo ihr Platz ist, an dem sie Harmonie und Verbundenheit mit dem Klienten erleben können.

Der Seminarleiter dient als Katalysator dafür, dass sich die Wahrnehmungen und Positionen der Vertreter in Richtung Lösung verändern können. Indem *Wahrnehmungen anerkannt, Lösungssätze ausgesprochen, heilende Gesten vollzogen* und *positive Veränderungen in den Positionen eingeleitet* werden, kommt das Vier-Körper-System des Klienten in Harmonie. Sind die notwendigen Interventionen vollzogen, finden so die vier Körper von selbst in ihre optimale Position.

Tipps für einen optimalen Aufstellungs-Prozess

- *Wahrheit*: Wann immer das Feld stockt, lass die Stellvertreter die Wahrheit aussprechen, die sie gerade wahrnehmen – und die Energien kommen wieder ins Fließen. Sobald die Wahrheit ausgesprochen und anerkannt ist, entspannt sich das Feld und der nächste Lösungsimpuls wird sichtbar.
- *Prinzip des heißen Drahtes*: Der Klient wird stets durch die stärkste Ladung in seinem Energie-System beeinflusst. Es wird ihn auch im Le-

ben unbewusst immer dorthin ziehen, wo seine stärkste Ladung ist. Ist dies der Schmerz, zieht es ihn zum Schmerz hin, ist es Stress, wird es ihn auch im Leben zu stressigen Situationen hinziehen. Deshalb ist es sinnvoll, im Rahmen einer Aufstellung mit dem Körper zu beginnen, bei dem die stärkste Ladung vorhanden ist und diese ggf. auszugleichen. Dies nenne ich prozessorientiertes Vorgehen oder auch: dem heißen Draht folgen.

- *Steifheit*: entsteht, wenn der Stellvertreter für eine Position steht, in der unbewusst versucht wird, Unstimmigkeit zu übertünchen, die Form zu wahren. Steifheit offenbart, dass eine fixe Vorstellung darüber, wie es sein sollte, zum Ideal erhoben wurde. Zeigt sich in einer Aufstellungsposition Steifheit, muss eine gewählte Form und Vorstellung losgelassen werden, damit eine verdrängte Wahrheit aufsteigen kann. Diese ist nicht immer angenehm und erfordert daher Feingefühl seitens des Therapeuten. Steifheit verschwindet, wenn die verborgene/verdrängte Wahrheit da sein darf.
- *Leerer Platz*: Blickt ein Stellvertreter nach unten, an die Wand oder zum Fenster hinaus, ist es sinnvoll, dort einen anderen Stellvertreter oder Platzhalter hinzustellen, um festzustellen, worauf sich der Blick richtet. Sobald aufgestellt ist, worauf der Blick fixiert war, löst sich der Blick und die Aufstellung kommt ins Fließen.
- *Kollabieren*: Sollte ein Stellvertreter auf einer Position kollabieren, was glücklicherweise nur selten vorkommt, ist es wichtig, dass der Stellvertreter seine Wahrnehmungsintensität herunterschraubt. Hierfür stellt er sich einen Regler vor, z. B. als Dreh- oder Schiebeknopf, den er von 100 % auf z. B. 10 % herunterdreht bzw. -schiebt. Zusätzlich empfiehlt es sich für den Stellvertreter, entspannt und tief zu atmen.

Nach Abschluss der Aufstellung werden die Vertreter vom Aufstellungsleiter aufgefordert, sich zu „entrollen“, d. h. sich von ihrer stellvertretenden Wahrnehmung und den damit verbundenen Rollen (Körpern) zu lösen und sich wieder mit ihrer eigenständigen und ursprünglichen Persönlichkeit zu identifizieren. Dies lässt sich beispielsweise dadurch bewerkstelligen, dass sich die

Teilnehmer auf die Thymusdrüse klopfen und mehrmals laut ihren eigenen Namen wiederholen.

Abschließend wird der Klient aufgefordert, den Nutzen der Aufstellung zu verinnerlichen (nach innen zu nehmen) und die durch die Aufstellung bewirkte Veränderung zu realisieren.

Aufstellung mit lebenden Stellvertretern im Rahmen eines Coachings

Wenn der Klient zu einer Vier-Körper-Aufstellung in die Praxis kommt, ist es hilfreich, wenn neben dem Klienten und dem Aufstellungsleiter noch mindestens ein weiterer Stellvertreter vorhanden ist, der sich in die verschiedenen Aspekte des Klienten einfühlt. Dies ermöglicht dem Aufstellungsleiter in seiner Leiter-Rolle zu bleiben, ohne in eine der aufgestellten Positionen (Körper) wechseln zu müssen.

Mangelt es an Stellvertretern, wählt der Klient nacheinander einen Bodenanker für sich selbst und später für jeden seiner vier Körper aus, findet die für ihn angemessene Position im Raum, spürt sich dort noch einmal hinein und hinterlässt dort einen Bodenanker. In dem Fall wird der Aufstellungsleiter sich ebenfalls in die verschiedenen Positionen hineinspüren und aus einer Unipersona-Doppelfunktion „Stellvertreter und Aufstellungsleiter" herausarbeiten.

Die Liebe füllt, was die Ordnung umschließt.
Sie ist das Wasser, die Ordnung der Krug.
Die Ordnung sammelt, die Liebe fließt. Ordnung und Liebe fließen zusammen.
Wie sich ein klingend Lied den Harmonien fügt.
Und wie das Ohr sich schwer gewöhnt an Dissonanzen, auch wenn man sie erklärt,
gewöhnt sich unsere Seele schwer an Liebe und Ordnung.
Mit dieser Ordnung gehen manche um, als wäre sie nur eine Meinung,
die man beliebig haben oder ändern kann.
Doch sie ist uns vorgegeben.
Sie wirkt, auch ohne dass wir sie verstehen.
Sie wird nicht gedacht, sie wird gefunden.
Wir erschließen sie, wie Sinn und Seele aus der Wirkung.
(Bert Hellinger)

„Die Wahrheit heilt den Wahn.“
(Franz Ruppert.)

Praxisbeispiel: Die Wahrheit der einzelnen Körper würdigen

Das Prinzip von *Pacing and Leading*[10] besagt, dass die Wahrnehmung des Klienten (und seiner vier Körper) gewürdigt werden muss, bevor eine Veränderung möglich ist. In vielen Fällen reicht es sogar völlig aus, die Wahrheit der einzelnen vier Körper zu erfragen, um eine positive Veränderung zu initiieren. Ich bin immer wieder erneut positiv überrascht darüber, wie sich allein dadurch Aufstellungen mit minimaler Intervention fast wie von selbst ordnen. Als Beispiel dafür eine Aufstellung, die sich vor einigen Jahren in meiner Praxis ereignet hat:

10 Englisch, in Deutsch etwa: Angleichen und Führen.

In meine Praxis kam Bettina und beklagte, dass sie sich verloren in der Welt und orientierungslos im Leben fühle. Nachfolgend das (Kurz-)Protokoll dieser Sitzung.

B (Berater): Wir beginnen die Aufstellung damit, dass du zuerst einmal dich selbst spürst. Wenn du dich selbst spüren kannst, gib mir bitte ein Zeichen.

K (Klientin): (Gibt das Zeichen, dass sie sich selbst jetzt gut spüren kann.)

B: Definiere nun einen Platz für dich selbst und lege ein Kissen auf diesen Platz.

K: (Nimmt ein schwarzes Kissen, geht mit ihm zur Raummitte und platziert dort das schwarze Kissen mit Blickrichtung nach vorne.)

B: Welche deiner Körper stellen wir zuerst auf – den physischen, emotionalen, mentalen oder spirituellen?

K: Den physischen Körper!

B: Schau mich an und sage zu mir: „Du bist mein physischer Körper"! Dann tritt hinter mich, berühre mich an den Schultern und fühle dich in den physischen Körper ein. Während du weiter fühlend bleibst, schiebe mich in die Position im Raum, an der du spürst, dass dein physischer Körper im Verhältnis zu dir steht. Dann nimm die Hände weg und ich werde dir sagen, wie ich mich als physischer Körper fühle.

K: (Vollzieht die Anweisung und schiebt den physischen Körper in die Raummitte links neben das schwarze Selbst-Kissen, ebenfalls mit Blickrichtung nach vorne.)

PK (Wahrnehmung Berater, „therapeutisches Du", schaut dabei den Klienten an): Ich wundere mich wie nah ich bei dir bin. Ich bin in der Warteposition. Ich warte auf eine Ansage von dir, was ich tun soll. Ich bin in mir harmonisch, ruhig. Da ist ein inneres Horchen. Leichtes Herzklopfen.

B (Verlässt den Platz wieder): Jetzt gehe selbst in die Position des physischen Körpers.

PK (Wahrnehmung Klient): Ich fühle mich ruhig, stabil, bewegungslos.

B: Platziere nun ein Kissen als Platzhalter für den physischen Körper auf dem Boden.

K: (Platziert ein grünes Kissen für den physischen Körper auf dem Boden.)

B: Welcher Körper ist nun dran?

K: Der mentale Körper!

B: Der mentale Körper hat meist eine Beziehung zum Sonnengeflecht, dem, was man auch das dritte Chakra nennt. Er hat damit zu tun, zu wissen, was man will und die entsprechenden Schritte auch zu vollziehen. Schau mich an und sage zu mir: „Du bist mein mentaler Körper“! Dann tritt hinter mich, berühre mich an den Schultern und fühle dich in deinen mentalen Körper ein. Während du weiter fühlend bleibst, schiebe mich in die Position im Raum, in der du spürst, dass dein mentaler Körper im Verhältnis zu dir steht. Dann nimm die Hände weg und ich werde dir sagen, wie ich mich als mentaler Körper fühle.

K: (Vollzieht die Anweisung und schiebt den mentalen Körper in die Nähe der Wand mit Blick zur Wand.)

MK (Wahrnehmung Berater): Da ist Herzklopfen. Ich kann nicht frei agieren. Ich schaue direkt auf die Wand. Weiter geht's nicht.

B (verlässt den Platz wieder): Jetzt gehe selbst in die Position des mentalen Körpers.

MK (Wahrnehmung Klient): Ich bin sehr verwirrt und stehe verloren in der Gegend herum!

B: Platziere nun ein Kissen als Platzhalter für den mentalen Körper auf dem Boden.

K: (platziert ein gelbes Kissen für den mentalen Körper auf dem Boden.)

B: Mit welchem möchtest du nun weitermachen?

K: Dem spirituellen Körper.

B: Schau mich an und sage zu mir: „Du bist mein spiritueller Körper“. Dann tritt hinter mich, berühre mich an den Schultern und fühle dich in deinen spirituellen Körper ein. Während du weiter fühlend bleibst, schiebe mich in die Position im Raum, in der du spürst, dass dein spiritueller Körper im Verhältnis zu dir steht. Dann nimm die Hände weg und ich werde dir sagen, wie ich mich als spiritueller Körper fühle.

K: (Vollzieht die Anweisung und schiebt den spirituellen Körper in die Raummitte rechts neben das schwarze Selbst-Kissen.)

SK (Wahrnehmung Berater): Ich ruhe, bin geerdet, präsent, aber ich habe die Augen geschlossen und bin nicht handlungsfähig.

B (verlässt den Platz wieder): Jetzt gehe selbst in die Position des spirituellen Körpers.

SK (Wahrnehmung Klient): Ich habe den Impuls, einen Schritt zurückzugehen, ich bin etwas verwirrt!

B: Platziere nun ein Kissen als Platzhalter für den spirituellen Körper auf dem Boden.

K: (Platziert ein violettes Kissen für den spirituellen Körper auf dem Boden.)

B: Nun fehlt noch der emotionale Körper. Schau mich an und sage zu mir: „Du bist mein emotionaler Körper!“ Dann tritt hinter mich, berühre mich an den Schultern und fühle dich in deinen emotionalen Körper ein. Während du weiter fühlend bleibst, schiebe mich in die Position im Raum, in der du spürst, dass dein emotionaler Körper im Verhältnis zu dir steht. Dann nimm die Hände weg und ich werde dir sagen, wie ich mich als emotionaler Körper fühle.

K: (Vollzieht die Anweisung und schiebt den emotionalen Körper links hinten an die Wand mit Blick zur Wand.)

EK (Wahrnehmung Berater): Ich habe das Bedürfnis, mich zusammenzukauern wie ein Kind, mich schamvoll wegzudrehen. Ich fühle mich verloren, habe keinen Kontakt zu den anderen Körpern, möchte die Augen fest zukneifen. (Kauert sich zusammen.)

B (verlässt den Platz wieder): Jetzt gehe selbst in die Position des emotionalen Körpers und versuche einmal die gleiche Position einzunehmen, in der ich mich eben befunden habe. Stimmt das so für dich?

EK (Wahrnehmung Klient): (kauert sich zusammen) Ja, ich suche Schutz und Geborgenheit, fühle mich verloren und schäme mich. Ich glaube, ich bin in der Zeit zurückgeblieben. Ich fühle mich etwa drei Jahre alt.

B: Das ist die innere Wahrheit der vier Körper. Emotionaler Körper, wie geht es dir da hinten?

EK (dreht sich von der Wand weg und zur Mitte hin): Ich fühle mich trotzig.

B (zum EK): Emotionalkörper, ich ehre deinen Trotz, deine Einsamkeit und deine Scham. Du bist zurückgeblieben in der Zeit, doch Brigitte ist nun vierzig Jahre alt. Magst du mal hinschauen?

EK (Wahrnehmung Klient): Jetzt, da du das sagst, kann ich die Augen aufmachen und hinschauen. (Öffnet die Augen, schaut zu den anderen Körpern.)

B (zum EK): Das Leben ist weitergegangen. Und die anderen Körper sind auch vierzig Jahre alt. Wenn du dies hörst, verändert dies deine Position? Magst du wieder mitmachen? Gibt es einen Platz, an dem du lieber wärst?

EK (Wahrnehmung Klient): Ja, ich möchte mich wieder mit dem Selbst verbinden. (Verlässt den Platz an der Ecke und stellt sich aufrecht hinter das schwarze Selbst-Kissen mit Blickrichtung nach vorne.)

B: Wähle nun ein Kissen für den emotionalen Körper und platziere es an der neuen Stelle.

K: (Wählt ein gelbes Kissen für den emotionalen Körper und platziert es hinter das schwarze Kissen.)

B: Gehe nun auf das gelbe Kissen für den mentalen Körper und spüre, wie sich das auf ihn auswirkt.

K (geht auf das gelbe Kissen für den mentalen Körper): Der Mentale Körper will jetzt auch mitmachen!

B: Wo wäre jetzt der neue Platz?

MK (Wahrnehmung Klient): Der mentale Körper möchte vor das Selbst und sich ihm zuwenden. (Geht mit dem gelben Kissen vor das schwarze Selbst-Kissen, stellt sich auf das gelbe Kissen mit Blickrichtung zum schwarzen Selbst-Kissen.)

B: Die Körper sind im Idealfall immer in unserer Nähe, direkt bei uns, weil sie wissen, dort gehören sie hin. Gehe jetzt einmal auf die Position des Selbst und spüre hin, wie es sich anfühlt, wenn alle vier Körper dich anschauen, bereit sind dir zu dienen und deine Anweisungen zu erfüllen.

Selbst (Wahrnehmung Klient): (geht auf das schwarze Kissen inmitten der vier anderen Körper-Kissen, versenkt sich in die innere Mitte, spürt, wie sich die Veränderung der Position auswirkt) Ich bin kraftvoller, einheitlich, da kann kommen, was will!

B: Gratulation für diese gute und kraftvolle Wahrnehmung! Damit können wir die Aufstellung erfolgreich abschließen!

Praxisbeispiel: Vier-Körper-Aufstellung als Ziel-Annäherung

Grundsätzlich gibt es zwei Möglichkeiten einer Vier-Körper-Aufstellung:

a. Diagnose und Optimierung des Vier-Körper-Systems ohne gewünschtes Ziel
b. Vier-Körper-Aufstellung als Möglichkeit, ein Problem zu lösen/ein Ziel zu erreichen

Die nachfolgende Aufstellung zeigt, wie mithilfe der Vier-Körper-Aufstellung Ziele für die Umsetzung vorbereitet werden können.

In meine Praxis kam Kerstin, angestellt als Einkäuferin, mit dem Wunsch nach einer beruflichen Veränderung. K steht für Kerstin und B für den begleitenden Aufstellungsberater.

K: Ich stehe vor einem Berufswechsel und würde gerne mehr darüber erfahren, was meine Berufung ist. Zudem würde ich gerne den für mich stimmigen, zukünftigen Beruf anziehen.

B: Schauen wir erst einmal, wie es den einzelnen Körpern angesichts des Berufs- und Berufungsthemas geht. Welchen Körper möchtest du zuerst aufstellen?

K: Den physischen Körper (wählt einen roten Bodenanker).

B: Bitte platziere den Bodenanker so im Raum, wie es seiner Befindlichkeit bezüglich des Themas geht und führe dann bitte mich auf den Bodenanker.

K: (Platziert den roten Bodenanker ziemlich in der Mitte mit Blick nach Westen und führt den Berater auf den Bodenanker.)

B: Ich spüre mehr Energie im Oberkörper wie im Unterkörper. Ich habe keine Richtung und keine Wahrnehmung, was Beruf/Berufung sein könnte. (Geht wieder runter vom Bodenanker.)

K (stellt sich auf den roten Bodenanker): Ich mache mit, egal wo. Ich habe da keine Präferenz. Mir ist jedoch wichtig, dass ich mich körperlich bewegen darf, hin- und hergehen, vielleicht, um etwas zu holen oder mit Menschen zu reden. Den ganzen Tag am Schreibtisch sitzen, so wie ich es bei den Buchhaltungsarbeiten gemacht habe, gefällt mir nicht.

B: Danke, welcher Körper möchte als Nächstes aufgestellt werden?

K: Der emotionale Körper (wählt einen orangefarbenen Bodenanker, platziert ihn links hinter den roten Bodenanker, führt den Berater auf diesen Platz).

B: Ich erlebe sehr viel Energie im Bauch, gestaute Energie, eher aggressiv, unter Spannungen stehend. Über Beruf und Berufung habe ich auch keine Präferenzen. (Geht wieder runter vom Bodenanker.)

K (stellt sich auf den orangefarbenen Bodenanker): Das fühlt sich an wie „Kampfsau". Ich will Auseinandersetzungen, Herausforderungen, kämpfen.

B: Danke, welcher Körper möchte als Nächstes aufgestellt werden?

K: Der mentale Körper (wählt einen hellgrünen Bodenanker, platziert ihn rechts hinter den roten Bodenanker, führt den Berater auf diesen Platz).

B: Ich erlebe eine sehr luftige und spielerische Energie. Es scheint mir wichtig zu sein, dass es spielerisch zugeht. (Geht wieder runter vom Bodenanker.)

K (stellt sich auf den hellgrünen Bodenanker): Das ist wie jonglieren. Ich bin multitaskingfähig. Es ist mir wichtig, dass immer etwas los ist, dass die verschiedensten Dinge miteinander verknüpft werden.

B. Danke, jetzt fehlt noch der spirituelle Körper.

K: (Wählt einen lilafarbenen Bodenanker, platziert ihn mittig hinter dem emotionalen und dem mentalen Bodenanker, führt den Berater auf diesen Platz.)

B: Ich erlebe mich heimatlos, vaterlos, nicht verbunden, weiß nicht, was ich hier soll. (Geht wieder runter vom Bodenanker.)

K (stellt sich auf den lila Bodenanker): Meine Spiritualität zeigt sich nicht darin, was ich tue, sondern wie die Menschen miteinander umgehen. Dies ist auch für meinen Beruf und meine Berufung wichtig. Ansonsten leide ich darunter, dass ich keine Verbindung zum Ursprung habe. Da ist irgendetwas verloren gegangen.

B: Wähle einen Bodenanker für deinen Ursprung und stelle mich anschließend darauf.

K: (Wählt einen dunkelblauen Bodenanker, platziert diesen an der Ostwand, mit großem Abstand hinter den spirituellen Bodenanker, stellt den Berater darauf.)

B: Ich erlebe hier Allverbundenheit, starke Klangströme, Lichter. Aber ich habe keinen Bezug zum spirituellen Körper oder den anderen Körpern. (Geht wieder runter vom Bodenanker.)

K (stellt sich auf den dunkelblauen Bodenanker): Ich höre ein starkes Summen sowie einen OM-Klang, da ist Licht, die Frage der Verbundenheit stellt sich da gar nicht, da ist das reine Sein!

B: Und hat dein Ursprung einen Bezug zu den Körpern?

K: Überhaupt nicht. Die anderen können sich von mir etwas holen, das kann ich ihnen geben, aber ich habe nicht den Drang denen von mir aus etwas zu geben. (Geht wieder runter vom Bodenanker.)

B: Spiritueller Körper, dein Ursprung hält etwas für dich bereit. Bist du bereit, dies anzunehmen?

K (stellt sich auf den spirituellen Bodenanker): Ich bin zu weit weg. Vielleicht müsste ich etwas zurückgehen (schiebt den lila Bodenanker deutlich in Richtung Ursprung).

B: (Stellt sich auf den Ursprungs-Bodenanker.)

K (lehnt sich nach hinten an den Ursprung an): Das fühlt sich gut an, eine haltende, nährende Energie, dieses Licht und dieses Summen tun mir gut.

B: Wähle nun einen Bodenanker für Beruf und Berufung und führe mich auf diesen Platz.

K: (Wählt einen weißen Bodenanker deutlich vor dem physischen Körper an der westlichen Zimmerwand und führt den Berater dort drauf.)

B (für Berufung): Ich fühle etwas Leichtes, Modernes, Kommunikatives, Interaktives. Es hat keinen spirituellen Inhalt, aber die Art zu arbeiten hat irgendeine spirituelle Komponente. Ich wünsche mir eine noch bessere Ausrichtung der vier Körper, die noch ein bisschen durcheinander gewürfelt dastehen. Und mein Blick ist auf den Ursprung (Ostwand gegenüber) gerichtet, so als wenn dieser mein Spiegel wäre und ich sein Ausdruck auf der physischen Ebene.

B: Wie geht es dem spirituellen Körper damit?

K (stellt sich auf den spirituellen Bodenanker, blickt in Richtung Berufung): Meine Berufung wäre es, spirituelle Seminare zu geben. Diese ganzen Jobs in der Wirtschaft interessieren mich nicht. (Geht wieder runter vom Bodenanker.)

B: Wie geht es dem emotionalen Körper mit der Berufung?

K (stellt sich auf den emotionalen Bodenanker in Blickrichtung auf die Berufung): Also klare Richtung bekomme ich von dem spirituellen Körper nicht. Mich interessieren auch die spirituellen Seminare nicht. Es verändert sich wenig, außer: Wenn der spirituelle Körper genährt ist, bin ich weniger aggressiv, meine Lust an der Auseinandersetzung wandelt sich eher in Richtung Freude. Aber mich interessiert ein Job in der Wirtschaft viel mehr als die spirituellen Seminare.

B (therapeutisches Du gegenüber dem Emotionalkörper): Also, was du tust, sollte dir Freude machen?

EK: Ja!

B: Wie geht es dem mentalen Körper damit?

K (stellt sich auf den mentalen Bodenanker mit Blickrichtung auf die Berufung): Mich interessieren die spirituellen Seminare auch nicht. Auch mich interessiert ein Job in der Wirtschaft viel mehr als die spirituellen Seminare, und dass es vielseitig ist.

B: Wie geht es dem physischen Körper damit?

K (stellt sich auf den physischen Bodenanker mit Blickrichtung auf die Berufung): Mir ist das egal, ich mache alles mit. Ich bin wie eine Gallionsfigur vorne auf einem Schiff. Mir ist wichtig, dass ich voranstehen kann und mich nicht hinter den anderen Körpern oder sonst wem verstecken muss.

B: Spiritueller Körper, wie ist dein Kontakt zu den anderen Körpern? Du hast beispielsweise gehört, dass der emotionale Körper ein Bedürfnis nach Freude hat.

K (stellt sich auf spirituellen Bodenanker): Ich habe keinen Kontakt zu den anderen Körpern, die interessieren mich nicht. Und was die Berufung betrifft interessiert mich nur Licht, dieses Summen und die Liebe. Und die spirituellen Seminare.

B: Spiritueller Körper, bist du bereit, den emotionalen Körper bei seinem Bedürfnis nach Freude zu unterstützen?

K (für den spirituellen Körper): Nein, das interessiert mich nicht.

B: Damit tust du mit den anderen Körpern genau das, was du selbst mit dem Ursprung erlebt hattest – dieses Abgeschnittensein. Du hast doch selbst erlebt, wie unangenehm dies ist, nicht genährt zu werden, sondern abgeschnitten zu sein. Wäre es nicht sinnvoll, den emotionalen Körper ebenso zu unterstützen, wie der Ursprung dich unterstützt?

SK: Ja, das sehe ich ein.

B: Sage bitte zum emotionalen Körper: „Ich sehe und achte dein Bedürfnis nach Freude. Und ich werde deine Bedürfnisse respektieren und mit meinen Bedürfnissen in Einklang bringen." Stimmt das so?

SK: Ja! (Wiederholt den Satz entsprechend.)

B: Sage bitte zum mentalen Körper: „Ich sehe und achte dein Bedürfnis nach Vielseitigkeit und Aktion.“ Stimmt das so?

SK: Ja! (Wiederholt den Satz entsprechend.)

B: Sage bitte zum physischen Körper: „Ich sehe und achte dein Bedürfnis Gallionsfigur zu sein.“

SK: (Wiederholt den Satz entsprechend.)

B: Prüfe doch jetzt einmal, inwieweit diese Aussagen die Positionen der Bodenanker verändern.

K: (Schiebt die Bodenanker für die vier Körper zueinander, sodass sie sich berühren, rückt den Bodenanker für die Berufung näher an die vier Körper heran.)

B: Stelle dich nun einmal in die Mitte der vier Körper, sodass du alle vier Bodenanker zugleich berührst und erlebst, wie es sich anfühlt, diese als eine Vier-einige-Einheit zu erleben. Geht das?

K (stellt sich auf alle vier Bodenanker zugleich): Ja, das ist so eine Integrationsleistung.

B: Inwieweit verändert sich nun die eigene Wahrnehmung von Beruf und Berufung?

K: Das Empfinden von Sinnlosigkeit und Verlorensein in der Welt ist weg. Es ist nicht mehr ein Entweder-oder, sondern ich spüre das Licht und das Summen, wenn ich an einen Job in der Wirtschaft denke und wenn ich an spirituelle Seminare denke. Ich kann beides machen.

B: Versuche einmal den Satz: Ich bin jetzt offen, meine Berufung zu erleben!

K: Ich bin jetzt offen, meine Berufung zu erleben! – Ja, so stimmt es jetzt für mich! (Nimmt mit einer Geste die Essenz der Aufstellung in das eigene Herz.)

Das fünfte Element – wir selbst

Bei alldem, was ich hier beschreibe, dürfen wir nie vergessen, worum es eigentlich geht: Nämlich um uns selbst und unser gestaltendes Bewusstsein. Wir sind der Kutscher auf dem Kutschbock. Der Wagenlenker. Der Gestalter. Im wahrsten Sinne des Wortes „der Schöpfer unseres Lebens". Wir sind diejenigen, die den vier Körpern sagen müssen, wohin die Reise geht. Und so wie Eltern dazu da sind, für ihre Kinder zu sorgen, sie zu pflegen, zu beschützen und nach ihnen zu schauen, so sind wir dafür verantwortlich, nachzufragen, wie es den vier Körpern geht, um ihnen das zu geben, was sie brauchen. Denn nur dann können sie uns optimal dienen und mit ihrem unglaublichen Reichtum beschenken.

Eine eindrucksvolle psychologische Erkenntnis besagt, dass ein Kind psychisch gesund aufwächst, wenn es mindestens zehn Minuten echter Präsenz pro Tag bekommt. Ähnlich ist es mit unseren vier Körpern: Sie benötigen nicht viel, aber dieses wenige brauchen sie unbedingt, z. B. in Form von Aufmerksamkeit und Beachtung. Denn wenn sie diese nicht bekommen, drücken sie dies in Form von Problemen, Unklarheit, Verwirrung, Krankheiten, Schwierigkeiten im Beruf oder unseren Partnerschaften, mit Antriebslosigkeit und mangelnder Kreativität aus oder sorgen durch finanzielle Engpässe, damit wir uns endlich um sie kümmern. So kreativ sie sind, wenn sie *für* uns arbeiten, so einfallsreich sind sie in der Kreation von Problemen.

Wenn ich Klienten in meiner Praxis am Ammersee berate, mache ich die Vier-Körper-Aufstellung immer mit vier Kissen. Nachdem ich meinen Klienten die Methode theoretisch erklärt habe, übernehme ich stellvertretend die einzelnen Körper, lasse mich von den Klienten in die jeweiligen Positionen ihrer vier Körper führen, äußere meine Wahrnehmungen, bitte meine Klienten dann, selbst in diese Körper hineinzuspüren, damit sie merken, dass es ihre Empfindungen sind, und lege als Platzhalter Kissen auf den Boden. Dadurch können wir gut nachverfolgen, wie sich die Positionen im Laufe der Sitzung zueinander verändern. Denn zu Beginn einer Beratung sind diese nie in der „richtigen" Position. (Wobei ich das Wort „richtig" später noch einmal genau erklären werde.) Sie finden erst durch die bewusste Wahrnehmung, den Kontakt und die Kommunikation mit ihnen dorthin.

Bei Menschen, die zum ersten Mal eine Vier-Körper-Aufstellung machen, dauert es bis zur harmonischen Endkonstellation im Schnitt zwischen 30 und 60 Minuten. Je stärker das Beratungsanliegen oder Problem ist, umso länger. Denn in allen Fällen spiegelt sich der Konflikt in der Anfangskonstellation. Das heißt aber auch, dass oft 50–70 % des Konfliktes schon gelöst sind, wenn wir die Lösungskonstellation gefunden haben. Unsere Lebenssituationen, unsere Umwelt, beruflich wie persönlich, können nichts anderes tun, als uns unsere innere Befindlichkeit und den inneren Umgang mit uns zu spiegeln. Wie im Innen, so im Außen.

Ich bitte anschließend meine Klienten, in den folgenden Tagen die vier Körper mit Kissen nachzustellen, diese nach Gefühl zu positionieren und dann auf die einzelnen Plätze zu gehen, um wahrzunehmen, was die Körper gerade brauchen. Auf diese Weise werden sie diese Erfahrung vertiefen und den gewohnten Umgang mit der Vier-Körper-Ausstellungstechnik trainieren. Meistens sind diese persönlichen Aufstellungen ohne meine Begleitung zu Beginn noch etwas unsicher. Aber schon nach kurzer Zeit bleiben die vier Körper in einer harmonischen Konstellation um die Person herum, ähnlich wie in der Lösungsaufstellung mit mir, und meine Klienten können immer leichter Kontakt zu ihnen aufnehmen. Seitdem ich selbst diese wunderbare Methode entdeckt habe, beginne ich keinen Tag, ohne kurz in meine vier Körper hineingespürt zu haben. Das dauert keine zwei Minuten. Aber dadurch bin ich den ganzen Tag klarer, entspannter, zentrierter, zuversichtlicher, vitaler und kreativer. Und damit auch erfolgreicher und zufriedener.

Man kann, so wie das auch bei anderen systemischen Aufstellungen gemacht wird, andere Spielfiguren nehmen, wie Bierdeckel, Gläser oder Playmobilfiguren und diese stellvertretend für die vier Körper positionieren, innerlich hineinspüren und mit ihnen in den Dialog gehen. Solche und andere Möglichkeiten beschreibe ich später noch ausführlich.

Berichte weiterer Aufstellungsthemen

Grundsätzlich kann man jedes, wirklich jedes Problem mit der Vier-Körper-Aufstellungstechnik klären. Denn so wie die einzelnen Körper zueinander aufgestellt sind, vor allem, wenn einzelne Körper nicht anwesend, sondern abgewandt sind, sich gegenseitig behindern, zu dicht beieinanderstehen oder sich nicht wohlfühlen, drücken sie immer ziemlich genau aus, was bei uns im Argen ist, und verhindern ein konstruktives, lösungsorientiertes Denken und Handeln.

Wir haben dabei verschiedene Möglichkeiten, damit umzugehen: Wir können einen Konflikt, eine Frage, ein Thema oder ein Problem auf unsere gewohnte Weise lösen und dann in einer Vier-Körper-Aufstellung nachschauen, ob alle Körper damit einverstanden sind und ob sie vielleicht noch die ein oder andere Anregung für uns haben. Dabei nutzen wir die einzelnen Körper als kreative Ressourcen, die uns aus ganz unterschiedlichen Aspekten und Ebenen heraus inspirieren können. Wir können die vier Körper aber auch erst einmal in eine kraftvolle, stimmige Position führen, in dem wir direkt mit ihnen arbeiten, um dann aus dieser geklärten Position heraus, Ideen zu unseren Zielen oder Themen zu entwickeln.

Ich mache grundsätzlich keine Coaching-Sitzung mehr, ohne vorher die vier Körper in Position gebracht zu haben, denn das hieße nur, wertvolle Zeit zu verschwenden. Am Anfang einer Sitzung sammele ich auf einem Flip-Chart die Beratungsziele, die Konfliktthemen oder Wunschvorstellungen, um dann, nachdem wir die Vier-Körper-Aufstellung gemacht haben, den Klienten selbst die Lösungen entwickeln zu lassen. Und das geht nach einer Vier-Körper-Aufstellung immer sehr leicht. Ratschläge sind bekanntlich auch Schläge und werden selten so effektiv umgesetzt wie eigene Einsichten und Erkenntnisse. Das heißt, nach der Vier-Körper-Aufstellung wird der Klient zu seinem eigenen Berater und findet die Lösungen viel leichter. Und er ist bereit, diese auch umzusetzen.

Die Komplexität und Wirkkraft und die vielen praktischen Anwendungsmöglichkeiten kann man am besten in konkreten Aufstellungsprotokollen nachvollziehen. Deshalb werde ich jetzt einige Aufstellungen beschreiben.

Vier-Körper-Aufstellung ohne spezielles Anliegen

Josefine ist eine Teilnehmerin eines systemischen Aufstellungsabends bei uns am Ammersee. An ihr demonstriere ich, ohne dass sie ein tieferes Anliegen äußert, wie die Vier-Körper-Aufstellung praktisch funktioniert.

Zunächst nimmt sie einen Platz im Raum für sich selbst ein. Ich übernehme für sie stellvertretend die Wahrnehmung ihrer vier Körper und beginne auf ihren Wunsch hin mit dem physischen. Sie nimmt mich an den Schultern und stellt mich intuitiv auf den Platz ihres physischen Körpers. So nah oder weit, so zu- oder abgewandt, wie sie glaubt oder fühlt, dass er sich gerade zu ihr verhält. Egal, wo sie mich hinstellen würde, gibt sie mir damit die Erlaubnis, systemisch die Wahrnehmungs- und Empfindungswelt dieses Körpers zu übernehmen, sodass ich sofort korrigieren würde, wenn die Position nicht stimmig wäre. Ich äußere meine Empfindungen: „Dem physischen Körper geht es gut. Er fühlt, dass du gut für ihn sorgst. Dadurch, dass du, Josefine, ihm aufmerksam zuhörst, entsteht jetzt noch mehr Verbundenheit und Liebe." Josefine empfindet dies genauso.

Als Nächstes stellen wir den emotionalen Körper auf. Er steht sehr nahe bei ihr. „Dem emotionalen Körper geht's auch gut, aber er möchte, dass du dich ihm mehr zuwendest." Es fließt, ausgelöst durch die Präsenz von Josefine, jetzt spürbar mehr Liebe.

Der mentale Körper ist unterfordert, beruflich und überhaupt. Dadurch fühlt er sich etwas verschlafen. Er braucht klare Aufgaben, Herausforderungen und Ziele, an denen er basteln kann.

Das höhere Selbst, als Ausdruck des spirituellen Körpers, hat einen klaren Blick in die Zukunft, steht etwas abseits zu Josefine, fühlt sich aber trotzdem verbunden und wünscht sich mehr Einbindung.

Alle vier Körper sind grundsätzlich sehr nahe bei ihr. Dadurch hat sie energetischen Zugriff darauf. Durch die Aufstellung haben sich alle vier Körper harmonisch um sie herum gruppiert. Man muss hinzufügen, dass Josefine mit dieser Methode schon länger vertraut ist und daher einen guten Zugang zu den vier Körpern hat. Außerdem hatte sie kein Anliegen geäußert, denn dann verlaufen die Vier-Körper-Aufstellungen grundsätzlich etwas komplexer.

Von der Verzweiflung zum Erfolg

Es ging nur um einen kurzen kollegialen Coaching-Austausch, bei dem Dagmar mir eine „Erfolgsmethode" zeigen wollte und ich ihr im Gegenzug meine Vier-Körper-Aufstellungstechnik. Wir beginnen zunächst mit ihr: Als sie in der Mitte steht, bricht es plötzlich aus ihr heraus, in welch schwieriger Verfassung sie gerade sei. Das ist gut, denn es ist immer besser, nicht nur aus reiner Neugierde eine Aufstellung zu machen, sondern mit einem echten Anliegen.

Ich nehme ihren Zustand ernst und ermutige sie, alles auszusprechen, was gerade in ihr vorgeht. Ihr geht es sehr schlecht, ihr sei schwindlig, sie fühle sich bedrückt, belastet und unglücklich. Ich bitte sie als Erstes für ihren spirituellen Körper zu stehen, denn ich habe intuitiv das Gefühl, dass sie erst einmal Abstand zu sich selbst und ihren Problemen braucht. Dieser steht anderthalb Meter entfernt, schaut aber woanders hin und bekommt seine Botschaften nur indirekt über ihre Gebete und über die Berge (wir stehen gerade in Interlaken im Freien mit Blick auf die Schweizer Alpen), auf die er blickt. Ich bitte Dagmar, mir zu sagen, was sie von ihrem spirituellen Körper möchte. Sie dreht sich zu mir als spirituellen Teil um und ich merke sofort, wie ich sehr wohlwollend zu ihr schaue, mit sehr viel Liebe, innerer Ruhe und Weisheit. Ich sage ihr, wie nahe ich eigentlich bei ihr bin und dass ich immer für sie da bin. Dadurch beruhigt sich Dagmar etwas.

Als Zweites nimmt sie den physischen Körper, der etwas verdreht und abgewandt dasteht und sich mit allem Möglichen beschäftigt und sich auch nicht wohlfühlt. Dagmar bestätigt mir, dass sie in den letzten Tagen Bauchschmerzen hatte, Träume von Blutungen. Ich sage ihr als physischer Körper, dass ich nicht sehr viel brauche, sondern nur Wertschätzung, Aufmerksamkeit, ein bisschen Präsenz und vor allem Dankbarkeit dafür, dass ich meistens so gut funktioniere. In dem Moment drehe ich mich als physischer Körper direkt zu ihr um und fühle, dass es sehr heilsam war, dies aussprechen zu können. Dem emotionalen Teil wird wieder schwindlig und schlecht vor Überlastung. Ich stelle Dagmar selbst auf den Platz ihres emotionalen Körpers und lasse sie alle Gefühle, die sie wahrnimmt, aussprechen. Sie äußert ca. 20 verschiedene Gefühle, Trauer, Hoffnungslosigkeit, Wut, Unverständnis, Beklemmung, Sorgen, Verwirrung usw. Besonders beängstigend ist für sie das Gefühl des Nichts, der Leere, an das sie immer wieder stößt. Ich ermutige sie, genau da hindurchzugehen, und sich selbst zu bemuttern, sich lieb zu haben, präsent zu sein für ihre Gefühle und damit auch für ihr inneres Mädchen. Dadurch gelangt sie schon nach wenigen Minuten in einen Zustand der Entspannung und Akzeptanz. (Gefühle wollen einfach nur da sein dürfen und wandeln sich dadurch von selbst. So wie ein Bach, der trüb und verschmutzt ist, sich schnell wieder klärt, wenn er fließen darf.)

Dann frage ich sie, wo ihr mentaler Körper steht. Dieser ist direkt vor ihr und verbaut ihr komplett die Sicht und den Kontakt zu den anderen Körpern. Das ist dem mentalen Körper und ihr selbst auch viel zu nah und sie sagt ihm, er solle sich seitlicher stellen, bis die Kleeblattstellung wieder erreicht ist, die in 99 % der Fälle am Ende herauskommt. Denn dann hat man die Sicht auf alle, ist mit ihnen verbunden und diese wissen wieder, wem sie dienen, und sind in ihrer ursprünglichen Kraft und Bestimmung.

In den Monaten danach verfolgte ich über ihre zahlreichen Facebook-Posts, wie Dagmar wieder am Leben teilnimmt, Tanzwettbewerbe gewinnt, sich mit viel Prominenz umgibt, ein eigenes Unternehmen gründet, ihren Traummann kennen- und lieben lernt und als Höhepunkt vor 10.000 Leuten auf einem Kongress das Wort ergreift und über ihre Erfahrungen spricht. So kann's gehen, wenn die vier Körper wieder alle am richtigen Platz stehen.

Arbeitsfähigkeit wiedererlangen

Eine Demonstration der Vier-Körper-Technik an einem Aufstellungstag bei uns mit Joe.

Der physische Körper von Joe fühlt sich leicht missachtet, da er ihn eher „benutzt“ als gut pflegt oder mit Bezug einfühlsam trainiert.

Der emotionale Körper fühlt sich alleine, schon aus Gewohnheit. Er braucht eine Umarmung und möchte umarmen.

Der mentale Körper möchte links stehen wie ein guter Partner oder Freund, und ist plötzlich sehr aufgeregt und lebendig, weil er bewusst wahrgenommen wird.

Der spirituelle Körper soll sich selbst seinen Platz suchen, aber das ist nicht seine Aufgabe. Er fühlt sich deshalb verloren und orientierungslos. Er braucht Fokussierung und eine klare Ausrichtung, um der Person dienen zu können.

Bei Aufstellungen jeglicher Art gilt immer der Grundsatz: Anerkennen, was ist. Denn nur von dort kann sich dann das harmonische Lösungsbild entwickeln. Wenn man mogelt, nicht ehrlich ist oder versucht zu manipulieren, sperren sich die aufgestellten Teile.

Auch in diesem Fall, ohne ein größeres Anliegen oder Problemthema, haben wir innerhalb weniger Minuten eine kraftvolle, harmonische Endkonstellation gefunden. Und jetzt wäre Joe bereit für die nächsten Schritte einer Beratung.

Wenn der spirituelle Teil alles dominiert

Der Physische Körper einer Bekannten namens Christina fühlt sich ausgemergelt und allein, nicht genährt und steht kurz vor dem Zusammenbruch.

Der mentale Körper ist völlig verwirrt und losgelöst von Christina.

Der emotionale Körper liegt auf dem Boden und möchte sterben, allein gelassen und verzweifelt.

Der spirituelle Körper steht zwischen dem mentalen und physischen Körper, hat alles in der Hand und ist völlig überfordert und hält sich auch in Christinas realem Leben an „esoterischen Mätzchen“ fest.

Alle Teile sind wütend auf den spirituellen Teil. Der emotionale Teil ist stark, aber es sind sehr viele Zwischenschritte nötig, bis die gelungene, harmonische Endaufstellung gefunden wird.

Wir lassen das zunächst so stehen. Denn ich kenne die Wirkweise der Körper gut und weiß, dass man ihrer Weisheit vertrauen kann.

Ein paar Wochen später schickte Christina mir diese E-Mail:

> *„Lieber Frank,*
>
> *nachdem wir uns nicht mehr gesehen haben, schicke ich dir ein paar Worte zu unserer Aufstellung und darüber, wie es mir geht, auch wenn es nicht möglich ist, sauber auseinanderzuhalten, welche Veränderungen aus der Vier-Körper Aufstellung resultieren, welche aus anderen Arbeiten kommen oder auch Auswirkungen von kombinierten Aktionen sind, oder ob es vielleicht an irgendwelchen „Sternenkonstellationen“ liegen mag, dass sich gerade etwas verändert.*
>
> *Die „tägliche“ Vier-Körper-Aufstellung, die ich regelmäßig mache, ging immer leichter. Anfangs war es noch eine größere Überwindung und dauerte auch noch länger, mittlerweile geht’s recht fix.*
>
> *Ich habe das Gefühl, dass ich mich etwas „sortierter“ und klarer fühle und meinen Stand in mir und zu bestimmten Gegebenheiten besser wahrnehmen kann und mich dadurch auch deutlicher positionieren und abgrenzen kann. Das hat auch zur Folge, dass ich (wieder) etwas konfliktbereiter geworden bin und weniger Wert darauflege, ob meine Meinung „populär“ ist oder ob ich alleine damit bin.*

Mir scheint auch, dass ich klarer werde in dem, was ich möchte und was ich nicht will, und weniger bereit bin „faule" Kompromisse zu akzeptieren. Beispiel „aus dem Leben ;-)": Wenn einer „meistens" schön bis sehr schön mit mir Salsa tanzt und nett zu mir ist und ein andermal mies mit mir umgeht, kann er mir (spätestens nach dem 2. Mal) mit gutem Selbstwertgefühl gestohlen bleiben. Auch wenn ich mich darüber ärgere, habe ich doch das Gefühl in mir, dass ich es wert bin, dass man mich achtsam behandelt. Früher hätte ich doch wieder mit ihm getanzt, nur, weil er doch meistens nett ist und es „vielleicht auch nicht so gemeint hat" und außerdem „doch so schön tanzt". Jetzt finde ich, dass ich lieber gar nicht tanze, als das zu akzeptieren.

Ab und zu funkelt ein winziges Stückchen „Fast-Glauben" auf, dass ich tatsächlich wieder auf die Beine kommen kann.

Manchmal fühle ich mich kräftiger und etwas in mir fühlt sich lebendiger an. Das sind ein paar Punkte, die mir in letzter Zeit aufgefallen sind, und von denen ich glaube, dass sie mit der Vier-Körper-Aufstellung zusammenhängen. Insofern habe ganz herzlichen Dank dafür.

Deine Christina"

Ausstieg aus Überforderung

Zu Beginn stellt Sebastian seinen physischen Körper etwas lieblos seitlich versetzt hinter sich. Er benutzt seinen Körper, hat aber wenig Wertschätzung, Achtsamkeit und Dankbarkeit für ihn. Der Körper geht dann auch weiter weg von ihm nach rechts hinten und wendet sich ab. Als Sebastian darüber zu sprechen beginnt, dass er vor zwei Jahren einen Rückenunfall hatte, wird der körperliche Teil hellhörig und dreht sich wieder um, hält aber noch Abstand.

Aus der Metaebene von mir als Aufstellungsleiter heraus sage ich Sebastian, dass es wichtig ist, den Körper gut zu behandeln, für ihn zu sorgen, ihm

Auszeiten, Ruhezeiten, Verwöhnzeiten, Wellnesszeiten zu gönnen. Alleine dadurch, dass ich so offen darüber sprechen kann, hilft es dem physischen Körper sich anzunähern, weil er sich verstanden und gehört fühlt.

Der nächste Körper ist der mentale Körper. Dieser steht als Einflüsterer sehr nahe rechts neben Sebastian und wendet sich dann schnell ab, einem weißen Whiteboard im Raum zu. Der mentale Körper saugt förmlich die nährende und inspirierende Kraft der weißen Wand in sich auf. Der „Raum von Nichts" scheint genau das zu sein, was diesem Teil am meisten fehlt.

Um sicher zu sein, dass es nicht meine Bewertung als Aufstellungsleiter ist, die sich da eventuell einmischt, gehe ich wieder auf den Klienten zu in die Flüsterposition und merke sofort, wie ich mich wieder eingeschränkt und unwohl fühle und gar keine Chance habe, mit neuen Impulsen und Ideen von meiner Person gehört zu werden. Wir lassen das erst einmal so stehen.

Als Nächstes ist der spirituelle Teil dran. Er steht ganz weit hinten links wie auf einem großen Felsen und hält die Arme ausgebreitet, erst nach oben, dann auf Wunsch von Sebastian mit den Handflächen nach unten, quasi als segnende Kraft von oben. Ich sage Sebastian als spiritueller Teil, dass ich hier noch ewig weiter stehen könnte, dass ich aber in gewisser Weise ein bisschen an meiner Bestimmung und meinem Sinn vorbei lebe. Das kommt bei Sebastian an, der mich daraufhin bittet, vom „Felsen" herunterzukommen, näher zu ihm, aber weiter mit diesen segnenden Händen, die allmählich zu schmerzen beginnen. Auf dem Felsen hatte mich das nicht gestört, weil ich ganz für mich war, aber in der Nähe von Sebastian ist es sehr anstrengend. Es scheint also nicht darum zu gehen.

Ich stelle mich als spiritueller Teil vor ihn, aber er und Sebastian sind sehr schüchtern, weil es schon lange keinen wirklichen Kontakt mehr zwischen ihnen gegeben hat. Deshalb bittet Sebastian diesen Teil, sich rechts von ihm aufzustellen und ihm Zeit zu geben, damit sich beide wieder langsam aneinander gewöhnen und sich annähern können. Wir lassen das erst einmal so stehen und wirken.

Und dann wenden wir uns dem emotionalen Teil zu. Sebastian stellt mich als emotionaler Teil vor sich, ich drehe mich um und beginne über die Funktionsweise des Emotionalkörpers zu sprechen, nämlich, dass es darum geht, Gefühle einfach nur wahrzunehmen, nicht zu bewerten und sich von selber verwandeln zu lassen. Ich sage Sebastian, der noch ein bisschen befangen wirkt, dass wir die Plätze tauschen, damit er selbst von innen heraus wahrnehmen und spüren kann, wie es dem emotionalen Teil geht.

Sebastian spürt einen großen Druck und Beklommenheit, eine bleierne Schwere, die durch permanente Überforderung auf ihm lastet. Ich bitte ihn, das einfach nur wahrzunehmen und da sein zu lassen. Als Erstes kommen Gefühle von Überforderung und Enge, dann ist da eine große Sehnsucht nach Lebendigkeit, als Nächstes wandelt sich das Gefühl in einen Spieltrieb und das Bedürfnis, miteinander zu spielen, und dann ist da ein Gefühl von Freiheit. Das ist gut.

Ich erkläre Sebastian, dass das Innere Kind zum emotionalen Teil gehört und dass es wichtig ist, dass dieser Teil von ihm als die erwachsene Person gut versorgt wird. In seinem System scheint das nämlich etwas auf dem Kopf zu stehen. Der Kleine in ihm muss sehr erwachsen sein, d. h., er muss viel zu viel Verantwortung tragen, obwohl ihn das überfordert.

Abschließend gehe ich noch einmal in die vier Körper: Der physische Teil steht kraftvoll hinter Sebastian und sagt, dass er nur hin und wieder Aufmerksamkeit, Ruhe und ein kleines „Verwöhnprogramm" braucht. Der mentale Teil, der links von ihm steht, möchte immer wieder mal Auszeiten, Stille und Leere vor der weißen Wand, damit er sich erholt und inspiriert wird, um Sebastian mit neuen Ideen zu dienen. Der emotionale Teil steht vor ihm und möchte beeltert werden, braucht einfach nur Raum für seine Gefühle, damit diese sich dann wandeln und leichter werden und Sebastian im Gegenzug mit Freude, Leichtigkeit und Lebendigkeit versorgen kann. Und der spirituelle Teil rechts neben ihm braucht noch etwas Zeit sich mit seiner Person wieder anzufreunden. Er ist noch nicht so konkret spürbar wie die anderen Teile, eher abstrakt, aber unglaublich wichtig.

In meiner Aufstellungszusammenfassung, die ich Sebastian ein paar Tage später schrieb, fügte ich noch folgende Empfehlung hinzu: *„Deshalb ist es gut, lieber Sebastian, von Zeit zu Zeit mithilfe von vier Kissen als Platzhalter in die einzelnen Positionen zu gehen und wahrzunehmen, wie sich die vier Körper gerade fühlen. Einfach nur wahrnehmen und akzeptieren, was auch immer in ihnen gerade vorgeht. Ihnen Aufmerksamkeit, Wertschätzung und Beachtung zu schenken und dann sie sich ganz von selbst an den richtigen Platz zurückkehren lassen, um am Ende in der Mitte zu spüren, wie gut du versorgt, genährt und gehalten bist von deinen vier „Engeln".*

Berufliche Neuorientierung möglich machen

Es geht bei Alex um berufliche Neuorientierung und darum, aus seinem Überforderungsmuster auszusteigen.

Die Bestandsaufnahme der acht Felder des Lebensrades zeigt, dass er vor allen Dingen in den Bereichen Weiterbildung, dem Ich-Raum, der Spiritualität, aber auch dem Sozialen jeweils nur zu 50 % zufrieden ist. Irgendwie ahne ich, dass das alles miteinander zusammenhängt.

Ich erkläre ihm die Vier-Körper-Aufstellung und er beginnt mit dem physischen Körper, den er weit vor sich abgewandt hinstellt. Ich korrigiere sofort und sage, nein, ich möchte lieber hinter dir stehen. Das findet er auch richtig. Als Zweites stellen wir den mentalen Körper, der seitlich vor ihm steht, zwar einerseits Kontakt zu ihm hat, sich aber auch extrem verkatert, wie aus einer Narkose erwachend oder wie unter Drogen anfühlt. Wir lassen das erst einmal so stehen.

Dann stellen wir den emotionalen Teil, der seitlich nah bei ihm steht, aber die Augen geschlossen hat, um besser allein sein zu können. Ich sage das Alex, und weil er offen darauf reagiert, beginnt der emotionale Körper seine Augen zu öffnen. Der Kontakt ist noch etwas unbeholfen und schüchtern, weil Alexander schon lange keinen direkten Kontakt zu seinem emotionalen Körper, sprich zu seiner Gefühlswelt hatte.

Als Letztes platzieren wir den spirituellen Körper, der jetzt dort steht, wo zu Beginn der physische Körper war, nämlich weit vor ihm und seitlich etwas abgewandt. Er fühlt sich noch etwas verloren und orientierungslos. Trotzdem bitte ich ihn, eine optimale Konstellation für alle zu wählen.

Nach mehreren Zwischenschritten landen wir bei der Lösungskonstellation: Der mentale Körper steht hinter ihm, und Alex kann sich jederzeit zu ihm umdrehen, um ihn nach Ideen und Impulsen zu fragen. Das tut auch dem mentalen Körper sehr gut.

Der physische Körper steht wie ein Buddy sehr kraftvoll und geerdet links neben ihm und ist vital und kräftig. Der emotionale Teil steht vor ihm, zunächst abgewandt, dann dreht er sich um und es passiert etwas im Kontakt mit Alex: Aus irgendeinem Grund fühlt sich der emotionale Teil größer und erwachsener als Alex. Da steht etwas auf dem Kopf. Denn im emotionalen Teil ist auch das Innere Kind zu Hause. Deshalb sollte er sich immer etwas kleiner fühlen als die Person. Ich spreche das aus und dadurch entsteht eine Wandlung und ich als emotionaler Teil werde jünger, kleiner und bedürftiger und Alex wird dafür etwas größer, klarer, stärker und erwachsener. Das tut uns beiden gut.

Der spirituelle Teil gruppiert sich jetzt zur Rechten von Alex wie ein weiser Ratgeber.

Da all die kleinen Umstellungen eine regelrechte Revolution im energetischen System von Alex ausgelöst haben, braucht er noch einige Zeit zum Verdauen und Integrieren. Alles fühlt sich wie ein großer energetischer Muskelkater an. Ich gebe ihm Zeit dafür.

Nach einigen Minuten fühlt er sich wieder klar, gestärkt, gelassen und zum ersten Mal seit Monaten in einer ruhigen Verfassung, um von dort aus gute Entscheidungen für sein Leben treffen zu können. Dies tun wir dann auch gleich anhand seiner zu Beginn der Sitzung geäußerten Wünsche und Ziele. Zu jedem der Punkte hat er einige gute pragmatische, umsetzbare Ideen.

Wiederherstellung von Glück und Wohlgefühl

Emma fühlt sich als quasi alleinerziehende Mutter von fünf Kindern überfordert. Ein Ehemann ist zwar vorhanden und erfolgreich, aber als Vater nicht präsent.

Ich mache erstmal eine Ist-Analyse anhand der acht Bereiche des Lebensrades. Ich frage sie nach ihrer Zufriedenheit in den acht Bereichen: Beruf, Finanzen, Gesundheit, Weiterbildung, Partnerschaft/Familie, Soziales, Ich-Raum und Spiritualität ab. Alle Bereiche sind gut gefüllt, überhaupt wirkt sie insgesamt sehr erfolgreich, und steht im Leben. Finanzen und Berufliches sind beide top, wie selten bei jemandem, der zu mir ins Coaching kommt. Aber in Sachen Partnerschaft und Familie ist viel zu tun. Das scheint das Nadelöhr zu sein.

Eine System- oder Vier-Körper-Aufstellung hat sie noch nie gemacht und sie ist daher unsicher, aber ich kann sie ermutigen, mit dem physischen Körper anzufangen. Als Stellvertreter merke ich, wie gut es ist, sich dort Kraft zu holen. Eine tiefe Ruhe breitet sich aus. Emma fragt mich, wie sie mehr Kontakt zu diesem Körper haben könne, da sie wegen ihrer Kinder und Hunde kaum Zeit für sich habe. Ich reframe das, indem ich ihr sage, dass es gut sei, das Spazierengehen mit den Hunden als Auszeit und Auftankmöglichkeit für den physischen Körper zu nutzen. Außerdem wirke eine aufgetankte, ruhige Mutter auch beruhigend auf ihre Kinder. Das kommt bei ihr an.

Als Nächstes stellen wir den spirituellen Körper auf. Er ist ganz nah bei ihr, aber abgewandt und schaut auf eine Karte an der Wand im Coachingraum, auf der der Spruch steht: „Glück heißt zu wissen, wer du bist." Als ich ihr diesen Spruch vorlese, fängt sie an zu weinen.

Dann stellen wir den emotionalen Körper auf, der sich sofort in der Mitte des Raumes positioniert, wo normalerweise zu Beginn vieler Aufstellungen die Person selbst steht. Diesem Teil geht es sehr gut, aber es ist das typische Bild, wenn der Bock zum Gärtner gemacht wird. Wenn ein Teil, in diesem Fall der emotionale Teil, das ganze Feld beherrscht, haben alle anderen Teile früher oder später ein Problem. Im Leben von Emma drückt sich das dadurch aus, dass sie immer wieder unberechenbare Reaktionen zeigt, die sehr emotionsgeladen sind und die keiner versteht.

Als Letztes stellen wir den mentalen Teil auf, der aus dem Fenster schaut. In vielen Aufstellungen ist der Blick aus meinem Coachingraumfenster eher ein leicht depressiver verlorener Ausblick in einen Hinterhof, aber zum ersten Mal sehe ich beim Blick aus diesem Fenster eine unglaubliche Fülle und Lebendigkeit in den Gärten und Häusern. Das heißt, der mentale Teil ist hoch kreativ und aufmerksam für Details und kann aus allem etwas machen. Ich bitte Emma, sich einen Teil auszusuchen, der damit beginnt, eine bessere Position für sich zu finden. Der physische Teil stellte sich so, dass er gleichzeitig aus dem Fenster und zu ihr schauen kann. Dadurch erweitert sich der Blick des physischen Körpers weit in den wunderschönen Garten hinein, aus dem er Kraft bezieht, und gleichzeitig hat er Bezug zur Person.

Dann tauscht der emotionale Teil seinen Platz mit der Person, d. h., er überlässt ihr den prominenten Platz in der Mitte und stellt sich etwas zur Seite, wodurch viel Raum und Energie bei der Person entsteht.

Der spirituelle Teil positioniert sich ganz von selbst auf der linken Seite wie eine Art wohlwollender Ratgeber zur Person.

Und der mentale Teil ist jetzt bereit sich umzudrehen, weil er merkt, dass hinter ihm viel Interessanteres passiert, als außerhalb des Fensters und er dadurch eine Aufgabe hat.

Zum Schluss tauschen noch der emotionale Teil und der mentale Teil die Position, nachdem ich die Person bitte, in der Mitte den Platz auf einem Sessel einzunehmen und sich von den vier Körpern nähren und versorgen zu lassen. Dadurch kann der mentale Teil, der jetzt hinter ihr steht, zu ihr schauen und gleichzeitig über sie hinweg aus dem Fenster.

Die Person hat jetzt auch den emotionalen Körper seitlich im Blick, der sich dadurch gehalten und gesehen fühlt.

Alles Aufgedrehte und Übermäßige von Emma vom Anfang der Sitzung ist verschwunden und sie hat eine unglaublich geerdete, ruhige Kraft und Ausstrahlung, die sie selbst auch bemerkt. Sie fühlt sich nach langer Zeit endlich wieder wohl und glücklich und hat viele Anregungen bekommen, wie sie das auch in ihrem Leben jederzeit wiedererlangen kann. Eine gute Grundlage, damit ihre weiteren Themen anzugehen.

Geschäftliche Krise meistern

Andrew ist ein Klient, der sich wegen einer drohenden geschäftlichen Krise an mich wendet.

Schnell stellt sich heraus, dass vor allem seine Partnerschaft und Ehe arg ins Wanken geraten sind und dass er den Reichtum, in dem er lebt, weder wahrnehmen noch fühlen und genießen kann (seine Frau ist sehr vermögend, und sie leben samt gemeinsamem Sohn in einer schönen Villa direkt am See).

Anhand der Bestandsaufnahme des Lebensrades von Andrew können wir erkennen, dass die Bereiche Partnerschaft, der Ich-Raum, sowie das Thema Spiritualität völlig unterrepräsentiert sind.

Nach dieser klärenden Bestandsaufnahme zieht er sich zurück, weil ihm klar ist, dass er sich zuerst um seine Ehe kümmern muss. Dort steht eine Trennung an, die auch vollzogen wird, allerdings abgepolstert durch eine neue Beziehung. Währenddessen geht es mit seinem Geschäft weiter bergab.

Nach zwei Jahren meldet sich Andrew wieder bei mir. Ich führe die Vier-Körper-Aufstellung mit ihm durch und dabei eine sehr überraschende Entdeckung: Alle vier Körper sind abgewendet. Sie sind alle auf Stand-by-Modus und irgendwie mit sich beschäftigt und guten Willens, aber sie brauchen einen klaren Impuls, worum es geht und wohin die Reise führen soll. Meine Hausaufgabe für den Klienten ist, sich das beste Leben aller vorstellbaren zu skizzieren und sich dafür eine Woche lang jeden Tag ein paar Minuten Zeit zu nehmen.

Nach einem Jahr treffe ich ihn zufällig wieder und frage ihn, wie es ihm ergangen ist. Er sagt, er habe gemerkt, dass die neue Partnerschaft nur ein Trostpflaster gewesen sei, um nicht allein sein müssen, er lebe jetzt erst einmal alleine. Er verbringe viel Zeit in der Natur, die ihm Kraft und Zuversicht gebe. Das Geschäft habe er verkleinert, aber es laufe wieder gut. Und er habe völlig neue Ideen, die er aber in Ruhe angehen möchte. Alles in allem macht er einen in sich ruhenden, zufriedenen, aufgeräumten Eindruck.

Bänderriss schneller heilen

Franz hatte zwei Wochen, bevor er zu mir kam, schon eine leichtere Verletzung am Fuß. Als diese gerade wieder verheilt war, zog er sich durch einen unbedachten Sprung einen doppelten Bänderriss zu. Eine Woche lang lief er auf Krücken und mit Gipsfuß umher und kam dann zu mir zu einer Vier-Körper-Aufstellung, um der Ursache für seine Verletzungswelle auf den Grund zu kommen. Vor allem, weil er ein paar Wochen später wieder „bühnentauglich" sein musste.

Der physische Körper war völlig geknickt und in sich zusammengefallen und sagte, dass er vor allem ganz viel Ruhe brauche.

Der emotionale Körper war total im Rückzug und geschockt.

Der mentale Körper war komplett leer, weil es scheinbar genau darum ging, dass der antreibende Verstand für eine Weile zurückgestellt wurde.

Und der spirituelle Teil hatte sich hingesetzt und wartete einfach nur ab.

Wir arbeiteten an den vier Körpern, wobei „arbeiten" heißt, sich den vier Körpern zuzuwenden, sie zu fragen, was sie benötigen, und sie sich selbst einen besseren Platz in der Nähe des Klienten finden zu lassen. Dadurch standen sie schon bald wieder aufgerichtet um den Klienten herum. Aber dieser war jetzt sensibilisiert dafür, den Körpern die Ruhe und Verdauungszeit zu geben, die sie brauchten. Ich bin sicher, dass dies den Heilungsprozess enorm beschleunigt hat und die Lektion gelernt wurde, sodass er sich keine weiteren Verletzungen zuziehen musste. Wie ich später erfuhr, hatte er drei Wochen später einen großen Bühnenaufritt, der gut gelang. Das ist bei einem doppelten Bänderriss, der normalerweise drei bis vier Monate zum Heilen braucht, sehr erstaunlich.

Wohnungssuche leichter gemacht

Gerda kommt mit dem Anliegen, eine bessere Wohnung zu finden. Wir stellen zunächst den „Geist der Beziehung zur Wohnung". Das ist eine Aufstellungsart, mit der ein bestimmtes Thema, wie Partnerschaft, Geld, Vorhaben, Projekte, Ideen usw. systemisch von einem Stellvertreter übernommen wird, um aus deren Sicht zu erfahren, wie das Verhältnis zu diesen auf der energetisch-emotionalen Ebene ist sowie was eventuell zwischen einem und diesen Zielen steht.

Der Stellvertreter für den „Geist der Beziehung zur Wohnung" dreht sich im Kreis. Wir haben das Gefühl, es muss noch etwas anderes vorab geklärt werden und stellen die vier Körper auf.

Der emotionale Teil steht sehr nah bei Gerda. Der physische stützt sie von hinten. Der spirituelle ist abgewandt und mit anderen Dingen und im Außen beschäftigt. Und der emotionale Teil ist irgendwie „völlig im Koma". Dadurch wird eine Wohnungssuche quasi unmöglich.

Wir beginnen zu korrigieren: Der physische Teil möchte mehr Abstand. Dadurch entlastet sich auch der emotionale Teil und der mentale wacht wieder auf und wird klarer. Der spirituelle Körper schwankt hin und her. Wir stellen ihn erst einmal auf die Seite und fragen „den Geist der Beziehung zur Wohnung" wie es ihm geht, doch dieser hat noch heftige Einwände. Plötzlich merken wir, dass es gar nicht der reine spirituelle Teil ist, sondern ein Teil, der mit den Erwartungen der Mutter verbunden ist. Wir trennen den spirituellen Teil von der Mutter, was mithilfe aller anderen Teile gelingt und sehr intensiv ist. Es dauert eine ganze Weile und gelingt nur über verschiedene Zwischenschritte und Interventionen. Dadurch kann der spirituelle Teil zum ersten Mal frei und direkt Kontakt aufnehmen, voller Liebe die Person auf ihren richtigen Platz führen und eine neue Ordnung herstellen. „Der Geist der

Beziehung zur Wohnung" gesellt sich dazu und sagt, es ist alles ganz leicht, ganz leicht, ganz leicht.

Zwei Wochen später bekomme ich eine E-Mail:

> *„Lieber Frank, du hattest mich ja gebeten, dir rückzumelden, wie es mir mit der Wohnungssuche nach der Aufstellung bei euch ergangen ist. Nun, was soll ich sagen: Ich habe eine sehr schöne Wohnung gleich zwei Straßen weiter gefunden. Ein paar Tage nach der Aufstellung traf ich einen alten Freund im Supermarkt, den ich auf mein Wohnungsproblem ansprach, und der mir seine Wohnung anbot, weil er kurzfristig ins Ausland geht. Es ging wirklich „ganz leicht". Danke noch mal für deine Unterstützung. Beim nächsten Problem komme ich früher. :)*
>
> *Alles Liebe, Gerda"*

Angemessen kommunizieren

Hannelore kommt mit dem Anliegen: Wann sage ich etwas und wie kommuniziere ich angemessen?

Ich mache zuerst eine Bestandsaufnahme ihres Lebensrades. Grundsätzlich sind alle Lebensbereiche bei 80–90 % Zufriedenheit. Das ist ungewöhnlich hoch. Ich frage sie deshalb nach ihrer Lebensvision und schreibe ihre Antworten auf ein weißes Flip-Papier:

„Meine Ziele und Visionen für ein neues Leben:

- Ich möchte mich fit machen für einen ganz neuen Lebensabschnitt ab 28.

- Ich möchte mehr Liebe empfinden und weitergeben."

Dann mache ich die Vier-Körper-Aufstellung und nehme bei einigen große Einwände wahr. Erst nur ganz zaghaft, aber dann immer deutlicher.

Der emotionale Teil steht etwas zu nah und will einfach nur einen Schritt zurück. Der spirituelle Teil steht gut und ist im Blick von Hannelore, aber irgendwie ratlos. Und das Strahlen und die Lebenskraft sind bei ihm und nicht bei Hannelore, wie ich feststelle.

Der physische Körper steht links hinter ihr wie ein stiller, demütiger Diener, der leise im Hintergrund alles richtet, aber nie Anerkennung bekommen hat. Er wandert hinter sie und ist von nun an präsenter.

Der mentale Teil steht vorne rechts im Blick und dominiert alles. Er ist zu 80–90 % der bestimmende Teil, der alles beherrscht. Einerseits sehr verführerisch, andererseits überfordert und gleichzeitig in seiner Genialität mit viel zu viel Aufmerksamkeit und Beachtung gesegnet. Er ist ein leidenschaftlicher, begeisternder, inspirierender Teil, der aber ungebremst und ungehalten agieren darf. Genau dieser Teil ist es auch, der in Gesprächen, bei Verhandlungssituation und Auftragsklärungen keine Erdung hat und keine Empathie und deshalb immer wieder übers Ziel hinausschießt. Bisher.

Nachdem das klar ist, stellen wir ihn zur Seite und reduzieren ihn auf seinen 25-Prozent-Anteil am Gesamtgeschehen. Ab diesem Moment fängt eine Harmonisierung aller anderen Teile an, die plötzlich nicht mehr überflüssig sind. Und sich jetzt in ihrer ganzen Kraft entfalten können.

Ich frage alle vier Teile, was denn ihr konkreter Beitrag zu den Zielen und Wünschen von Hannelore sei, die wir zu Beginn auf dem Flip-Papier gesammelt haben. Hannelore würdigt alle vier Teile und gibt ihnen die Zuversicht, ihre Wünsche auch wirklich zu leben und umzusetzen. Und diese erwidern und unterstützen die vier Körper umgehend und spürbar. Das ist sehr berührend und kraftvoll.

Am Schluss sprechen wir noch einmal über die Gespräche und die Situationen mit ihren Chefs und ihre unangemessenen Reaktionen, denn das war ihr Aufstellungs- und Beratungsanliegen. Es ist ganz deutlich, dass ihr mit dem nun eingebremsten mentalen Teil und einem guten Kontakt zum emotionalen und physischen Körper, solche Sachen nicht mehr so schnell passieren werden.

Ein paar Wochen später rufe ich Hannelore an, um nachzufragen, wie es ihr ergangen ist. Sie bestätigt mir, dass sie schon wieder ein paar Mal in Situationen mit ihren Chefs war, in denen sie früher unangemessen und zu spontan reagiert hätte, aber jetzt eine Art Filter in ihr aktiv sei, mit dem sie erst einmal in Ruhe überlegen könne, was gerade angebracht sei und was nicht.

Schwierige Mandanten in den Griff bekommen

Annemarie ist Rechtsanwältin, die seit Jahren hin und wieder zur Supervision in meine Praxis kommt, um schwierige Fälle zu klären. Oder einen besseren Umgang mit problematischen, unzuverlässigen, kräftezehrenden Mandanten zu proben.

Diesmal berichtet sie von einem schwierigen Mandanten, der sehr unfreundlich mit ihr umgehe, grenzüberschreitend sei und die Rechnungen infrage stelle. Ich höre mir das Ganze in Ruhe an, habe schon die ein oder andere Idee dazu und bitte sie, ihre vier Körper aufzustellen, weil ich merke, wie aufgebracht sie ist.

Sie beginnt mit dem emotionalen Körper, für den ich stehe und der nach Außen in die Schusslinie des Aggressors gedreht ist. Das heißt, ihr emotionaler Körper – und damit auch ihre verletzliche Seite – muss den ganzen Stress und die Angriffe aushalten, die von diesem schwierigen Mandanten ausgehen. Ich bitte sie als emotionaler Körper, mir einen besseren Platz hinter ihr zu suchen. Als ich dorthin gehe, fängt er sich spürbar an zu entspannen.

Als Zweites stellt sie ihren physischen Körper, der zwar seitlich zu ihr steht, aber die Augen geschlossen hat, weil ihn die ganzen Konflikte sehr angestrengt haben in den letzten Wochen. Der physische Körper braucht vor allem Verständnis und viel Ruhe.

Als Drittes stellen wir den mentalen Körper. Ich merke sofort, wie sich dieser aufbläht und viel zu groß ist und stelle mich dann sogar auf einen Stuhl, um dies noch deutlicher zu machen. Ein unbegrenzter mentaler Körper. Da er wenig Mitgefühl hat, schießt er schnell mal übers Ziel hinaus. Die Zeche dafür zahlen der physische Körper und der emotionale Körper, die das Ganze ausbaden und aushalten müssen. Er selbst hat das Gefühl, dass es gut ist vom Stuhl herunterzukommen. Dort beruhigt er sich sichtlich und auch die anderen Teile entspannen sich, weil der mentale Körper wieder am richtigen Platz geerdet und zentriert dasteht.

Zuletzt stellen wir den spirituellen Körper auf, der aus dem Fenster schaut und sich am Anblick eines Vogelbeerbaumes ergötzt, auf dem gerade ganz viele Vögel Beeren pflücken. Das fühlt sich allerdings eher wie ein Ersatz an, wie eine Strategie, um überhaupt noch zu sich zu kommen. Die Klientin bestätigt mir, dass sie tatsächlich sehr viel im Garten sitze und Vögel beobachte, um Kraft zu tanken. Ich bitte den spirituellen Teil sich umzudrehen, um als weiser Berater meiner Klientin zur Verfügung zu stehen. Jetzt stehen alle am richtigen Platz um sie herum und tiefe Ruhe, Klarheit und Vertrauen sind im Raum spürbar.

Abschließend bitte ich die Klientin, sich auf einen Stuhl zu setzen, die vier Körper stellvertretend durch vier Kissen um sie herum und entwickle aus dieser geklärten Position heraus einen Früherkennungsmaßnahmenkatalog. Dieser verhindert, dass sie es in Zukunft wieder zulässt, solche schwierigen Mandanten anzuziehen oder nicht rechtzeitig in ihre Schranken zu verweisen, und hilft ihr, stattdessen professionell und angemessen auf Übergriffe zu reagieren.

Diesen Maßnahmenkatalog lasse ich am Ende noch einmal von allen vier Körpern einzeln absegnen und es kommen noch ein paar gute Hinweise speziell vom emotionalen Teil hinzu, die wir mit aufnehmen.

Kindesmissbrauch beenden

B., eine Klientin von mir, kommt nach zehn Jahren in meine Praxis, weil sie glaubt, dass ihre Enkelin missbraucht werde. Sie habe zwar Beweise dafür, werde aber von den Gerichten, der Polizei, den Ärzten und vor allem von ihrem Sohn, dem Vater, nicht ernst genommen. Die Babysitterin scheine eine Prostituierte zu sein, die Kinder-Pornos produziere und die Enkelin meiner Klientin dafür missbrauche. Briefe, Unterlagen, Dokumente und Werbeanzeigen, die die Prostituierte geschaltet habe, und auch Videos, in denen sie eine anschauliche Demonstration ihrer sexuellen Perversionen preisgebe, belegten dies.

Ich höre mir das Ganze eine ganze Weile an, bin selbst etwas ratlos und geschockt und mache dann mit ihr die Vier-Körper-Aufstellung, um sie in einen klaren, entscheidungsfähigen Zustand zu bringen.

Sie steht verloren in der Mitte des Raumes, was in etwa ihrer Gesamtsituation entspricht. Der physische Körper liegt zusammengekauert, abgewandt auf dem Boden und harrt der Dinge. Er ist völlig handlungsunfähig und zieht sich in Apathie zurück, um sich selbst etwas Geborgenheit zu geben. Der mentale Körper ist frisch, wach und vital und hat die Klientin scheinbar zu mir geschickt. Er sucht verzweifelt nach einer Lösung und braucht Impulse von außen.

Der spirituelle Körper steht abgewandt von der Klientin, hat die Augen geschlossen und ist ebenfalls in Resignation versunken. Er hängt schlaff da und muss von der Klientin gestützt werden. Sein einziger Blick geht noch auf die Visionscollage, die in meinem Beratungsraum hängt, und auf der die Worte „Kraft, Erfüllung, Sehnsucht und das schöne Leben" stehen.

Wir fangen mit dem körperlichen Teil an zu arbeiten, der sofort sagt, dass er mehr Bewegung, mehr Sport, mehr Ausgleich wie schwimmen, spazieren gehen und Fitness benötigt, um wieder aufgeladen zu werden. Die Klientin ist bereit, ihm das zu versprechen und dadurch ist der physische Körper sofort wieder voll einsatzfähig. Diese erstaunliche Wirkung habe ich schon oft in meiner Aufstellungsarbeit erlebt, dass ein völlig apathischer, vernachlässigter Teil nur ein wenig Aufmerksamkeit oder ein Versprechen benötigt, um ganz schnell zu regenerieren.

Der spirituelle Körper muss wie im „zwölf Schritte Programm der Anonymen Alkoholiker" daran erinnert werden, wieder zu bekennen, dass er aus eigener Kraft nicht aus dieser Situation herauskommt. Als meine Person sich zum Gebet entschließt, dreht sich der spirituelle Körper sofort um, kann wieder alleine stehen und ist wieder zuversichtlich.

Der emotionale Teil steht völlig krumm da, fühlt Erschöpfung, Angst, Trauer, und richtet sich langsam auf, weil er gehört und wahrgenommen wird. Danach kommen noch andere Gefühle wie Apathie, Resignation, Hoffnungslosigkeit, Trauer und Hilflosigkeit. Nachdem er all das fühlen und ausdrücken darf, ist er wieder zuversichtlich und steht strahlend da.

Ich bitte die Klientin die Blickrichtung, die zum physischen Körper nach hinten gewandt ist, umzukehren, sodass sie jetzt ihren spirituellen Körper im Blick hat, der ihr gute Ratschläge gibt und sie wieder an ihre höhere Führung (Weisheit und Intuition) anbindet. Der emotionale Körper ist links von ihr und fühlt sich gehalten, gestärkt und beschützt. Der mentale Körper steht jetzt rechts von ihr und freut sich sehr, dass seine Ideen endlich in die Umsetzung gehen können. Und der physische Teil steht hinter ihr, hält und stützt meine Klientin mit seinen Händen, was ihr ein gutes Gefühl von Stärke im Rücken und Rückenwind gibt.

Am Ende der Sitzung ist meine Klientin zum ersten Mal wieder zuversichtlich, froh, leicht und klar. Ich bitte sie, aus den vier Körpern heraus, zwölf Schritte zu überlegen, wie sie aus der misslichen Situation herauskommt, und ihr kommen sehr klare und pragmatische Handlungsanweisungen, die sie sofort in die Umsetzung bringen möchte. Ich habe mit ihr vereinbart, dass sie sich erst wieder melden soll, wenn die ersten vier wesentlichen Punkte abgearbeitet sind. Ich bin sehr zuversichtlich, dass sie die ganze Situation jetzt angehen und regeln wird.

Später erfuhr ich noch von ihr, dass es eine Übertragung eines eigenen Missbrauchs aus ihrer Kindheit gegeben habe, die sie in die Handlungsunfähigkeit, den Schock und diese traumatische Situation geführt habe, die sich jetzt wiederhole, aber etwas weiter nach außen hin zu ihrer Enkelin gelagert sei.

Zwei Monate später bekam ich diese E-Mail von ihr:

> *„Lieber Frank,*
> *ich darf Euch erst mal ein sehr glückliches neues Jahr 2020 wünschen.*
> *Auch möchte ich mich ganz, ganz herzlich für Deine kraftvolle und wirkungsvolle Unterstützung bedanken. Ich habe nach unserer Sitzung alle Punkte systematisch umgesetzt. Und auch mein Sohn war zum ersten Mal kooperativ und hat mich unterstützt. Es ist geschafft. Die unsägliche Person ist weg. Ein Wunder ist geschehen.*
>
> *Liebe Grüße, bis bald, B.“*

Der fünfte Teil

Ich möchte hier noch auf eine wichtige Besonderheit hinweisen, da sie mir schon ein paar Mal passiert ist und die man als Aufstellungsleiter wissen sollte. Bei einigen Vier-Körper-Aufstellungen kam ich beim besten Willen nicht weiter. Egal, was ich probierte, welche Interventionen ich machte, welche Umstellungen ich in der Aufstellungskonstellation vornahm oder ob ich mich intensiv einzelnen Körpern widmete, manchmal kamen wir zu keiner organischen stimmigen Endkonstellation. Dabei bin ich einmal intuitiv auf einen Stuhl gestiegen und fühlte, dass ich wie ein Marionettenspieler über der Person stand, der die vier Körper im Griff hatte und von dort aus alles lenkte.

Ich weiß nicht, woher solche fünften Teile kommen, aber in allen Fällen dominierten sie alles und verhinderten den guten Kontakt zu den vier Körpern. Und damit auch zu den angestrebten Potenzialen und Lösungen. Sie mischten sich ungefragt in das System meiner Klienten ein. Jedes Mal musste ich diese Teile regelrecht „rausschmeißen“ oder die Aufstellenden bitten, dies zu tun. Dieses Phänomen ist vor allem auffällig bei Klienten, die schon lange Zeit von einem Therapeuten zum nächsten zogen, ein Seminar nach dem anderen machten und sich selbst als beratungsresistent bezeichneten oder das Gefühl hatten, das bringe alles nichts.

Bei fünften Teilen verhält es sich ähnlich wie bei hartnäckigen Suchtstrukturen. Da gibt es kein „nur ein bisschen weniger“ oder „ich bleibe dann mal etwas trockener“ oder „ich versuche mal mit dem Rauchen oder was auch immer aufzuhören“. Bei Süchten gibt es nur eine ganz entscheidende Haltung und die heißt: Nein! Komplette Abgrenzung. Denn diese Teile sind sehr trickreich und schleichen sich immer wieder durch die Hintertür herein.

Es ist wie bei Drogenjunkies. Jeder, der mit Junkies arbeitet, weiß, dass diese eine unglaublich große destruktive Macht haben, mit der sie alle, auch diejenigen, die ihnen helfen wollen, früher oder später mit herunterziehen. Das heißt, man muss sie, auch wenn es der eigene Sohn oder die eigene Tochter ist, komplett loslassen, damit sich diese am absoluten Tiefpunkt selbst für ihr Leben entscheiden können. So dramatisch verhält es sich übrigens mit allen Suchtstrukturen. Und emotionale Suchtstrukturen sind eben auch Süchte.

Ich weiß, wie anspruchsvoll das ist und ich kann nur jedem empfehlen, der das Gefühl hat, davon betroffen zu sein und sich von diesem Thema angesprochen fühlt, professionelle Hilfe in Anspruch zu nehmen. Es reicht auch nicht, diese fünften Teile einmal zu erkennen, abzulösen und aus seinem System herauszuschmeißen, sondern es bedarf einer guten Nachbetreuung, da diese Teile, wie gesagt, sehr trickreich sind.

Im Folgenden ein Fallbeispiel für die Arbeit mit dem fünften Teil.

Aus der Vergeblichkeit zu neuen Chancen

Siegmund kommt zu mir mit dem Thema, weder in seinem Leben noch in seinem Beruf und auch, was seine konkrete Wohnform anbelangt, den richtigen Platz zu finden. Nach eigenen Angaben irre er „irgendwie orientierungslos“ umher, obwohl er mit seinen 55 Jahren schon alles an Therapien, Trainings und alternativen Lebensgemeinschaften ausprobiert habe.

Wir beginnen mit dem physischen Körper. Er steht in der Nähe, aber ich drehe mich als Stellvertreter als Erstes um und wende mich ab. Ich spüre einen großen Druck in der Brust.

Als Zweites stellen wir den mentalen Körper. Dieser steht fasziniert, aber abgewendet vor einem wunderschönen Bild über dem Kamin, in das er sich ganz verliert. Der Kontakt mit Siegmund führt dazu, dass ich mich als mentaler Teil umdrehe und mich mit ihm unterhalten kann, aber ein komisches, befremdliches Gefühl bleibt.

Der emotionale Körper steht seitlich hinter ihm, fühlt sich belastet, ist aber im Kontakt zur Person und schaut wehmütig zu einem Kissen, das als Symbol für den spirituellen Körper auf der Couch liegt.

Ich setze Siegmund auf diesen Platz, da er selbst von innen hören und bemerken kann, dass hier etwas nicht stimmt. Siegmund sagt, dass er alles, was gerade hier passiere, aus einer distanzierten Vogelperspektive heraus beobachte.

Weil Siegmund überhaupt nichts mit den Körpern anfangen kann, vermute ich, dass es sich noch um einen weiteren, fünften Teil handelt. Als ich das anspreche, setze ich mich auf einen blauen Sessel in der Ecke des Raumes, und irgendwas wird klarer, weil das Tabu gebrochen ist.

Auf meine Aufforderung hin, diesen Teil zu entlasten und zu entlassen, indem er sich bedankt und ihn dann vor die Tür setzt, fühlt er sich gedrängt und manipuliert. Also muss ich behutsamer vorgehen. Ich merke, dass dieser Teil Siegmund belegt und verwirrt und kein Interesse an irgendwelchen Veränderungen hat.

Das kommt manchmal vor, wenn wir als Kinder hilfreiche Kräfte und Mächte eingeladen haben, die uns in einer bestimmten Phase das Überleben gesichert haben, aber dann, weil es unbewusst passiert ist, ihr Unwesen weitertreiben und ihre Macht über uns nicht abgeben wollen und weitere Entwicklungen komplett verhindern.

Ich muss ein sehr kraftvolles Ablösungsgebet sprechen und Erzengel Michael um Unterstützung bitten, da es dem Klienten selbst noch nicht möglich ist zu beten. So hoffnungslos können einen fünfte Teile machen, dass man nicht mehr auf Ideen kommt oder in der Lage ist, zu beten, wenn man so verzweifelt ist und an nichts mehr glauben kann.

Nachdem ich das gemacht habe, kann ich endlich den Sessel und auch einen Teppich, der das ganze Feld belegt hatte und die Verlängerung dieses Sessels war, nach draußen befördern. Sofort wird alles klarer im Raum und wir können zum ersten Mal beginnen, seinen Lebensraum mit seinen vier Körpern zu füllen. Das dauert eine ganze Weile, weil es ganz neu ist für ihn, aber es ist atmosphärisch alles von Leichtigkeit, Klarheit und Einfachheit getragen. Der Klient hat selbst das Gefühl, dass es gut ist, in nächster Zeit diese Vier-Körper-Aufstellung für sich zu machen, um mit seinen vier Körpern vertrauter zu werden und deren Unterschiedlichkeit besser wahrnehmen zu können.

Ich ermutige ihn dazu und auf seine Befürchtung hin, dass dieser fünfte Teil ihm immer wieder ins Handwerk pfuschen könne, kann ich ihn beruhigen, denn er hat diesen mit seiner Macht eingeladen und daher steht es auch in seiner Macht, ihn wieder zu entlassen.

Trotzdem ist dieser Einwand berechtigt, denn es gibt Gewohnheiten in unserem Verhalten, gerade wenn etwas schon so lange in uns aktiv ist, dass man gar nicht vorsichtig genug sein kann. Ich bin gespannt, was er mir in der nächsten Zeit von seinen Erfahrungen berichten wird. Als ich ihn am nächsten Nachmittag bei einem Spaziergang zufällig treffe, bemerke ich schon eine deutliche Veränderung in seiner Ausstrahlung. Er wirkt klarer, entspannter, ruhiger, einfacher und irgendwie selbstverständlicher. Er ist alles in allem mehr bei sich. Das freut mich sehr für ihn, denn damit kann er auch seinen Platz im Leben besser finden.

Emotionale Suchtthematik

Die vier Teile von Gabi sind ganz in ihrer Nähe, aber völlig ohne Verbindung und Bezug zu ihr. Ich habe den Verdacht, dass es sich um einen übergeordneten Teil handelt, der von der Balkontür her im Hintergrund agiert. Ich gehe zu ihm, werde zu diesem Teil und in mir höre ich die Worte „Hoffnung".

Ich sage zu Gabi: „Ja, die Hoffnung stirbt zuletzt. Glaube ist das Erste, Liebe das Zweite und Hoffnung das Letzte, das einem bleibt." Darauf weint Gabi erstmal eine Weile. Bei ihr wurden Glaube und Liebe sehr früh in ihrer Kindheit geschädigt und verletzt, sodass ihr in kindlicher Weise nur noch die Hoffnung blieb. Aber es war eine kindliche, naive Hoffnung und keine erwachsene, daher wurde ihr Leben ein einziges Wolkenkuckucksheim von enttäuschten Hoffnungen und Illusionen.

Systemisch nehme ich ein großes Kissen und sage zu ihr: „Können wir die Hoffnung für eine Weile weglassen?" Sie wirft das Kissen achtlos weg und ich sage: „So kann man die Hoffnung auch nicht behandeln." Ich nehme nun selbst das Kissen und trug es behutsam nach draußen. Erst dadurch sind wir überhaupt in der Lage miteinander zu arbeiten.

Und die ganze Hoffnungslosigkeit ihres Lebens, ihr maßlos enttäuschtes Kind können jetzt an die Oberfläche treten. Aber, wie sagt man in der Therapie so schön: „To heal it, reveal." Um etwas zu heilen und loszulassen, musst man es wahrnehmen und äußern. Ich tauche mit ihr durch 30 verschiedene Gefühle, die fast alle sehr negativ sind: hoffnungslos, traurig, verzweifelt, leer, sinnlos, wütend und so weiter. Erst ganz am Ende kommen ein paar andere, neutrale Gefühle. Mir ist klar, dass so eine starke Thematik, die sich über 50 Jahre verfestigt hat, nicht in einer Stunde zu lösen ist. Aber ihr ist mit ihrem zum ersten Mal erwachten erwachsenen Bewusstsein klar, dass Hoffnung das Letzte ist, woran sie sich klammern darf, wenn sich in ihrem Leben etwas ändern soll. Und mit dieser Zuversicht geht sie für heute aus meiner Praxis.

Nachwort zum ersten Teil des Buches

Ich hoffe, du hast einen kleinen Eindruck davon bekommen, wie solche Vier-Körper-Aufstellungen ablaufen und bei welchen Problemen sie helfen können. Das alles kann dich aber auch nur neugierig machen, denn so wie man stundenlang über neue Schokoladen-, Wein- oder Gemüsesorten lesen und hören kann, muss man diese irgendwann auch einmal selbst probieren, um zu erleben, worum es eigentlich geht. So verhält es sich auch mit der Aufstellungsarbeit. Man kann sie nur praktisch erfahren.

Dann dienen die eben erwähnten Aufstellungsberichte wie eine Erinnerung und Inspiration. So wie die verschiedenen Techniken, die ich noch beschreiben werde und die ganzen Analogien, die es zu diesem Thema gibt. Denn, wie gesagt, alles besteht aus diesen vier Elementen und deshalb findet man diese auch in allem wieder: in der Kunst und Kultur, der Farbenlehre, in Religionen, anderen Therapieformen und so weiter.

Ich wünsche dir ganz viel Freude, wenn du dich mit diesem Thema beschäftigst, und vielleicht sehen wir uns irgendwann in meiner Praxis am Ammersee, wo ich regelmäßig Aufstellungsfortbildungen gebe. Oder du berichtest mir von deinen Erfahrungen auf meiner Webseite.

Teil 2. Die Herkunft und Magie systemischer Aufstellungen

„Nicht die Dinge beunruhigen die Menschen,
sondern ihre Sicht der Dinge."
(Epiktet)

Die Ursprünge der systemischen Aufstellungen liegen vermutlich in der Südsee: Wenn es Probleme mit der Kindererziehung gab oder Kinder streitsüchtig waren, wurde dort eine Art „Familienstellen" ausgeführt.

In den 1950er Jahren führte die sogenannte „Palo-Alto-Gruppe", um die Psychologen Bateson, Weakland, Jackson, Haley, Virginia Satir und Paul Watzlawick, die neue Sichtweise eines Netzwerkes ein. Basierend auf der Theorie des Radikalen Konstruktivismus des *Ernst von Glasersfeld* (1917–2010) ging man davon aus, dass jeder Mensch genau die Wirklichkeit kreiert, die seinem „inneren System" entspricht.

Man erkannte, dass wir die Welt nicht so wahrnehmen, wie sie ist, sondern nach unseren eigenen Regeln und Bezugsrahmen deuten. Es sind nicht objektive Tatsachen, die uns Angst machen und Probleme bereiten, sondern die eigenen Denk- und Bewertungsmuster. Für den therapeutischen Ansatz bedeutet dies ein völliges Umdenken. Im Vordergrund der Klienten-Sitzung steht nicht mehr die Frage im Vordergrund: „Was ist die Ursache des Problems?" Sondern:

- Welche Wirklichkeitskonstruktion hält das Problem aufrecht und verstärkt es sogar?
- Welche Konstruktion von Wirklichkeit führt am ehesten wieder aus dem Problem heraus?
- Was müsste sich im inneren Denksystem des Klienten verändern, um zu der gewünschten, neuen Wirklichkeitskonstruktion zu gelangen?

Parallel dazu, entwickelte sich das Psychodrama des österreichischen Arztes *Jakob Levy Moreno* (1889–1974), der Stellvertreter für die an einem Konflikt beteiligten Personen wählte.

In den 1960er Jahren kam die Therapeutin *Virignia Satir* (1916–1988) auf die Idee, Anliegen von Klienten durch Rollenspiele sichtbar zu machen. Hier gewann erstmals die räumliche Verortung der einzelnen Stellvertreter an Bedeutung und wurde im Jahre 1969 unter dem Begriff „Familienskulptur" eingeführt. Familienskulpturen zeigten u. a. die unterschwelligen und nicht durch gesellschaftliche Konventionen eingeschränkten „wahren" Dynamiken hinter äußeren oder inneren Problemen auf. Der Therapeut Thies-Stahl führte diese Arbeit vor. Bei den Familienskulpturen waren die Gesten und Haltungen weitgehend vorgegeben.

In den 1970er Jahren ließ der NLP-Master *Robert Dilts* Stellvertreter im Raum aufstellen und half ihnen durch gezielte Interventionen an den Stellvertretern zu einer neuen Ausrichtung innerhalb ihrer familiären, privaten und beruflichen Strukturen.

Parallel dazu entwickelte *Bert Hellinger* seine besonderen Aufstellungsformen, die sich sehr stark an Gesetzmäßigkeiten orientierten. Im Unterschied zu Satir und Thies-Stahl ging Hellinger davon aus, dass die notwendigen Gesten und Haltungen aus den Stellvertretern intuitiv hervorgehen können.

Im Jahre 1993 erhielt die Arbeit Hellingers den großen Durchbruch durch das Buch „Zweierlei Glück"[11]. Menschen, die Hellinger bei seinen Aufstellungen erlebten, kamen ins Staunen ob der gewaltigen Wirkungen, die durch seine Aufstellungen ausgelöst wurden[12].

Seitdem haben verschiedene Therapeuten und Seminarleiter unterschiedliche Aufstellungsformate entwickelt. Einem bisher übersehenen „Stiefkind" der Aufstellungsformate möchte ich mich in diesem Buch besonders anneh-

---

11 Weber, Gunthard (Hrsg.): *Zweierlei Glück, die systemische Psychotherapie Hellingers*, Carl Auer Verlag.

12 Ulsamer, Berthold: *Das Handwerk des Familienstellens. Eine Einführung in die Praxis der systemischen Hellinger-Therapie*, Goldmann Verlag, 4. Auflage, 2001.

men, nämlich der Möglichkeit, ohne komplexe Familiensysteme, Dramen und Historie auszukommen, indem lediglich die vier Körper aufgestellt werden.

Bevor wir zu der praktischen Anwendung kommen, wollen wir herausarbeiten, wie es dazu kommt, dass durch Veränderung der Positionierung und des Ausdrucks der vier Körper gewaltige positive Veränderungen geschehen können.

Die unsichtbare Wahrheit, blinde Flecken sichtbar machen

Es gibt Dinge, die wir wissen. Und es gibt Dinge, von denen wir wissen, dass wir sie nicht wissen. Es gibt jedoch auch die Dinge, von denen wir gar nicht wissen, dass wir sie nicht wissen. Diese sind oftmals die maßgebenden. Es handelt sich um die sogenannten „blinden Flecken", die mithilfe der Vier-Körper-Aufstellung aufgedeckt werden können, was den Weg zur Lösung ebnet. Man könnte sagen: Im Rahmen der Vier-Körper-Aufstellung wird Unsichtbares sichtbar gemacht.

Als Analogie für die Wirkung einer systemischen Aufstellung könnte der Computer gesehen werden: Wenn der Bildschirm (Lebensumstände) einen Schreibfehler anzeigt, wo korrigieren wir dann den Fehler? Malen wir auf dem Bildschirm herum (dem Sichtbaren), oder suchen wir den Fehler im Computer-Programm (dem Unsichtbaren)?

Wenn in deinem Garten eine Pflanze kümmerlich wächst, wirst du nicht an den Zweigen und Stängeln ziehen, sondern dir die Wurzeln anschauen, prüfen, ob der Boden gedüngt werden muss, ob es belastete Wurzeln gibt.

Das bedeutet, sich um die unterschwelligen Kräfte zu kümmern, welche durch die Vier-Körper-Aufstellung sichtbar werden. Das äußere Problem ist quasi der „Auftrag" an das Bewusstsein, sich um das zu kümmern, was unterhalb der sichtbaren Ebene verborgen liegt, die äußere Not, ein Signal für eine Vier-Körper-Disharmonie, um die es sich zu kümmern gilt.

Systemisches Arbeiten bringt ans Licht, was man durch Nachdenken nicht erkennen kann. Man schaut, was wirkt, und verändert das geschaute und dargestellte Bild, das sich im Rahmen der Aufstellung zeigt, so lange, bis das Bild so weit verändert ist, dass es im Unbewussten wie ein in die Erde gesetzter Same weiterwirken und sich im Leben als positive Veränderung entfalten kann.

Im Rahmen einer Vier-Körper-Aufstellung werden Aspekte, die im Inneren leben, auf die äußere Bühne geholt. Die Körper beginnen sich zu bewegen und sind bereit, ihre Haltung und ihre Positionierung zu verändern. Nach der Aufstellung sinkt das neu gestaltete Bild wieder ins Unbewusste. Wenn die Aufstellung gelungen ist, ist das neu gestaltete Bild heiler, gesünder als das bisherige – entsprechend beglückender dann das äußere Ergebnis, das im Laufe der nächsten Wochen in die äußere Welt hervorwächst.

Das Prinzip der inneren Verortung

Viele Menschen fragen sich, woher es kommt, dass durch systemische Aufstellungen – Veränderung in der Positionierung und im Ausdruck von Stellvertretern – so gewaltige positive Veränderungen entstehen. Die Antwort darauf finden wir in dem „Prinzip der inneren Verortung".

Der niederländische Sozialpsychologe Lukas Derks (*1950) geht davon aus, dass jeder Mensch ein sogenanntes „soziales Panorama" in seinem Bewusstsein trägt. Dieses „soziale Panorama" steht in einer ständigen Wechselwirkung mit der äußeren und der inneren Welt des Betreffenden. Lukas Derks spricht in dem Zusammenhang von der „Verortung" der gesamten Identität und aller Lebensumstände eines Menschen in seinem *mentalen Repräsentationssystem*.

Die innere „Verortung" der äußeren Welt ist mittlerweile wissenschaftlich belegt. So dokumentiert der Gehirnforscher Manfred Spitzer in seinem Buch über die Lerntheorie[13], dass sich an der Hippocampus-Aktivität von Mäusen

13 Spitzer, Manfred: *Lernen – Gehirnforschung und die Schule des Lebens*. Spektrum Akademischer Verlag. 2006.

wissenschaftlich nachweisen lässt, in welcher Region ihres Käfigs sich welche Maus befindet, ohne dass man dafür in den Käfig schauen müsste. Fazit: Jeder Mensch trägt sein ganzes Universum, alle Aspekte seines Lebens in seiner „inneren Landkarte“ verortet.

Der Therapeut *Robert Dilts* erkannte in den 1980er Jahren, dass seine Klienten bei dem Aufrufen von Erinnerungen, Gefühlen und Glaubenssätzen „mentale Orte“ im eigenen Bewusstsein gezielt aufsuchten. Durch Veränderung der inneren Verortung war es seinen Klienten möglich, veränderte (wünschenswerte) Lebenserfahrungen zu kreieren.

In der großen Vier-Körper-Meditation wirst du den geistigen Kontakt mit deinem sozialen Panorama und der inneren Verortung deiner vier Körper aufnehmen, die du am Ende des Buches bzw. auch als Download auf der Website ***www.dieerfolgsgestalter.de/4K*** (Passwort: 4k-Freude) findest. Der Einfachheit halber kannst du dir deine vier Körper in ihrer inneren Landschaft vorstellen wie Figuren auf einem Schachbrett[14].

Indem du im Rahmen einer Vier-Körper-Aufstellung ein Thema, das dich innerlich bewegt, aus dir herausnimmst und auf einen oder mehrere der vier Körper projizierst, sorgst du für den nötigen Abstand. Du dissoziierst dich von deinem Anliegen, befreist dich von subjektiver „Betriebsblindheit“ und

14 *www.schift-design.de/.../3schachbrett.jpg, http://www.schift-design.de/work_illustrations.php*

segmentierst (nach den verschiedenen Körpern). Du bist jetzt in der Lage, dich von außen zu betrachten und so Klarheit zu gewinnen. Du hast das Anliegen sozusagen aus dir selbst (aus deiner Psyche/deinem Automatismus) herausgeschoben. Dabei werden dir Fakten, Gefühle, Gedanken, Eingebungen bewusst, die deinem Alltagsbewusstsein bisher nicht zugänglich waren.

Darüber hinaus hast du jedoch noch eine weitere Leistung vollbracht: Du hast die Ordnung, in der sich dein inneres System, hier dargestellt durch die vier Körper, befindet, überprüft und daraus möglicherweise Erkenntnisse gezogen, die für deine Lebensgestaltung wichtig sind. Damit hast du, einen Schlüssel für deine persönliche Lebensgestaltung in die Hand bekommen.

Für ein tieferes Verständnis der Zusammenhänge werden wir die letzte Passage aus der großen Vier-Körper-Meditation genauer unter die Lupe nehmen.

Imaginationsübung

Die nachfolgende Imaginationsübung ist eine abgekürzte Version der großen Vier-Körper-Meditation. Sie eignet sich besonders für Menschen, welche eine gute Fähigkeit zur bildhaften Vorstellung mit sich bringen. (Sollte dir die nachfolgende Übung schwerfallen, überspringe diese einfach. In einem späteren Kapitel über das Systembrett wirst du eine Alternativ-Übung kennenlernen, die dir vielleicht leichter fallen wird.)

Übung: Frage dich, wie es dir geht. Dann denke an ein Thema, zu dem du dir Informationen von deinen vier Körpern wünschst, möglicherweise einen Lebensbereich, der dich belastet oder den du verbessern möchtest. Schließe dann die Augen. Stelle dir eine abgegrenzte Ebene[15] vor, auf dem deine vier Körper sich so positionieren, wie diese zu dir bzw. zu deinem Anliegen stehen:

- Wo nimmst du deinen physischen Körper wahr?
- Wo deinen emotionalen Körper?

---

15 Diese *Ebene* wird im Fachjargon oft auch „inneres Systembrett" genannt, doch dazu später mehr.

- Wo deinen mentalen Körper?
- Und wo deinen spirituellen Körper?
- Wie ist ihre Positionierung zueinander?
- Schauen sie voneinander weg oder zueinander hin?

Die Erfahrung mit Klienten zeigt, dass bei jedem Menschen die einzelnen vier Körper auf eine andere Art und Weise auf dieser Ebene positioniert sind. Bei dem einen ist der physische Körper groß und steht vorne, der emotionale Körper ist weit weg und schaut in die Ferne, bei manchen ist es umgekehrt.

Die Positionierung der vier Körper auf der imaginierten Ebene repräsentiert die (unbewusste) Koordination des Körper-Energie-Systems und damit die Vibration, die sie in deine Welt hinaussenden – und die gleich einem großen Echo von der Welt zu dir zurückhallt. Es handelt sich hierbei um eine innere Ordnungsstruktur, die in deinem Bewusstsein genau in dieser Form gestaltet ist – oft über Jahre hinweg. Mithilfe dieser – meist unbewussten – Struktur definieren sich auch die Menschen in deinem Umfeld, ja, deine gesamten Lebensumstände. Entspricht die innere Ordnungsstruktur dem, was du dir für dein äußeres Leben wünschst, so erlebst du es als Harmonie zwischen deinen inneren Antriebskräften und deinen Lebensumständen und Ereignissen. Entspricht sie dem nicht, erlebst du Disharmonie und Blockierungen in dem Bestreben, deine Wünsche in die äußere Welt zu tragen. Die Ereignisse und Menschen, die dir im Leben begegnen, sind nicht einfach so, wie sie sind – sie sind so, wie DU bist.

Die vier Körper als Ausdruck eines inneren Theaters

Nach der intuitiven Wahrnehmung im Rahmen der Imagination, möchte ich auf meine Lieblingsanalogie verweisen – die des Theaters.

Lebensumstände, gesundheitliche Zustände, emotionale Grundstimmungen, Beziehungen, spirituelle Themen sind im Grunde genommen Aufführungen deines „inneren Theaters" auf der „Bühne des Lebens". Es gibt mittlerweile zahlreiche Bücher über psychosomatische und kausale Zusammenhänge. Das Modell der vier Körper zeigt vielleicht am anschaulichsten die physischen, emotionalen, mentalen und spirituellen Hintergründe jeder Lebensproblematik. Mithilfe des Vier-Körper-Modells lassen sich diese Hintergründe anschaulich sichtbar und wahrnehmbar machen. Seine Lebensumstände zu optimieren bedeutet, dem *Schauspiel der vier Körper* zu lauschen und hilfreiche Regieanweisungen für das innere Theater zu geben. Hierbei ist es besonders wichtig, den emotionalen Regieanweisungen auf die Spur zu kommen.

Die emotionalen Regieanweisungen

Wir tragen in uns innere Bühnenbilder, mehr noch, komplette Regieanweisungen, die sich nicht nur physisch, sondern auch emotional widerspiegeln. Die Verortung ist getränkt von einer für ihn eigenen emotionalen Körperchemie, welche seine einzigartige Vibration ausmacht.

Die Wissenschaftlerin *Candace B. Pert* dokumentiert in ihrem Buch über Gefühle[16] , dass jeder Mensch über seine Körperchemie (genauer gesagt über Neuropeptide) auf einen ganz bestimmten emotionalen Zustand (quasi eine „emotionale Grundvibration“) eingestellt ist. Weicht die emotionale Körperchemie von diesem Zustand ab, wird dies als ein Entzug von chemischen Botenstoffen, ähnlich einem Drogenentzug, erfahren, selbst dann, wenn es sich um eine scheinbare „emotionale Verbesserung“ (Wegfallen von Wut etc.) handelt. Dies führt dazu, dass das (Unter-)Bewusstsein des betreffenden Menschen alles tun wird, um Lebensumstände zu kreieren, welche den bisherigen, also den gewohnten, emotionalen Zustand rechtfertigen.

Dies erklärt, warum depressiv verstimmte Lottogewinner nach einer gewissen Zeit der Euphorie wieder Vermögensverhältnisse der Armut kreieren, die ihre ursprüngliche depressive Verstimmung rechtfertigen, warum der im Urvertrauen verankerte Mensch Schicksalsschläge emotional besser verkraftet und überwindet und warum jeder Mensch immer wieder ähnliche Situationen kreiert, egal, mit wem und wo auf der Welt er sich befindet.

---

16 Pert, Candace: *Moleküle der Gefühle: Körper, Geist und Emotionen.*, Rowohlt Verlag. 2. Auflage. 2001

Wer in seinem Inneren Disharmonie trägt, wird auch im Liebesurlaub mit seinem Partner Disharmonie erleben – ohne sich dessen bewusst zu sein, dass die Ursache dafür in ihm selber liegt. Statt sich den ersehnten Genuss zu gönnen, beginnt er vielleicht mit seinem Partner über das beste Panoramabild zu streiten. Menschen sind süchtig nach den Emotionen, auf die ihr emotionaler Körper eingestellt ist.

Ebenso ergeht es Meditierenden oder spirituellen Suchern: Wenn sie Blockierungen bzw. eine unvorteilhafte Verortung ihres spirituellen Körpers im Vier-Körper-System aufweisen, wird dadurch der spirituelle Fortschritt gehemmt oder gar unterbunden. Oft liegt bei solchen Menschen aber auch nur eine Überbetonung des Spirituellen vor, sodass sie Schwierigkeiten mit dem „normalen" Leben und der Umsetzung ihrer Erkenntnisse haben können. Dieses Prinzip lässt sich auf alle Aspekte eines Menschen übertragen:

Jeder Mensch bringt in seinen Lebensumständen das hervor, was der inneren Programmierung und Verortung seines Vier-Körper-Systems entspricht. Normalerweise sind uns diese Steuerungsfaktoren nicht bewusst – sie wirken jedoch trotzdem.

In dem Augenblick, in dem eine eventuelle Disharmonie erkannt und in eine bessere Ordnung innerhalb des Vier-Körper-Systems gebracht wird, verändert sich auch die innere Körperchemie und die Grundvibration des Menschen und nach einer gewissen Umgewöhnungsphase auch das, was er in der Außenwelt widergespiegelt bekommt. Die positive Veränderung reicht, wie wir im nachfolgenden Kapitel sehen werden, bis auf die Zellebene.

Das Vier-Körper-System in der menschlichen Körperzelle

Die Körperzelle (lateinisch *cellula* = kleine Kammer, Zelle) ist die elementare Einheit allen Lebens.

Wenn wir uns eine Zelle genauer anschauen, dann erkennen wir, dass jede Zelle ein hoch organisiertes Ordnungssystem enthält[17]:

---

17 Quelle: Wikipedia, Zelle

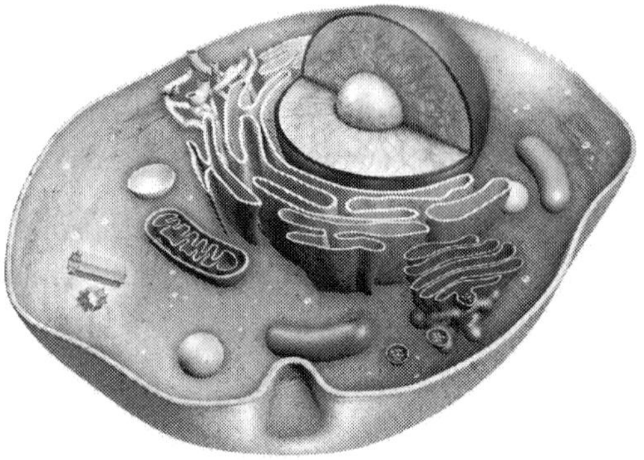

Wenn die Ordnung in den Zellen gestört ist, dann erkrankt der gesamte Körper. Hierbei geht es nicht nur um die Ordnung der Hardware wie Nukleolus, Zellkern, Ribosomen, Vesikel, Raues Endoplasmatisches Reticulum (ER), Golgi-Apparat, Mikrotubuli, Glattes ER, Mitochondrien, Lysosom, Zytoplasma, Mikrobodies, Zentriolen.

Jede Körperzelle wird beeinflusst durch die Lebensausrichtung des Menschen, physisch, emotional, mental und spirituell, also die vier Kräfte des Menschen, die sich in dem Vier-Körper-Modell bis in die Zellebene hinein widerspiegeln. Dort, wo das Vier-Körper-Modell so stark in Unordnung geraten ist, dass die Zelle ihre Aufgabe, Widerspiegelung einer höheren (göttlichen) Ordnung zu sein, nicht erfüllen kann, wird der Mensch bis auf die Zellebene hinein krank.

Stell dir vor, du hättest auf deinem PC vier große Ordner mit den Buchstaben P (physisch), E (emotional), M (mental) und S (spirituell). Jeder der vier Ordner verfügt über einen eigenen Virenscanner (bzw. Rechtschreibprogramm), der (das) speziell auf die Erfordernisse der in ihm abzulegenden Dokumente abgestimmt ist. Im Laufe deines Lebens hast du Tausende von Dokumenten (Erfahrungen, Prägungen) abgespeichert, jedoch ohne sie in die vier Ordner einzusortieren, du hast sogar darauf verzichtet, ihnen die korrekten Namen zu geben. Kannst du dir vorstellen, dass es dir schwerfällt, mit einem solchen Computer zu arbeiten? Deine Zelle ist so eine Art Mikrocomputer.

In jeder Zelle deines Körpers existieren deine gesamten physischen, emotionalen, mentalen und spirituellen Prägungen, Begabungen und auch Hemmnisse als sich unterstützende oder blockierende Programme und Strukturen.

Zelle

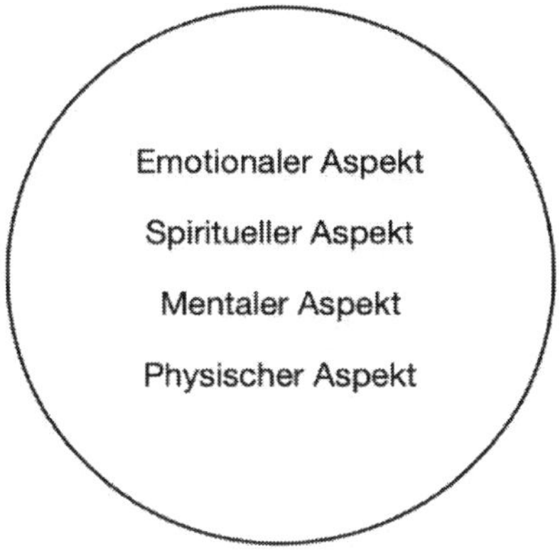

Normalerweise sind uns diese Programme und Strukturen nicht bewusst – sie wirken jedoch trotzdem. „Vier-Körper-Aufstellungen" sind in dem Sinne auch „Zellaufstellungen", denn jeder Mensch bringt in seinem Leben das hervor, was seiner inneren Programmierung und Verortung entspricht: von der Mikro-Ebene (Zelle) bis hin zur Makro-Ebene (Lebensumstände, Beziehungen). Wie der Zellbiologe *Bruce Lipton* in seinem Buch „Intelligente Zellen"[18] einleuchtend darstellt, können blockierende oder krankmachende Zellprogrammierungen durch das Bewusstsein verändert werden.

Dies bedeutet: Jede Veränderung im Repräsentationssystem der vier Körper, die das Bewusstsein erreicht, wird über das Prinzip der Verortung über neuronale Botenstoffe bis in das Innere jeder einzelnen Zelle hineintransportiert. „Wenn eine einzige Zelle in einem zentralen Nervensystem eine neue Information erhält, werden auf elektromagnetischem Weg gleichzeitig alle anderen Zellen mit informiert."[19]

---

18 Lipton, Bruce: *Intelligente Zellen: Wie Erfahrungen unsere Gene steuern.* Koha Verlag. 2006
19 Zieglgänsberger/Uchtenhagen: *Suchtmedizin.*, Urban & Fischer Verlag. 2000

Durch die Arbeit mit dem Vier-Körper-Modell kann daher eine positive Wirkung bis auf die Zellebene hinein erzielt werden. Im übertragenen Sinne: Im Rahmen einer Vier-Körper-Aufstellung werden die einzelnen Informationen deines Zellprozessors geordnet und korrekt beschriftet, sodass deine Zelle wieder sauber arbeitet. Wäre dies nicht schon allein Grund genug, eine Vier-Körper-Aufstellung zu nutzen?

Das Vier-Körper-Mobile

Vielleicht fragst du dich, warum es so wichtig ist, dass alle vier Körper bei einer systemischen Aufstellung berücksichtigt werden, auch dann, wenn es sich ausschließlich um ein körperliches, emotionales, mentales oder spirituelles Anliegen oder Problem handelt. Der Grund liegt darin, dass alle vier Körper miteinander in einer gesunden Wechselbeziehung stehen (sollen) – nicht die Gestimmtheit eines einzelnen Körpers, sondern die fein ausgewogene Synergie ist es, welche Harmonie und Lebenserfolg gewährleistet. Um dies zu verdeutlichen greife ich gerne auf das Bild eines Mobiles zurück, wie du es vielleicht aus deinen Kindertagen her kennst.

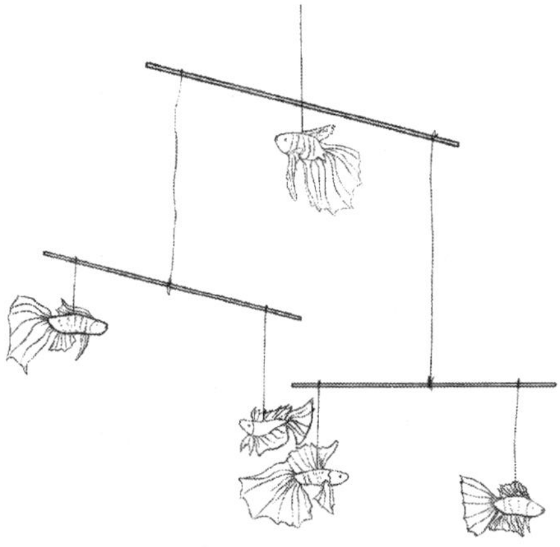

Das Körper-Energie-System des Menschen, in dem alle vier Körper am optimalen Platz und in einem guten Bezug untereinander und zu dem Betreffenden stehen, ist wie ein fein ausgewogenes (inneres) Mobile. Ist eine einzige Figur in dem Mobile nicht im Gleichgewicht, fällt sofort das gesamte Mobile in sich zusammen. Sobald jede Figur des Mobiles (jeder der vier Körper) an den rechten Platz gerückt ist, kann das Mobile wieder frei schwingen – der (Haus-)Segen hängt nicht mehr schief – und die Winde des Lebens können durch das Mobile tanzen.

Die Instanz der inneren Stimmigkeit

Bereits im Jahre 1935 beschrieb der russische Gesundheitsforscher *Anochin*, dass in jedem einzelnen Menschen seit seiner Geburt eine Instanz vorhanden ist, *die genau weiß, wie sich ein gesundes und stimmiges Leben anfühlt*. Diese gibt jedem Menschen Feedback für Stimmigkeit und Gesundheit.

Die innewohnende Instanz von Stimmigkeit erlebt die Inszenierungen von Disharmonien, Störungen, gesundheitlichen Problemen, Beziehungsproblemen und Sinnkrisen im Gegensatz zu unserem Unbewussten, (das sich gewohnter Programme bedient) nicht als normal, sondern leidet darunter. Diese innere Stimmigkeit ist es, die Leiden und Not empfindet. So ist die Tatsache, dass wir leiden, zugleich auch ein Hinweis darauf, dass wir eine Instanz in uns tragen, welche um Gesundheit, Liebe, Ordnung, Harmonie, Erfüllung weiß und darauf drängt, sie zu finden. Not, Leiden und unliebsame Umstände bergen in sich die (oftmals verdrängte) Sehnsucht nach Stimmigkeit und Erfüllung.

Wenn wir die Signale von Unstimmigkeit betäuben und übergehen, verhalten wir uns wie Robotermenschen, die glauben, sie würden stimmig leben, nur weil sie „funktionieren".

Vielen Menschen ist das Wissen verborgen, dass sie ein besseres Leben haben könnten, wenn sie sich auf die Suche dahin machen würden. Die Wahrnehmung von Stimmigkeit weist uns den Weg dorthin:

Jeder von uns trägt ein tiefes Wissen um die für ihn stimmige Lebensform und die zu ihr gehörende innere Ordnung in sich – die Vier-Körper-Aufstellung ist ein Weg, diese Ordnung (wieder-)herzustellen.

Wir alle sehnen uns danach, dass unser Ureigenstes sich durch uns verwirklicht – erst dies macht unser Leben dauerhaft lebenswert und verleiht uns Sinn und Würde.

„Wenn ich im Gefängnis sitze und rauswill, dann interessiere ich mich nur am Rande für die Geschichte meines Knastes. Vor allem brauche ich eine Säge, ein Seil, vielleicht Sprengstoff, vielleicht auch einen Hubschrauber. Es geht um die Freiheit. Jetzt und hier!"[20]

(Jens Magerl)

Die Einstellungs-Aufstellung: Ein geniales Format

Es ist dem Menschen zu eigen, dass er vom Primitiven über das Komplizierte zum Einfachen gelangt. Er erfand das Floß, dann den Turbinendampfer, schließlich das Surfbrett. Das Propellerflugzeug, den Düsenjet und dann den Drachensegler. So ist es auch normal, dass die ursprünglichen Stammesrituale zu immer komplizierteren Viel-Personen-Aufstellungen wurden, bis letztendlich die Einstellungs-Aufstellung erfunden wurde. Aber was genau ist der Unterschied?

Bei den derzeit üblichen Viel-Personen-Aufstellungen werden Stellvertreter gewählt für alle Personen, die im Lebensbereich eines Klienten bezüglich seines Anliegens eine Bedeutung haben könnten. Dazu können gehören: Eltern, Geschwister, entfernte Verwandte, Ahnen, Lebenspartner und frühere Lebenspartner, Vorgesetzte, Kollegen, Mitarbeiter, Nachbarn usw. In vielen Aufstellungen ist die Zahl der gewählten Stellvertreter so groß, dass die Übersicht leicht verloren geht. Bis alle Stellvertreter am richtigen Platz stehen und das Gesamtbild harmonisch ist, kann es mehrere Stunden dauern.

Erfahrene Aufsteller haben deshalb in den letzten Jahren mehr und mehr begonnen, die Zahl der aufzustellenden Personen so weit es geht zu redu-

20 Quelle: http://www.jahnsverlag.de/d/jens_magerl_polaritaetenaufstellun.htm

zieren. Doch selbst dann sind oft mehr als zehn Stellvertreter im Feld, was den Blick auf das Wesentliche verwässert.

Im Laufe der Jahre entdeckte ich einen genialen Kunstgriff – die Einstellungs-Aufstellung.

Auf die Idee mit der Einstellungs-Aufstellung kam ich, nachdem ich einen Lehrer für Inline-Skating gebucht hatte. Da ich anfangs unsicher im Bogenfahren und Bremsen war, suchte ich in kritischen Situationen meist einen Laternenpfahl oder meinen Skating-Kameraden zum Festhalten, sobald es kritisch wurde. Als mein Skating-Lehrer dies sah, hielt er inne, schaute mich mit scharfem Blick an und sagte zu mir: „Du mit dir selbst – das ist es!"

Ich übertrug sofort diese Erfahrung auf meine Systemaufstellungen: Es müsste doch möglich sein, dass der Klient nur mit sich selbst, d. h. mit seinen vier Körpern, die Aufstellung macht und zu einem guten Ergebnis führt, als Einstellungs-Aufstellung sozusagen.

Ich recherchierte, ob es dazu Sekundärmaterial gab, fand im gesamten deutschsprachigen Markt jedoch nur ein einziges Angebot, das mit der Einstellungs-Aufstellung arbeitet[21]. Dort war jedoch das Vier-Körper-System nicht bekannt.

Einstellungs-Aufstellung bedeutet: Ich stelle lediglich den Klienten bzw. einen Signifikator (dazu später mehr) und seine vier Körper auf, ggf. noch den einen oder anderen transpersonellen Aspekt, wie z. B. das Anliegen/Ziel, die Blockade. Die Einstellungs-Aufstellung ist somit ein autopoietisches[22] Format.

Statt die Beweggründe anderer, prägender Personen zu ergründen, wird vor allem die Einstellung und Beziehung der vier Körper zueinander optimiert.

---

21 Tacke, Dr. Jörg: *Das Zehn-Minuten-Familienstellen.* Lehrprogramm DVD

22 Autopoiesis (altgriechisch αὐτός autos „selbst" und ποιεῖν poiein „schaffen, bauen") ist der Prozess der Selbsterschaffung und -erhaltung. In diesem Zusammenhang: Aufstellung mit sich selbst bzw. den eigenen Anteilen.

Nach meiner Erfahrung werden der Lösungsimpuls und die Selbstverantwortung des Klienten umso kraftvoller gesetzt, je weniger außenstehende Personen das System des Klienten braucht. Dabei gehe ich davon aus, dass innerhalb des Vier-Körper-Systems alle notwendigen Informationen im System verfügbar sind und benannt werden können.

a. Es wird nichts von außen gebraucht und
b. es ist nichts überflüssig. Jeder Teil ist zugehörig und hat Bedeutung für das Ganze.

Da gemäß dem holistischen Prinzip ohnehin alles in allem enthalten ist, finden sich sämtliche benötigten Informationen innerhalb des Klienten-Systems. Alle Wirklichkeiten sind bereits innerhalb des Vier-Körper-Systems vorhanden, daher muss nichts nach außen projiziert und nichts von außenstehenden Personen erwartet werden.

Durch dieses Aufstellungsformat entsteht eine Konzentration auf die Selbstermächtigung und die Ressourcen des Klienten, welche eine selbstschöpferische Lebendigkeit der einzelnen vier Körper erlaubt. So wirkt die Einstellungsaufstellung regulierend, lösend und bewusstseinserweiternd für Klienten, Stellvertreter und Aufstellungsleiter.

Voraussetzung ist, dass der Aufstellungsleiter die Wirklichkeit der Ganzheit wahrnehmen und halten kann, ohne sie mit einer objektiven Realität zu verwechseln. Als Wirklichkeitskonstruktion (Glasersfeld) steht sie in seiner Verantwortung und kann so auch bei allen vier Körpern des Klienten vorausgesetzt und zugemutet werden, sogar dort, wo Stellvertreter direkt oder indirekt nach Interventionen von außen schreien. Die Ursachen der Lebens-Inszenierungen lassen sich nicht durch Interpretationen festlegen oder erraten, sondern erfordern ein Ertragen des Nichtwissens und ein „Stehenbleiben vor dem Geheimnis“, bis der entscheidende Lösungsimpuls „hochploppt“.

Die Vier-Körper-Aufstellung bringt auf dem Weg genau den aktuellen seelischen Prozess mit allen Einschränkungen und Ressourcen ans Licht, so wie er durch den Klienten gegenwärtig realisiert werden möchte. Das bedeutet, der Klient kann exakt den Schritt vollziehen, der für ihn die gewünschte Lösung bereithält, sogar auch ohne ihn vorher zur Sprache gebracht zu haben.

Dieses Format leugnet nicht, dass es andere Personen im Bewusstseinsfeld des Klienten gibt, die Einfluss ausüben. Statt sich jedoch um die Anliegen von Drittpersonen zu kümmern, konzentriert sich die Einstellungs-Aufstellung vorwiegend darauf: Welche Einstellung ist angesichts all dieser Faktoren, die nicht genauer benannt werden müssen, zielführend und hilfreich? Stimmt die Einstellung der vier Körper, verändert dies automatisch die Einbettung des Klienten im Personen-System.

Diesem Vorgehen liegt die Weiterführung des Gedankens vom radikalen Konstruktivismus zugrunde: Alle externen Personen, die üblicherweise in einer Systemaufstellung aufgestellt werden, existieren wo? – Im Bewusstsein des Klienten. Also kann man auch direkt mit seinem Bewusstsein arbeiten, dann ordnet sich meistens alles von selbst.

Die Verdienste herkömmlicher Systemaufstellungen, bei denen zahlreiche externe Personen ebenfalls aufgestellt werden, sollen nicht in Abrede gestellt werden. Allerdings erfordert die Viel-Personen-Aufstellung zahlreiche Stellvertreter, wie sie nur in Aufstellungs-Seminaren, niemals aber in der Heimarbeit mit sich selbst oder in einer Klienten-Sitzung vorhanden sind. Die Komplexität herkömmlicher Aufstellungen ist, wenn wir sie mit den beiden großen Richtungen der Psychotherapie vergleichen wollen, der Psychoanalyse ähnlich, während die Einstellungs-Aufstellung eher der Verhaltenstherapie entsprechen würde.

Mithilfe der Einstellungs-Aufstellung optimierst du deine Einstellung zu Problemen und Wünschen, die für dich eine große Bedeutung haben. Durch das Aufstellen wird dir die unbewusste Haltung deiner vier Körper zu deinem Anliegen bewusst. Denn diese, und nur diese, können dich verändern. Die Schritte sind also:

- Bewusstmachen
- Verändern

- Die neuen Einstellungen ins Leben bringen
- Die positiven Veränderungen von der Außenwelt widergespiegelt bekommen

Einstellungs-Aufstellung bedeutet: Man stellt nicht das Problem auf, sondern die EINSTELLUNG der vier Körper zum Problem, denn diese ist das einzige, was man verändern kann. Indem die vier Körper die richtige (angemessene) Einstellung zu dem finden, was als Problem in Erscheinung tritt, löst sich das Problem von selbst auf.

Die Einstellungs-Aufstellung ist ein höchst effektives Werkzeug, um essenzielle Lebensthemen zu meistern, deine Lebenserfüllung nach deinen Bedürfnissen erfolgreich auszurichten. So wirst du zum Profi in deinem Lebens-Inline-Skating oder, um ein anderes Bild zu verwenden, zum Admiral in deinem Lebensboot. Noch nie war es einfacher, Lebensthemen im Rahmen einer Systemaufstellung zu lösen!

Übung zur Einstellungs-Optimierung angesichts eines Themas (Problems, Situation):

1. Mach dir ein Thema (Problem, Anliegen) bewusst und definiere genau, worum es geht.
2. Welche Einstellung bzw. innere Haltung möchte ich mir selbst gegenüber bezüglich des Themas einnehmen?
3. Welche Einstellung bzw. innere Haltung möchte ich gegenüber der Situation einnehmen?
4. Welche Gedanken möchte ich haben? (Was wäre ein Gedanke, der hilft und löst?)
5. Wie möchte ich mich fühlen? (Welches Gefühl wäre zugleich ehrlich wie auch hilfreich?)
6. Welches Verhalten möchte ich wählen? (Welches Verhalten wäre authentisch und zugleich hilfreich?)

7. Welche Sinngebung möchte ich in der Situation wählen? (Welche Sinngebung würde mich spirituell unterstützen und mir zu einer überpersönlichen Stabilität und Offenheit verhelfen?)

Die Lösung für ein Problem
erkennt man an dem Verschwinden des Problems.
(Wittgenstein)

Das innere Team

Dem Hamburger Psychologen Friedemann Schulz von Thun (*1944) verdanken wir die Idee der sogenannten „inneren Pluralität": Das, was wir die feste Persönlichkeit eines Menschen nennen, gibt es in Wahrheit gar nicht.

Die Lebensäußerungen eines Menschen sind in Wahrheit nichts anderes als der Gesamtausdruck verschiedener, oftmals widerstreitender innerer Kräfte. Diese inneren Kräfte repräsentieren die vier Elemente. Von Thun benutzt hier das Modell von Mitgliedern eines „inneren Teams". Jedes Team-Mitglied hat hierbei sein eigenes Anliegen.

- Team-Mitglieder können miteinander streiten: Der Betroffene spürt dies an inneren Konflikten, z. B. wenn Wille und Glaube oder Vernunft und Gefühl nicht im Einklang sind.
- Team-Mitglieder können sich gegenseitig blockieren: Handlungsäußerungen liegen auf Eis oder der Betroffene fühlt sich in seinem Handeln gehemmt, da es in ihm Kräfte gibt, die ihn bremsen.
- Team-Mitglieder können in den Untergrund abwandern: Der Betroffene erlebt immer wieder Selbst-Sabotage seiner guten Vorsätze und Projekte, weiß aber nicht, dass er dies einem zur Seite geschobenen inneren Rebellen zu verdanken hat. Hier finden wir das Phänomen der Verdrängung vor.
- Team-Mitglieder können sich einigen und gemeinsam für die gleiche Sache arbeiten: Dann haben wir die Situation, in der alle Grundkräfte im Dienst des Unternehmens arbeiten – dies bedeutet: Der Erfolg liegt in dir!

Damit Projekte und Beziehungen gelingen, ist es hilfreich, sich aller Mitglieder des „inneren Teams“ gewahr zu sein, ihre Bedürfnisse aufzuspüren und sie zur Kooperation zu bewegen – auch der blockierenden und verdrängten Anteile.

Von Thun benutzt hier das Modell der inneren Ratsversammlung oder auch des inneren Königs, der seine Minister einberuft, um von ihnen alle benötigten Informationen zu bekommen und ihnen die daraus resultierenden Regierungsanweisungen zu geben.

Oft ist das Ergebnis einer solchen Ratsversammlung ein „Kompromiss“ zwischen den verschiedenen Bedürfnissen der inneren Anteile, denn dort, wo die Entscheidung eindeutig wäre, bräuchte es die Ratsversammlung gar nicht. Es liegt in der (Regierungs-)Kunst des Königs, seine Team-Mitglieder einmütig auf die getroffene, insgesamt „stimmige“ Entscheidung einzustimmen.

Dann zeigt sich der Lebensausdruck als Ergebnis einer fein abgestimmten, jeweils situationsgerechten inneren Justierung („Lebens-Einstellung“) im Rahmen eines „Fließgleichgewichtes“.

System-Aufstellungen vereinfacht – das Systembrett

Das Systembrett ist die einfachste Möglichkeit, Vorgänge und Zusammenhänge aus dem Unbewussten sichtbar zu machen und die eigene Perspektive so zu erweitern.

Die blinden Flecken und fehlgeleiteten Ideen rühren meist aus der Schwierigkeit, die eigene Sichtweise zu relativieren, zu erweitern und zu transzendieren. Wie wir aus den Arbeiten des *Ernst von Glasersfeld* wissen, hält der Mensch seine Wirklichkeit für objektiv, obwohl bereits die Quantenphysik belegt, dass es eine objektive Realität gar nicht geben kann: Jeder Beobachter ist Teil der Beobachtung und damit seiner Wahrnehmung. Jeder konstruiert seine Wirklichkeit, sein inneres und äußeres System in seinem Bewusstsein selbst. Und da er es selbst konstruiert, kann er z. B. mithilfe des Vier-Körper-Modells seine Wahrnehmung und damit auch seine „Wirklichkeit" verändern[23].

Obwohl die Arbeit mit dem Systembrett mittlerweile in den Management-Etagen Einzug gehalten hat, wird auch dieses Thema literarisch stiefmütterlich behandelt. Mir sind nur drei Buchautoren-Teams bekannt, die darüber berichten:

- *Kurt Ludewig:* Das Familienbrett. Ein Verfahren für die Forschung und Praxis mit Familien und anderen sozialen Systemen (*mit Ulrich Wilken*), Hogrefe Verlag[24].
- *Wolfgang Polt*: Aufstellungen mit dem Systembrett (*mit Markus Rimser*), bzw.: Lösungen mit dem Systembrett (*mit Georg Breitner*), beide erschienen im Ökotopia-Verlag
- *Siglinde Schneider:* Familien aufstellen mit Figuren im Einzelsetting, Carl-Auer Verlag (hierbei handelt es sich allerdings um eine DVD)

---

23 Glasersfeld, Ernst von: *Radikaler Konstruktivismus*. Suhrkamp Verlag. 1997.

24 Dieses Buch ist nur noch antiquarisch erhältlich. Alternativtipp: Bühler, Petra: *Das Familienbrett nach Ludewig*. Grin Verlag (fasst die Essenz zusammen).

Auch wenn es kaum Literatur zu der Arbeit mit dem Systembrett gibt, möchte ich dich ermutigen, diese Variante auszuprobieren, weil sie so anschaulich und leicht anwendbar ist – quasi eine Art „Geheimtipp zur Selbstoptimierung".

Im Gegensatz zur Vier-Körper-*Meditation*, in der du dich darauf konzentrieren musst, dir die vier Körper im inneren Raum vorzustellen, verlagere ich bei der Arbeit mit dem Systembrett diese Aufgabe nach außen, indem du mit Aufstellungsfiguren arbeitest. Genau genommen brauchst du dafür nicht einmal ein Systembrett, da jedes Tuch, jedes Tablett, jeder Tisch, als Bodenanker für die Aufstellungsfiguren dienen kann[25].

Vorteile der Arbeit mit den Aufstellungsfiguren:

- Während man bei der Arbeit auf dem Fußboden mit Bodenankern (Kissen) sich immer wieder neu in die entsprechenden Körper einfühlen muss, sind die Aufstellungsfiguren bereits als Körper greifbar vorhanden.
- Im Gegensatz zur Arbeit auf dem Fußboden mit Bodenankern ist es nicht erforderlich, aufzustehen, den Platz zu wechseln, um die Bodenanker herumzuwandeln – einfaches Auflegen des Zeigefingers auf die jeweilige Figur genügt. Es ist jedoch möglich, aufzustehen, das Systembrett (bzw. den Tisch) von allen Seiten zu betrachten bzw. dieses zu drehen, um neue Blickwinkel zu gewinnen. Manche Klienten bevorzugen es, um das Systembrett herumzugehen als Ausdruck (und Vorbereitung) innerer Bewegung.
- Im Gegensatz zur Arbeit mit Bodenankern, bei der eigene Blockierungen und Tabus oftmals ausgeblendet werden, weil sie als zu einem gehörig erlebt werden, sieht man die vier Körper auf dem Systembrett von außen. Dies unterstützt den Aufstellenden, sie neutral (dissoziiert) zu erleben.
- Da gute Aufstellungsfiguren sehr abstrakt gehalten sind, ist es möglich, die Verfassung, Mimik und Haltung aller vier Körper tiefgreifend zu projizieren.

---

25 Da sich der Begriff Systembrett für diese Arbeitsform eingebürgert hat, werden wir ihn auch weiterhin in diesem Buch verwenden, auch wenn du mit einem Tuch oder Tablett arbeitest.

- Da die Aufstellungsfiguren nur ca. 7 cm groß sind, wird der Aufstellende in die übersichtliche „Vogelperspektive" versetzt. Er hat das Gesamtsystem stets im Blick. Der Vorteil liegt in der Übersichtlichkeit. Diese Übersicht ist besonders hilfreich, wenn wir mit mehreren (in unserem Fall vier) Körpern arbeiten.
- Die Arbeit mit dem Systembrett ermöglicht, ohne fremde Hilfe, Kontakt zum Vier-Körper-Modell aufzunehmen, dabei wichtige Erkenntnisse zu gewinnen und ohne fremde Hilfe einfache Interventionen vorzunehmen.
- Das Systembrett lädt ein zu einer spielerischen Umsetzung in anmutender Unbeschwertheit und öffnet so den Raum für geniale Lösungen im modernen Raum des vernetzten, ganzheitlich orientierten, lösungsorientierten Erkennens.

Das richtige Zubehör – kinderleicht zu bekommen

Für die Vier-Körper-Brettarbeit benötigst du lediglich vier Aufstellungsfiguren. Das genügt!

Idealerweise verfügen diese Aufstellungsfiguren über ca. 7–10 cm Höhe. Sie haben Augen, sodass du definieren kannst, in welche Richtung der Körper hinschauen soll. Der Strukturierungsgrad der Aufstellungsfigur sollte eher schwache Gesichtszüge haben, wenn überhaupt vorhanden, und emotionsneutral sein (ohne Eigenausdruck, Mimik oder Gestik), sodass keine Assoziationen zu Eigenschaften der vier Körper vorgegeben sind. Von Playmobil-Figuren rate ich eher ab, da sie bereits einen Eigenausdruck haben. Wenn sich diese jedoch bereits in deinem Haushalt befinden, kannst du auch mit ihnen starten.

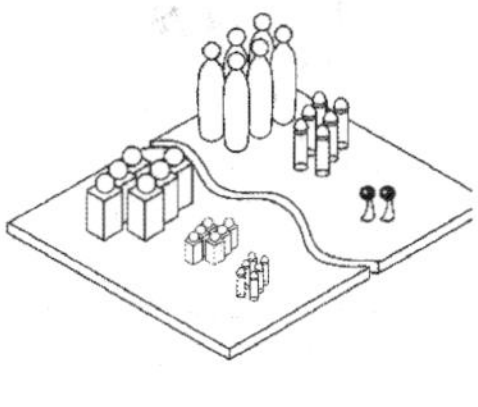

Geeignet ist beispielsweise das Systembrett-Set von *Vettler Holz*. Dieses ist deutlich preiswerter als die Aufstellungsfiguren anderer Hersteller, welche in einer Preiskategorie bis zu 500 € liegen. Du brauchst aus dem Set erst einmal lediglich vier Figuren:

- grün für den physischen Körper

- blau für den emotionalen Körper
- holzfarben für den mentalen Körper
- rot für den spirituellen Körper

Die vier Figuren kann man auch gut zusammen mit einem Tuch (als Ersatz für das Brett) in eine kleine (Tupperware)Box legen und mit zum Klienten, ins Café oder auf Reisen nehmen. Später, wenn du in dem vier-Körper-Modell geübt bist, kannst du auch weitere Figuren aus dem Set hinzunehmen (z. B. für blockierende oder fördernde Menschen oder Faktoren).

Alternativen zu den Aufstellungsfiguren von Vettler Holz sind:

- **Spielfiguren** (z. B. aus dem Monopoly- oder dem Mensch-ärgere-dich-nicht-Spiel): *grün* für den physischen Körper, *blau* für den emotionalen Körper, *gelb* für den mentalen Körper und *rot* für den spirituellen Körper. Male zwei kleine schwarze Punkte für die Augen auf jede Spielfigur, um zu kennzeichnen, wo vorne ist. Dies ist die preiswerteste Variante. Jedoch sind die Spielfiguren meist nur 2 cm hoch – für viele Anwender sind sie zu klein, um damit zu arbeiten.

- **Aufstellungs-Scheiben** - die Variante für die Hosentasche: Nehme vier DIN-A4-Plakatkartons in den Farben grün, blau, gelb, rot zur Hand. Ziehe mit dem Zirkel oder mithilfe einer Tasse jeweils einen Kreis, den du ausschneidest. Jeder Kreis bekommt noch eine kleine, dreieckige Einkerbung (wie ein Tortenstück) und fertig sind deine Aufstellungsscheiben. Um Abnutzung zu vermeiden, kannst du deine Aufstellungsscheiben laminieren und in einer einfachen CD-Hülle transportieren.

Falls du dir die Arbeit mit der Herstellung ersparen willst, empfehle ich dir das fertige Set *System-Auslegungs-Formen von Angelika Wolter*[26]. Auch aus diesem Set brauchst du erst einmal nur vier Scheiben: grün, blau, gelb, rot.

Viele Anliegen, die dir vielleicht schon auf den Nägeln brennen, kannst du über die Arbeit mit Aufstellungsfiguren in Eigenregie selbst lösen[27].

Triadisches Fragen

Jeder deiner vier Körper steht in Wechselwirkung, nicht nur mit der Außenwelt, sondern auch mit den drei anderen Körpern in deinem System, sodass es zu ständigen Wirkungsfolgen kommt. Die moderne Psychologie spricht hier von *Interpunktion*[28]. Interpunktion ist die Ursache davon, dass sich Kommunikationsketten (und auch Konfliktketten) hochschaukeln können.

Triadisches Denken bzw. Fragen (auch: *zirkuläres* Fragen genannt) ist einer der Schlüssel, um solche Verkettungen zu lösen und die vier Körper miteinander in Harmonie zu bringen. Es unterscheidet sich von der allgemein üblichen kausal-linearen „logischen" Herangehensweise, das auf nachvollziehbares Ursachen-Wirkungs-Denken abzielt und in seinem Denken begrenzt oder sogar gefangen ist[29].

Triadisch bedeutet „um die Ecke fragen", indem eine projizierte andere Instanz eingeführt und befragt wird. Gedanken oder Fragen werden hierbei

26 erhältlich beim Robin-Hood-Versand: http://www.robin-hood-versand.de/ oder unter: angelika-wolter@t-online.de

27 Für herausfordernde Themen und komplexere Zusammenhänge empfiehlt es sich mit Bodenankern bzw. Stellvertretern auf dem Fußboden und wenn vorhanden mit lebenden Stellvertretern und einem Aufstellungsleiter zu arbeiten.

28 Weitere Informationen über Interpunktion s. Gregory Bateson und Don D. Jackson: *Interpunktion von Ereignisfolgen.* Sowie Paul Watzlawick und Janet H. Beavin: *Menschliche Kommunikation. Formen, Störungen, Paradoxien.* Huber Verlag, Bern.

29 Weitere Informationen über Zirkuläres Fragen s. Fritz B. Simon, Christel Rech-Simon: *Zirkuläres Fragen. Systemische Therapie in Fallbeispielen.* Carl-Auer-Systeme-Verlag. Heidelberg. 2004. ISBN 3-89670-219-X.

nicht direkt von dir geäußert, sondern über die eingeführte Außenperspektive.

Hierzu möchte ich dir ein wahres Beispiel erzählen: Ein Ehepaar litt lange Zeit unter Beziehungskonflikten. Immer wieder, wenn heikle Themen zur Sprache kamen, endete die Auseinandersetzung mit einem Streit. Der Grund lag darin, dass keiner der beiden „Streitpartner“ in der Lage war, sich und den anderen dissoziiert zu betrachten. Jeder lebte in seinem eigenen „Film“.

Als dieses Paar zu mir zum Paarcoaching kam, schenkte ich jedem von ihnen ein Stofftier. Ich bat die Partner, ihrem Stofftier einem Namen zu geben. Ich weiß nicht mehr genau, welche Namen damals gefunden wurden, ich nenne die Stofftierchen für unser Beispiel deshalb „Tim“ und Struppi“.

Nun bat ich die beiden Partner, in Auseinandersetzungen ihre Anliegen und Befindlichkeiten nicht mehr direkt auszudrücken, sondern über die Stofftiere. Der Dialog sah dann in etwa so aus:

Er: „Tim ist wütend, weil Frauchen wieder so lange telefoniert hat.“

Sie: „Struppi freut sich, wenn Frauchen telefonieren kann, weil Struppi damit dem Haushaltsstress entkommen kann.“ usw.

Was aussieht, wie ein Kinderspiel hat tatsächlich einen psychologischen Hintergrund. Durch die eingeführten Stofftiere wurde es im Laufe der Zeit dem Paar immer leichter möglich, sich und die eigene Ehe-Situation dissoziiert zu betrachten und die unbewussten eigenen (körperlichen, emotionalen, mentalen und spirituellen) Reaktionen mit denen des Partners abzugleichen.

Einfühlungsübung: vier Körper – vier Spielfiguren

Bei der nachfolgenden Übung lernst du, dich selbst nach außen – in dem Fall nicht auf Stofftiere, sondern auf Spielfiguren – zu projizieren, unbewusste Anteile zu verstehen, mit ihnen zu kommunizieren und so positive Veränderungen in Gang zu setzen. Da wir von einem Vier-Körper-Modell ausgehen, verwenden wir nicht nur eine, sondern vier Außenperspektiven: vier Spielfiguren für deine vier Körper. Hierzu die praktische Übung.

Übung:

Stelle vier Spielfiguren vor dich in einer Reihe auf: *grün* für den physischen Körper, *blau* für den emotionalen Körper, *gelb* für den mentalen Körper und *rot* (oder auch: violett) für den spirituellen Körper.

Denke an eine aktuelle Beziehungs-Situation in deinem Leben (z. B. mit deinem Lebenspartner, Kind, Vater/Mutter, Vorgesetzten, Nachbarn ...).

Lege einen Finger auf die *grüne* Spielfigur oder schaue der grünen Spielfigur konzentriert in die „Augen“. Versuche dich in die grüne Spielfigur einzufühlen.

- Wenn die grüne Figur dein physischer Körper in einer Beziehungs-Situation wäre, wie würde er auf die Beziehungs-Situation reagieren?
- Würde er sich eher zusammenziehen oder eher ausdehnen?
- Würde die Energie eher in den Kopf, in die Mitte oder in die Beine fließen?
- Wäre seine Bewegung eher nach vorne (Zuwendung) oder nach hinten (Rückzug)?
- Welche Empfindungen könnte dein physischer Körper haben?
- Wie reagiert dein physischer Körper (deine Lebenskraft) auf deine Beziehungs-Situation?

Lege nun einen Finger auf die *blaue* Spielfigur oder schaue der blauen Spielfigur konzentriert in die „Augen“. Versuche dich in die blaue Spielfigur einzufühlen.

- Wenn die blaue Figur dein emotionaler Körper in der Beziehungs-Situation wäre, wie würde er reagieren?
- Würde er sich eher zusammenziehen oder eher ausdehnen?
- Würde die Energie eher in den Kopf, in die Mitte oder in die Beine fließen?
- Wäre seine Bewegung eher nach vorne (Zuwendung) oder nach hinten (Rückzug)?
- Welche Emotionen könnte dein emotionaler Körper haben?
- Wie reagiert dein emotionaler Körper auf deine Beziehungs-Situation?

Lege nun einen Finger auf die *gelbe* Spielfigur oder schaue der gelben Spielfigur konzentriert in die „Augen". Versuche dich in die gelbe Spielfigur einzufühlen.

- Wenn die gelbe Figur dein mentaler Körper in der Beziehungs-Situation wäre, wie würde er reagieren?
- Würde er sich eher zusammenziehen oder eher ausdehnen?
- Würde die Energie eher in den Kopf, in die Mitte oder in die Beine fließen?
- Wäre seine Bewegung eher nach vorne (Zuwendung) oder nach hinten (Rückzug)?
- Welche Gedanken könnte dein mentaler Körper über deine Beziehungs-Situation haben?
- Wie reagiert dein mentaler Körper auf deine Beziehungs-Situation?

Lege nun einen Finger auf die *rote* (bzw. violette) Spielfigur oder schaue nun dieser Spielfigur konzentriert in die „Augen". Versuchen dich auch in diese Spielfigur einzufühlen.

- Wenn diese Figur dein spiritueller Körper in der Beziehungs-Situation wäre, wie würde er reagieren?
- Würde er sich eher zusammenziehen oder eher ausdehnen?
- Würde die Energie eher in den Kopf, in die Mitte oder in die Beine fließen?
- Wäre seine Bewegung eher nach vorne (Zuwendung) oder nach hinten (Rückzug)?
- Welche überpersönlichen Sinnzusammenhänge könnte dein spiritueller Körper zu deiner Beziehungs-Situation entdecken?
- Wie reagiert dein spiritueller Körper auf deine Beziehungs-Situation?

Notiere bitte die Ergebnisse.

Nun, da du weißt, wie sich deine vier Spielfiguren „fühlen", kannst du mit ihnen „sprechen", vielleicht so, wie du früher als Kind mit deinem Teddy gesprochen und ihm deine Probleme erzählt hast.

→ Natürlich können diese Figuren nicht „sprechen" – was du wahrnimmst ist dein eigenes Unbewusstes. Aber die Projektion auf die jeweilige Figur hilft dir, dir unbewusste Vorgänge mehr und mehr bewusst zu machen. Je mehr du dich in der (Selbst-)Einfühlung trainierst, umso treffsicherer wird deine Intuition.

Anmerkung:

- Du kannst auch eine andere farbliche Zuordnung der Körper-Figuren definieren (falls deine Aufstellungs-Figuren andere Farben haben) oder auch Aufstellungs-Figuren gleicher Farbe einsetzen, sofern diese sich voneinander unterscheiden. Wichtig ist nur, dass du vorher klar definierst, welche Figur für welchen Körper steht. Falls die Figuren identisch aussehen, empfiehlt es sich, die Aufstellungs-Figuren unterschiedlich zu kennzeichnen, entweder mit Stift oder durch Aufkleber, z. B. mit Zahlen oder Buchstaben.
- Statt die jeweilige Figur anzuschauen, um sich in sie einzufühlen bzw. einen Finger auf den Kopf der Figur zu legen, ist es auch möglich, sie zwischen Daumen und Zeigefinger zu halten.

Die zusätzliche Einführung einer Signifikator-Figur

Anmerkung: Die Signifikator-Figur stellt eine Art Universaljoker dar, je nachdem, wie die Situation auf dem Brett es erfordert, z. B. für:

a. ungelöste Themen (also für alle möglichen unbewussten Personen, Gedanken, Gefühle, Erinnerungen),
b. dein essenzielles Selbst,
c. die reine Wahrnehmung bzw. den reinen Beobachter, der die Dinge klar und ohne Trübung sehen kann,
d. die erwachte Natur des Menschen, seinen höchsten, „erleuchteten" Weisheits-Aspekt.

Die Wahl der Signifikator-Figur ist bei der Arbeit mit Aufstellungs-Figuren sinnvoll, weil du selbst nicht auf das Systembrett/die Aufstellungsfläche gehst (im Gegensatz zu Aufstellungen in einem Zimmer).

Die Signifikator-Figur wird zu Beginn der Aufstellung gewählt. Wichtig ist, dass du genau definierst, wofür die Signifikator-Figur stehen soll. Jede der Definitionen/Varianten a.–d. kann sinnvoll sein, je nachdem, um welches Anliegen es geht.

Die nachfolgende Übung soll dir die Variante d näherbringen – den Kontakt mit deinem höchsten Weisheitsaspekt.

Baue deine vier Spielfiguren vor dir auf. Gehe in deine innere Mitte und verbinde mit dich innerlich mit einem Archetyp, der für dich den höchste Weisheitsaspekt darstellt, Jesus, Buddha, Mutter Maria oder Ixmucane, so als wärst du selbst dieser Archetyp.

Stelle dir weiterhin vor, diese vier Figuren seien die vier Körper der Persönlichkeit, die sich in deinem Alltag ausdrückt („du selbst"). Denke an eine Lebenssituation, die dich gerade beschäftigt. Jeder der vier Figuren berichtet darüber, wie es ihr (deinem Körper) in der Situation geht.

Denke an eine Lebenssituation aus deinem Berufs- oder Privatleben, die dich beschäftigt. Lass erst einmal deinen Blick über das *leere* Systembrett schweifen, wie über eine Landschaft. Stell dir vor, das Systembrett würde dein Leben (bezüglich der von dir gewählten Lebenssituation) darstellen. Spür in dich hinein.

- Wie reagiert dein Körper, wenn du an den von dir gewählten Lebensbereich denkst? Zieht er sich eher zusammen oder dehnt er sich aus? Gibt es Körper-Reaktionen im Bauch, wird der Hals trocken oder spürst du einen leichten Druck im Kopf? Auch wenn diese Empfindungen nur unscheinbar sind, können Sie bereits ein Hinweis darauf sein, wie dein *physischer Körper auf diese Lebenssituation reagiert?*
- Gibt es ein Grundgefühl, das sich bei dir mit Blick auf das Systembrett (deine „Lebensspielwiese") meldet? Vielleicht ist da eine leichte Traurigkeit, Wut oder du möchtest vor Scham im Erdboden versinken? Habe den Mut, diese Gefühle wahrzunehmen, ohne sie zu unterdrücken, aber auch ohne dich in sie hineinzusteigern. Nimm Gefühls-Impulse einfach wertfrei wahr. Die Gefühle sind die Sprache deines *emotionalen Körpers*.
- Welche Gedanken melden sich, wenn du dir die Situation bewusst machst? Die Gedanken sind Ausdruck deiner mentalen Wirklichkeit. Du weißt nicht, ob deine Gedanken über die Situation „wahr" oder „unwahr" sind. Gedanken wollen ebenso wie Empfindungen und Gefühle einfach erst einmal wahrgenommen werden. Sie geben einen Hinweis darauf, wie dein *mentaler* Körper über die von dir gewählte Lebenssituation denkt.
- Warum bist genau du in dieser Lebenssituation? Welchen (höheren) Sinn könnte die Lebenssituation (günstigstenfalls) haben? Um dies zu erfahren, lasse deinen Blick einmal bewusst auf den Raum um dein Systembrett herumschweifen, so als wenn dein Systembrett einen weiten Rahmen hat bzw. von weiteren Systembrettern umgeben ist. Dies öffnet dein Bewusstsein für die größere Idee, dass dein Leben in größere Zusammenhänge eingebettet ist: In die Kette deiner Inkarnationen und Möglichkeiten. In die „Familie der Menschheit". In das „globale Feld". In dein größeres Potenzial.

- Mit diesem weiten Blick auf den Raum und den Raum darum herum, wie erlebst du die auf das Systembrett projizierte Lebenssituation: Getragen vom großen Ganzen oder von ihm isoliert? Sich zusammenziehend oder Ausdehnung suchend? Disharmonisch oder harmonisch? Sinnlos oder sinnvoll? Verbindend mit deinem wahren (höheren) Selbst oder von ihm getrennt?

Mache dir zu deinen Wahrnehmungen am besten einige Notizen und atme einmal tief durch.

Durch die Vorübung mit dem leeren Brett hast du dich optimal auf die eigentliche Übung eingestimmt. Später, wenn du geübt bist, genügt es, ein bis zwei Minuten meditativ auf das leere Brett zu schauen.

Je häufiger du übst, umso mehr wirst du dein Systembrett als eine Art „Zauberbrett" erleben, das dir über die subtile Wahrnehmung bereits Impulse und Antworten für die von dir gewählte Lebenssituation gibt.

Teil 2:

Lasse deinen Blick über die vier Figuren schweifen, die deine vier Körper repräsentieren. Öffne dich für die Frage: Welcher der vier Körper „möchte" zuerst auf dem Systembrett positioniert werden? Welcher der vier Körper „schaut dich an" bzw. löst in dir zuerst eine Reaktion aus?

Entscheide dich für eine der vier Figuren und stelle diese auf dein Systembrett. Frage (laut, flüsternd oder in Gedanken) diese Figur: „Wie geht es dir? Bitte zeige mir an deiner Position auf dem Systembrett, wie es dir in dieser (speziellen) Lebenssituation geht."

Halte inne und vertraue deinem ersten Impuls. Dieser könnte vielleicht sein, die Figur mit dem Blick in die linke hintere Ecke zu stellen. Dies könnte bedeuten: „Ich will nicht hinschauen!" oder auch: „Ich schäme mich!" Falls dem so ist, positioniere die erste Figur entsprechend (s. Foto).

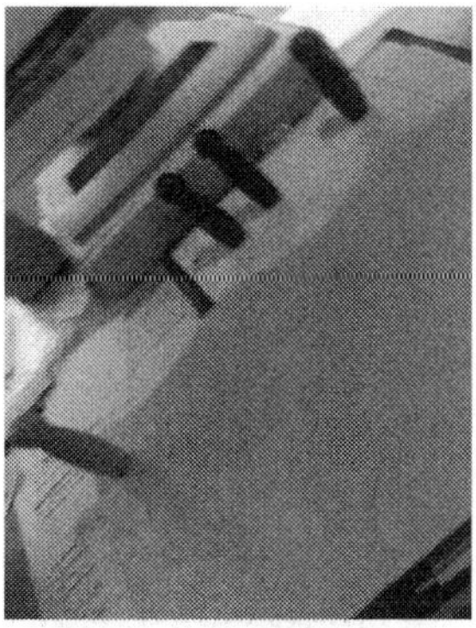

Dann richte deinen Blick auf die anderen drei Körper. Oft „meldet“ sich nun genau der Körper, der genau die Gegenposition zu dem bereits aufgestellten Körper vertritt, also in Spannung zu ihm steht. Nimm diese Figur zur Hand. Stelle diese mitten aufs Systembrett. Schaue dir die zweite Figur an und fragen diese: „Wie geht es dir?“

Es kann sein, dass die zweite Figur signalisiert: „Es ist alles zum Besten bestellt. Mein Leben ist genauso, wie es mir (der zweiten Figur) entspricht und ich stehe gerne in der Mitte und schaue dich an!“ Sollte dies der Fall sein, lasse diese Figur in der Mitte mit Blickrichtung auf dich stehen. (s. Foto) (Dies ist natürlich nur ein Beispiel. Es kann sein, dass die zweite Figur in deiner eigenen Aufstellung ganz woanders „hingehört“.)

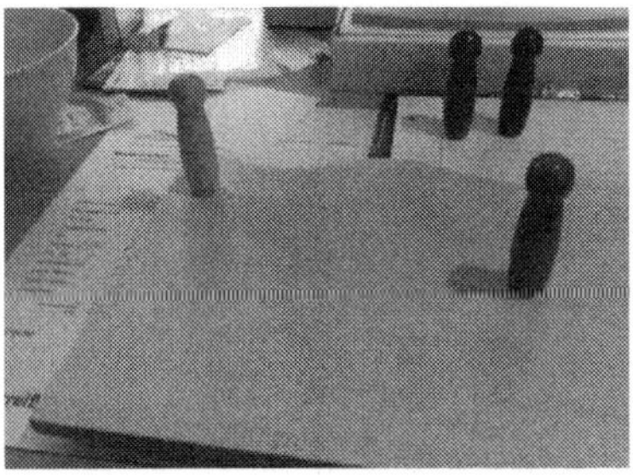

Nun schaue auf die beiden verbleibenden Figuren. Auf welche der beiden Figuren fällt nun dein Blick – welche Figur „meldet“ sich als Nächstes? Stelle diese Figur nun auch auf das Systembrett. Schaue dir die dritte Figur an und frage sie (laut, flüsternd oder gedanklich): „Wie geht es dir? Bitte zeige mir durch deine Position, wie es dir in der betreffenden Lebenssituation geht.“

Falls du nicht sofort eine Antwort bekommst, atme zwei- dreimal durch. Du kannst auch mehrere Positionen und/oder Blickrichtungen ausprobieren, bis du irgendwann das Gefühl bekommst: So stimmt es für mich (d. h. so spiegelt die Figur treffend, was mit ihr los ist).

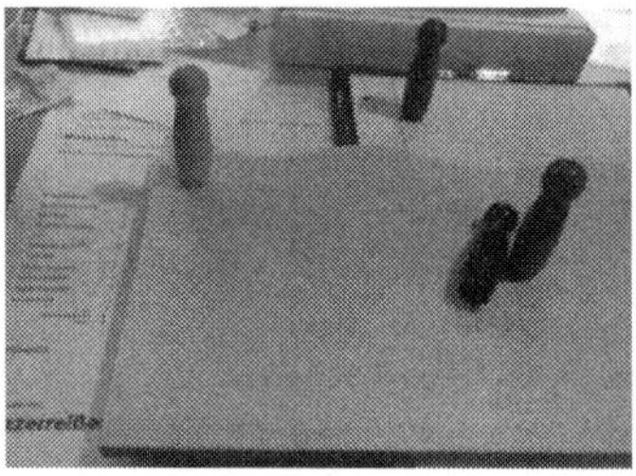

Sollte es beispielsweise der dritten Figur nicht gut gehen, kannst du diese auch hinlegen als Symbol für eine Belastung im jeweiligen Körper. (s. Foto)

Nun nimm die verbliebene vierte Figur zur Hand und stelle diese aufs Systembrett. Schaue auch die vierte Figur an und frage sie, wie es ihr geht. Bitte auch die vierte Figur, dir durch Position und Blickrichtung die eigene Befindlichkeit darzustellen und positioniere diese entsprechend (s. Foto).

Nun richte deinen Blick auf das Gesamtsystem. Jede der vier Figuren repräsentiert einen deiner vier Körper. Frage dich:

- Welchen Figuren (Körpern) geht es gut, welchen geht es nicht so gut?
- Welche Figuren schauen zu dir hin, welche schauen weg?

- Welche Figuren beherrschen das Feld, welche sind mehr ins Abseits gedrängt?

Wenn du das Gesamtsystem auf dich wirken lässt – wie wirkt es auf dich?

- Harmonisch oder disharmonisch?
- Zerrissen oder verbunden?
- Aufbauend oder deprimierend?

Mache dir auch dies bewusst und fertige auch hierzu einige Notizen an.

Nun beginnst du mit den „Interviews". Frage eine Figur nach der anderen, wie es ihr – auch in Beziehung zu den anderen Körpern (Figuren) – geht.

Wichtig ist es, dass du den jeweiligen Körper in seiner Sprache ansprichst. Also:

- Was empfindest du? (Physischer Körper)
- Was fühlst du? (Emotionaler Körper)
- Wie denkst du darüber? (Mentaler Körper)
- Wie sinnvoll ist es angesichts der Ewigkeit? (Spiritueller Körper)

Am besten beginnst du mit dem Körper, der am stärksten eine Belastung ausdrückt.

Nehmen wir an, deine *mentale* Figur „spricht" zuerst. Vermutlich wird sie sich in Form von Gedanken, Urteilen, Glaubenssätzen und Überzeugungen äußern. Vielleicht „sagt" sie: „Die Situation entspricht überhaupt nicht dem, was ich will. Das Umfeld, in dem ich arbeiten soll (falls es um deinen Beruf geht) ist intolerant, engstirnig und schubst mich herum!"

Was immer die erste Figur bekundet hat – bewerte es nicht, sondern bedanke dich für die Mitteilung. Lasse es auf dich wirken.

Dann wendest du dich der Figur zu, die intuitiv als Nächstes interviewt werden möchte. Frage diese, wie es ihr geht. Vieles drückt sich bereits in der Positionierung der Figur aus. Vielleicht „sagt" sie: „Ich möchte gar nicht hinschauen. Ich habe keine Kraft. Ich möchte gar nicht da sein!" Sollte die Figur nicht „da sein" wollen, kannst du die Figur danach fragen, wo sie sich denn lieber aufhalten würde. Dies kann beispielsweise im „Jenseits" sein, „in der Vergangenheit" oder auch „an einem anderen Ort". Vielleicht erhältst du auch Hinweise darüber, in welcher Situation die Figur sich wohler fühlen würde. Sollte die Figur liegen, kann es sein, dass diese nicht die Kraft hat, ihren „Standpunkt" zu vertreten.

Wende dich nun der dritten Figur zu. In unserem Beispiel steht diese in der Mitte, aufrecht und schaut dich direkt an. Äußerlich sieht diese Position vielversprechend aus. Aber es kann auch sein, dass sich hinter dieser scheinbar idealen Position auch eine gewisse „Starre" verbirgt, so als wenn diese Figur krampfhaft versucht, ein Ideal zu vertreten. Deshalb lasse dich von der Position der Figur nicht täuschen, sondern frage auch diese vorurteilsfrei, wie es ihr geht. Vielleicht sagt sie: „Ich fühle mich hier am richtigen Platz, aber doch irgendwie isoliert!"

Interviewe nun die vierte Figur. Es kann sein, dass es dieser richtig gut geht. Möglicherweise bekundet sie sogar: „Hier habe ich alles, was ich brauche."

Nur selten geht es allen vier Figuren gleichzeitig schlecht. Wenn alle vier Figuren sich einig wären, dass das Spielfeld nicht ideal ist, wärst du wahrscheinlich schon längst aus der Situation geflohen. In den meisten aufzustellenden Situationen geht es einigen Figuren besser und anderen nicht so gut.

Nun mache dich daran, die fünfte Figur einzuführen, um tiefer gehende Informationen und Impulse zu bekommen. Idealerweise beginnst du mit der

Figur, welche am meisten belastet ist, z. B. mit der, die – wie in unserem Beispiel – im Abseits steht und aus dem Brett herausschaut.

Stelle die fünfte Figur direkt vor die am stärksten belastete Figur. Die fünfte Figur dient in dieser Phase als Signifikator. Sie steht für das, was mit der belasteten Figur auf dem Feld zu tun hat, aber bisher unausgesprochen blieb. Sie ist quasi der „Gegenspiegel" bzw. „Gegenspieler" zu dieser Figur und kann somit für alles Mögliche stehen, auch für andere Menschen, Ereignisse, Situationen, ohne dass dies weiter ausgeführt werden muss. Wichtig ist nur die Botschaft, die Information, welche die fünfte Person ermöglichen wird. (s. Foto)

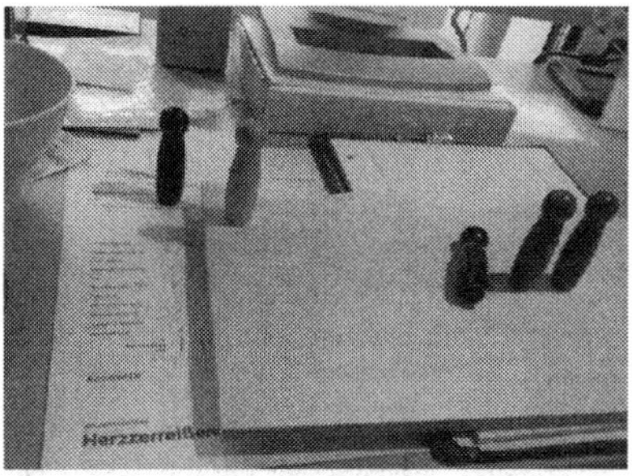

Konzentriere dich dafür auf den Augenkontakt zwischen belasteter und fünfter Figur. Stelle dir vor, die fünfte Figur spricht nun das aus, was die belastete Figur bisher nicht ausdrücken konnte. In dem Fall könnte es z. B. der Satz sein: „Das hatte ich mir anders vorgestellt!" Nun lege einen Finger auf die belastete (in unserem Beispiel: ins Abseits schauende) Figur und spüre hin, was diese Figur braucht, damit sie sich wieder den anderen Figuren (Körpern) zuwenden kann.

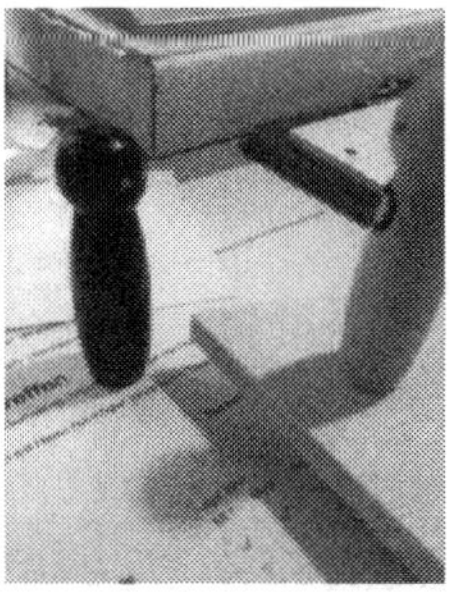

Wenn du empathisch hinspürst, kommt dir in vielen Fällen spontan ein Gedanke. Zum Beispiel: „Hingabe an die göttliche Ordnung!" Oder: „Eine andere, neue Bewertung der Situation!" Spüre dem Gedanken nach, nimm ihn in dein Bewusstsein und verinnerliche ihn. Stelle dir vor, dass du der Figur diese Gedanken gibst, und spüre, ob die Figur sich daraufhin verändern möchte. Falls sich die Figur beispielsweise umdrehen und den anderen Figuren zuwenden mag, drehe die Figur entsprechend um.

Spüre nun auch in dir nach: Inwieweit verändert sich durch die kleine Intervention dein eigenes Empfinden, dein eigenes Gefühl, dein eigenes Denken? Diese kleine Selbstreflexion kann dir nach jeder Teilintervention einen Hinweis geben, ob der jeweilige Schritt in die richtige Richtung ging und ob sich dadurch etwas in dir selbst positiv verändert hat.

Nun suchst du die Intervention, die der zweiten Figur „hilft". Dafür bringst du die Signifikator-Figur in Blickkontakt zu der zweiten Figur. Falls diese Figur, wie in unserem Beispiel, auf dem Boden liegt, lege die Signifikator-Figur in Blickrichtung vor die zweite Figur.

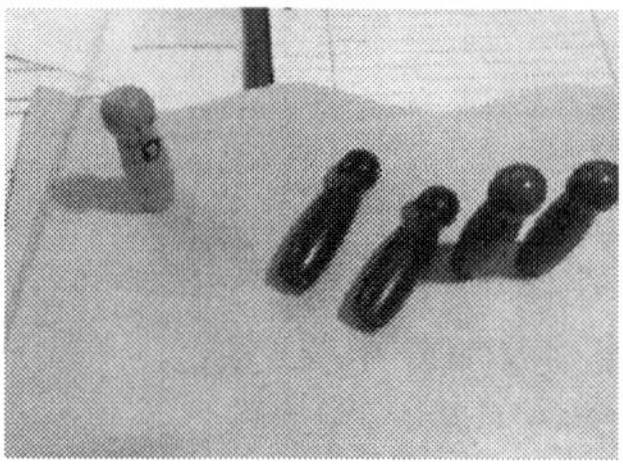

Richte deinen Blick auf den Augenkontakt zwischen beiden Figuren. (s. Foto) Bilde dir ein, dass die Signifikator-Figur nun über all das spricht, was die auf dem Boden liegende Person belastet. Beispielsweise: „Ich fühle mich so auf den Boden gedrückt!", „Ich würde gerne ...", „Was ich am meisten vermisse ist ...". Notiere die Ergebnisse.

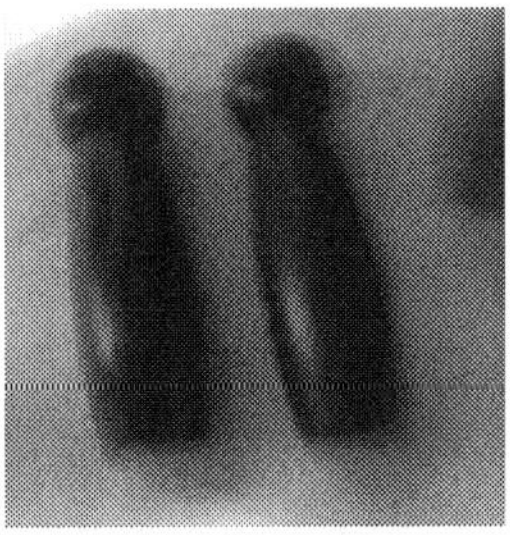

Nun berührst du die zweite Figur mit einem Finger. Spüre empathisch, was die zweite Person braucht, damit sie eine kraftvollere Position auf dem Systembrett einnehmen kann. Wenn du die Antwort bekommen hast, notiere sie, bedanke dich bei der zweiten Figur und entferne die schwarze Signifikator-Figur wieder. Wieder „sendest" du der Figur das, was sie braucht. Stelle dir vor, die zweite Person hätte die Ressource bekommen, die sie für eine kraftvolle Position benötigt, wie würde sie sich dann auf dem Systembrett positionieren? Verändere die zweite Person entsprechend (s. Foto).

Stelle nun den Signifikator vor die dritte Figur auf dem Systembrett. Achte wieder auf den Augenkontakt zwischen Signifikator und der Figur. Was sagt der Signifikator angesichts der dritten Figur? Vielleicht ist da ein „Du musst!" oder ein „subtiles Empfinden von Bedrohung". Nimm dies wahr.

Entferne wieder den Signifikator. Lege den Finger auf die dritte Figur. Spürst du, was die dritte Figur braucht, um in eine kraftvolle, erlöste Position zu finden. Vielleicht antwortet die dritte Person mit „Gottes Segen" oder auch „Ich wünsche mir die Zuwendung von der zweiten Figur". Notiere das Ergebnis. Sende mit dem Finger genau diese Ressource zur dritten Figur. Stelle dir vor, die dritte Figur ist nun mit der erforderlichen Ressource ausgestattet. Wie verändert dies die dritte Figur? Hat dies ggf. auch Wirkungen auf die Positionierung der anderen Figuren auf dem Systembrett?

Nun stellst du den Signifikator vor die vierte Person. Achte auf den Augenkontakt zwischen Signifikator und der vierten Figur. Lasse den Signifikator „aussprechen“, was in ihm zum Vorschein kommt, wenn er die vierte Figur anschaut. Vielleicht sagt er: „Du bist zu ängstlich!“, „Nimm eine kraftvolle Position ein, du hast das Recht dazu!“ oder auch: „Du musst deine Glaubenssätze verändern!“

Bedanke dich beim Signifikator für diese Aussage, nimm ihn wieder weg und lege einen Finger auf die vierte Figur. Sende die benötigten Ressourcen an die vierte Figur. Stelle dir vor, die vierte Figur würde genau die Ressourcen erhalten, die sie bräuchte. Inwieweit würde dies die Position der vierten Figur auf dem Systembrett verändern? Und was ändert sich in dir, wenn du diese Veränderung wahrnimmst?

Schaue noch einmal auf das Gesamtbild. Gibt es noch eine Figur, die im Abseits steht, ohne Verbindung zu den anderen Figuren? Falls dem so ist, lasse diese Figur darüber „sprechen“, wie es ihr nun geht und was sie noch braucht. Vielleicht sagt sie: „Ich stehe im Abseits!“ Manchmal ploppen auch unerwartet Erinnerungen aus deinem Leben an die Oberfläche. Nimm auch dies wertfrei wahr.

Lege wieder einen Finger auf die im Abseits stehende Figur. Frage diese Figur erneut, welche Ressourcen sie nun braucht, um sich mit den anderen Figuren zu verbinden. Vielleicht braucht sie es, dass sich die anderen Figuren ihr zuwenden und ihr signalisieren: „Du gehörst dazu. Wir brauchen und wir lieben dich, so wie du bist!“ Sende über den Finger dieser Figur genau diese Ressourcen. Führe in Gedanken diese und weitere Interventionen zu Ende, bis die vier Körper in einer guten Position zueinanderstehen. Dies kann sein, dass sie sich gegenseitig anschauen (s. Foto) oder dass sie in einer Reihe stehen.

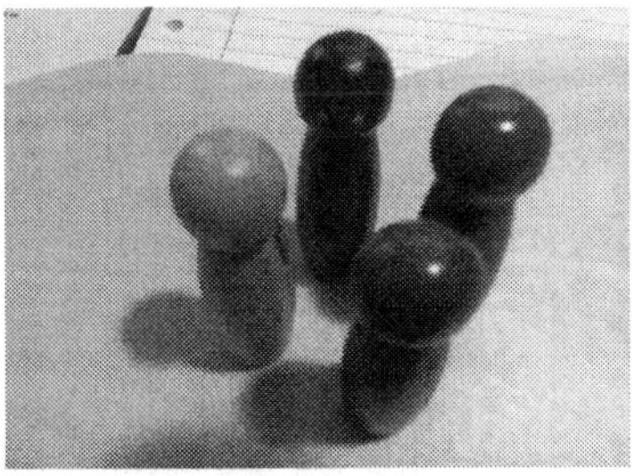

Abschließend nimm die Signifikator-Figur zur Hand. In der Schlussphase steht die Signifikator-Figur für dich selbst. Positioniere die Signifikator-Figur an eine optimale Stelle auf dem Systembrett, z. B. in die Mitte der vier anderen Figuren (falls diese einander zugewandt sind) oder vor bzw. hinter sie (falls die vier anderen Figuren in einer Reihe stehen).

Nun verlagere das Finalbild auf der Makro-Ebene. Dafür imaginierst du, dass deine vier Körper ressourcenreich um dich herum (bzw. vor oder hinter dir) stehen, um dich zu unterstützen und dir zu dienen.

Denke an die gewählte Situation und nimm noch einmal die Ressourcen jedes einzelnen der vier Körper wahr. Erlebe:

- die Vitalität und Lebenskraft des *physischen* Körpers,
- die emotionalen Möglichkeiten und den Gefühlsreichtum des *emotionalen* Körpers,
- hilfreiche Glaubenssätze, Überzeugungen und Identifikationen von dem *mentalen* Körper,
- Sinn, Erfüllung und Ausrichtung auf die geistigen Gesetze und eine „höhere“ Stimmigkeit von dem *spirituellen* Körper,

Frage dich:

- Was hat sich durch die Aufstellung für mich verändert?
- Welche Erkenntnisse habe ich gewonnen?
- Was ist nun in der gewählten Situation möglich, was vorher nicht möglich war?
- Welcher erste kleine Schritt unterstützt mich, in Richtung Verbesserung, Erfüllung, vielleicht sogar Erlösung zu gehen?

- Figur schaut zu dir bzw. zur Signifikator-Figur: Die Figur ist bereit, mit dir zu kommunizieren.

Der Einsatz einer Signifikator-Figur als Dialogpartner

Variante: Signifikator-Figur als Dialogpartner für die vier Körper

- Wähle zuerst die Signifikator-Figur als Symbol für dein essenzielles Selbst aus und stelle diese auf das Systembrett. Bei dieser Variante wird anschließend mit den vier Körpern gearbeitet.
- Die Signifikator-Figur dient als Dialogpartner mit den einzelnen Körpern
- Wenn eine Figur für eine Intervention den Platz verlässt und zu dem Platz später wieder zurückkehren soll, empfiehlt es sich, einen „Platzhalter" einzusetzen, z. B. eine Münze oder einen Knopf). Dies ist insbesondere der Fall, wenn die Signifikator-Figur anderen Figuren zwischenzeitlich für einen Dialog begegnet.

Für diese fortgeschrittene Version nachfolgend das (abgekürzte) Protokoll einer Klienten-Sitzung:

Andrea kommt zu mir zur Systembrett-Aufstellung. Sie beklagt sich darüber, dass ihr Partner, Andreas, sie bei jeder Kleinigkeit kritisiert. Häufig gibt es deshalb Streit im gemeinsamen Haushalt. Eigentlich war eine Lappalie der Auslöser für einen handfesten Beziehungskrach: Andreas drückte wieder einmal seine Unzufriedenheit mit der Führung des gemeinsamen Haushalts durch Andrea aus und kritisierte sie heftig. Ein Wort ergab das andere, bis Andreas sagte: „Das Zusammenleben mit dir ist so schwierig, dass wir eigentlich nicht in einem Haus leben dürften." Diese Aussage hatte Andrea schwer verletzt. Nachfolgend die Klienten-Sitzung in verkürzter Form.

Die Abkürzungen bedeuten:

- B: Berater

- K: Klientin
- SI: Signifikator
- PK: Physischer Körper der Klientin
- EK: Emotionaler Körper der Klientin
- MK: Mentaler Körper der Klientin
- SK: Spiritueller Körper der Klientin

B: Stell dir vor, du bestehst aus vier Aspekten, dem physischen, dem emotionalen, dem mentalen und dem spirituellen, du kannst dir diese ruhig als Körper vorstellen. Dies erleichtert dir, deine Wahrnehmung zu differenzieren und zu bereinigen. Spüre zuerst einmal in deinen *physischen* Körper hinein und beschreibe deine körperlichen Empfindungen, die du hast, wenn du an die Situation mit dem Obstsalat denkst!

K: Ich spüre Enge im Hals und verkrampfte Muskeln. Kalte Füße, es zieht die Energie weg. Galle tobt, die Leber hat Druck.

B: Nimm drei tiefe Atemzüge und lasse mit dem Ausatmen alle körperlichen Stör-Empfindungen los. Sollten dabei Emotionen, Gedanken oder Themen der universellen Verbundenheit und des Lebenssinns auftauchen „schiebe" diese (wie kleine Münzen) zu den anderen Aspekten herüber, wir werden später auf sie zurückkommen.

K: (Nimmt drei tiefe Atemzüge, lässt jeweils mit dem Ausatmen alle störenden Körperempfindungen los.)

B: Spüre nun in deinen *emotionalen* Körper hinein und beschreibe deine Stör-Emotionen, die du hast, wenn du an die Situation denkst!

K: Da sind vor allem Hass, Verbitterung, Groll!

B: Nimm drei tiefe Atemzüge und lasse mit dem Ausatmen all diese Stör-Emotionen los. Sollten dabei Gedanken oder Themen der universellen Verbundenheit/Sinnthemen auftauchen „schiebe" diese wie kleine Münzen zu den anderen Aspekten herüber, wir werden später auf sie zurückkommen.

K: (Nimmt drei tiefe Atemzüge, lässt jeweils mit dem Ausatmen alle Stör-Emotionen los.)

B: Spüre nun in deinen *mentalen* Körper hinein und beschreibe deine *störenden automatischen Gedanken*[30], die in dir aufsteigen, wenn du an die Situation denkst!

K: Meine automatischen Störgedanken sind: Mein Partner blockiert und tyrannisiert mich durch sein Regelwerk! Mein Partner ist der falsche für ein erfülltes Leben! Ich hätte mich schon lange von meinem Partner trennen sollen!

B: Nimm drei tiefe Atemzüge und lasse mit dem Ausatmen diese automatischen Stör-Gedanken los. Sollten dabei Sinnthemen oder Themen der universellen Verbundenheit auftauchen „schiebe" diese zu den anderen Aspekten herüber, wir werden später auf sie zurückkommen.

K: (Nimmt drei tiefe Atemzüge, lässt jeweils mit dem Ausatmen alle automatischen Stör-Gedanken los.)

B: Spüre nun in deinen *spirituellen* Körper hinein und beschreibe Themen der universellen Verbundenheit/Sinnthemen, die in dir aufsteigen, wenn du an die Situation denkst!

K: Die Stör-Wahrnehmungen auf spiritueller Ebene sind: Ich fühle mich allein! ich fühle mich eng! Ich fühle mich abgeschnitten von Gott und meiner Beziehung!

B: Nimm drei tiefe Atemzüge und lasse mit dem Ausatmen diese Sinn- und Verbundenheitsthemen los.

K: (Nimmt drei tiefe Atemzüge, lässt jeweils mit dem Ausatmen alle Stör-Wahrnehmungen auf der spirituellen Ebene los.)

---

30 Der Begriff *automatische Gedanken* stammt aus der Kognitiven Verhaltenstherapie (KVT) und suggeriert, dass es sich hier um – meist blinde – mentale Reaktionen handelt, welche durch die betreffende Situation von dem Unbewussten ausgelöst wurden, nicht um eine objektive Evaluierung der Situation.

B: Wähle nun aus den hier liegenden Spielfiguren eine Figur für den Teil in dir, der für den reinen Beobachter steht, frei von allen Stör-Einflüssen durch Empfindungen, Emotionen, Gedanken oder Sinnzusammenhänge. Dies ist der Aspekt von dir, der reines Gewahrsein ist.

K: (Wählt als Signifikator eine weiße, runde Figur.)

B: Halte die Signifikator-Figur zwischen Daumen und Zeigefinger. Beobachte deinen Atem und nimm Kontakt auf mit deiner inneren Mitte. Alle Stör-Empfindungen, Stör-Emotionen, Stör-Gedanken, die noch auftauchen, „delegierst" bzw. schiebst du zu den vier Körpern. Beobachte weiterhin deinen Atem und lasse alle Einflüsse los, bis du dich mit dem reinen Beobachter identifizieren kannst, dem der all das beobachtet und von der Situation und den Ereignissen nicht betroffen ist. Gib mir ein Zeichen, wenn dies der Fall ist.

K: (Hält die Signifikator-Figur zwischen Daumen und Zeigefinger und beobachtet ihren Atem. Nach einiger Zeit gibt K ein Zeichen.)

B: Stelle dir vor, dass die Figur, die du jetzt zwischen Daumen und Zeigefinger hältst, genau diesem Zustand entspricht. So als wenn du diese Fähigkeit der reinen Wahrnehmung auf diese Figur überträgst bzw. sie mit dieser Qualität „imprägnierst". Wenn die Signifikator-Figur diese Fähigkeit hat, sage zu ihr laut: „Du bist meine erlöste Natur, meine reine Beobachtung ohne Wertung." Dann stelle diese Figur an einen Platz auf dem Systembrett.

K: (Imprägniert die Signifikator-Figur und stellt sie mitten auf das Systembrett mit Blickrichtung zu sich)

B: Wähle nun eine Figur für den *physischen* Körper.

K: (Wählt eine kleine Figur mit abgekantetem Kopf, hält sie zwischen Daumen und Zeigefinger.)

B: Schaue die Figur für den physischen Körper an und frage sie: „Wie geht es dir, wenn du die auslösende Situation wahrnimmst?" Nimm alle Empfindungen wahr, die der physische Körper angesichts der Situation hat. Dann imprägniere diese Figur, indem du zu ihr sagst: „Du bist mein physischer Körper und seine Empfindungen."

K: (Imprägniert die Figur für den physischen Körper.)

B: Finde nun einen Platz auf dem Systembrett für diese Figur. Wenn diese Figur dein physischer Körper ist, was wäre der Platz, der ausdrückt, wie es dem physischen Körper in der Situation geht?

K: (Stellt die kleine, runde Figur in die Ecke links hinten mit Blickrichtung in die Ecke.)

B: Wie geht es dem physischen Körper in der Situation?

K: Er fühlt sich blockiert und wendet sich ab!

B: Wähle nun eine Figur für den *emotionalen* Körper.

K: (Wählt eine etwas größere Figur mit rundem Kopf, hält sie zwischen Daumen und Zeigefinger.)

B: Schaue die Figur für den emotionalen Körper an und frage sie: „Wie geht es dir, wenn du die auslösende Situation wahrnimmst?" Nimm alle Emotionen wahr, die der emotionale Körper angesichts der Situation hat. Dann imprägniere diese Figur, indem du zu ihr sagst: „Du bist mein emotionaler Körper und seine Reaktionen."

K: An Emotionen nehme ich wahr: Hass, Zerstörungswut, Ablehnung!

K: (Imprägniert die Figur für den emotionalen Körper mit dem Satz: „Du bist mein emotionaler Körper und seine Emotionen." – Stellt die Figur für den emotionalen Körper auf das Systembrett in die Ecke links unten, links neben den physischen Körper.)

B: Wähle nun eine Figur für den *mentalen* Körper.

K: (Wählt eine große Figur mit abgeflachtem Kopf, hält sie zwischen Daumen und Zeigefinger.)

B: Schaue die Figur für den mentalen Körper an und frage sie: „Wie geht es dir, wenn du die auslösende Situation wahrnimmst?" Nimm alle automatischen Gedanken, Glaubenssätze und Urteile wahr, die der mentale Körper angesichts der Situation hat.

K: An automatischen Gedanken und Urteilen ist da: Er ist der falsche Partner für mich! Es war falsch, mich mit ihm zu verbinden! Die Beziehung wird nie etwas!

B: Kannst du erkennen, dass dies automatische Gedanken, sozusagen voreilige Schlussfolgerungen sind, die aus der Situation erwachsen und der Überprüfung bedürfen?

K: Ja!

B: Dann imprägniere auch diese Figur!

K: (Hält die Figur, schaut sie an, sagt zu ihr: „Du bist mein mentaler Körper und seine automatischen Gedanken." Dann stellt sie die Figur zwischen der Signifikator-Figur und den beiden anderen Körpern in Blickrichtung zu den beiden anderen Körpern.)

B: Wählen nun eine Figur für den *spirituellen* Körper.

K: (Wählt eine kleine Figur mit rundem Kopf, hält sie zwischen Daumen und Zeigefinger.)

B: Schaue die Figur für den spirituellen Körper an und frage sie: „Wie geht es dir, wenn du die auslösende Situation wahrnimmst?" Nimm alle Reaktionen wahr, die der spirituelle Körper angesichts der Situation hat.

K: Ich nehme Isolation wahr, Einsamkeit, Enttäuschung. Der spirituelle Körper wäre eigentlich gerne und gut mit meinem Partner zusammen.

B: Dann imprägniere die Figur für den spirituellen Körper!

K: (Sagt zu der Figur für den spirituellen Körper: „Du bist mein spiritueller Körper und seine Reaktionen." Stellt dann die Figur links hinten in die Ecke. Die Figur schaut aus dem Feld heraus, weg von dem restlichen Geschehen.)

B: Was glaubst du, an welcher Stelle wäre zuerst eine Intervention möglich?

K: Mir fällt die Einsamkeit des spirituellen Körpers auf. Mit der möchte ich anfangen.

B: Nimm die Signifikator-Figur und stelle diese vor die Figur für den spirituellen Körper, sodass diese ihn anschaut. Dann drehst du das Systembrett ein wenig, sodass du den Augenkontakt zwischen Signifikator und spirituellen Körper wahrnehmen kannst.

K: (Verändert die Signifikator-Figur und dreht das Brett entsprechend.)

B: Nimm an, der Blick der Signifikator-Figur ist voller Liebe, Mitgefühl, Herzöffnung. Wenn der Signifikator den spirituellen Körper fragt, wie es ihm geht, was würde dieser antworten?

SK: Ich bin einsam, enttäuscht und getrennt von mir selbst! Ich trage in mir Erinnerungen an meine Kindheit aus Zeiten, in denen ich sehr isoliert, abgekapselt war und nicht mit den anderen Mädchen spielen wollte, weil diese mir zu frech und zu vulgär waren.

B: Lege den Finger auf die Signifikator-Figur und sage stellvertretend für sie zur spirituellen Figur: „Bin gekommen, um dich mitzunehmen, ich brauche dich." Frage die spirituelle Figur voller Mitgefühl und Wärme, was sie braucht, um sich wieder mit den anderen Körpern zu verbinden.

K: (Legt den Finger auf die Signifikator-Figur und wiederholt die Worte entsprechend.)

B: Nun lege den Finger auf die spirituelle Figur, spüre in dich hinein, was diese braucht.

> Anmerkung: Die nachfolgenden Interventionen wurden jeweils vom Berater vorgeschlagen und vom Klienten vollzogen. Der besseren Lesbarkeit halber wurden diese beiden Interventionsschritte (Berater schlägt vor, Klient vollzieht) jeweils zusammengefasst und die Stimme jeweils der Figur verliehen, für die der Berater bzw. Klient in der Sitzung gesprochen hat.
>
> Wenn der jeweilige Körper etwas über Erfahrungen und Erinnerungen der Klientin berichtet, sind diese in der Ich-Form dargestellt, da sich dieser Körper als Aspekt der Klientin betrachtet.
>
> Wenn der Berater/Therapeut mit einem der Körper direkt spricht, verwendet er in der Regel das „therapeutische Du“, auch wenn er mit der Klientin per „Sie“ ist.

SK: Ich brauche deine Präsenz. Ich brauche, dass du mich nicht im Stich lässt, wenn es schwierig wird.

SI: Es tut mir leid, dass ich nicht so präsent war, als es schwierig war. An meiner Seite hast du einen besseren Platz.

SK: Ich wünsche mir, dass ich es als sinnvoll empfinde, wo wir sind und was wir tun. Ich brauche Schutz, wenn ich kritisiert werde und ich fühle mich von den anderen Körpern im Stich gelassen.

SI: Ich verspreche dir, dass ich dich an die Hand nehme und für dich da bin. Du bist wichtig, dich brauche ich, denn ohne dich fehlt uns allen der Sinn.

K: Der Signifikator nimmt nun den spirituellen Körper in die Hand und geht mit ihm zurück auf den ursprünglichen Platz. (Stellt Signifikator wieder auf den Platz, wo bisher der Platzhalter (Münze) war, und den spirituellen Körper rechts neben den Signifikator.)

B: Wie geht es dem spirituellen Körper jetzt?

K: Irgendwie scheint er ein wenig stolz darüber zu sein, dass er nun eine Aufgabe hat.

B: Welche Figur möchte als Nächste erlöst werden?

K: Der mentale Körper! (Nimmt Signifikator-Figur und stellt ihn vor die mentale Figur, sodass sich die beiden anschauen können, dreht wieder das Systembrett so, dass sie den Augenkontakt wahrnehmen kann.)

B: Wie geht es dem mentalen Körper?

K: Ich habe den Eindruck: Der schaut aber böse!

B: Was würde der mentale Körper sagen, wenn er sprechen kann?

MK: Mein Partner hat mir mein Leben versaut!

B: Mentaler Körper, ich frage dich: Kannst du *wirklich* wissen, dass das wahr ist, dass dein Partner dein Leben versaut hat.

MK: Ich verliere Kraft, wenn ich glaube, dass dies unwahr sei.

B: Was ist da noch?

MK: Ich fühle mich schwach, unterlegen. Es matcht sich nicht mit diesem Partner. Ich bin verzweifelt. Ich habe schon so viel versucht und gedacht, aber der Knoten löst sich nicht.

SI (zur mentalen Figur): Ich brauche dich. Ich brauche dein kreatives Denken. Was braucht es, damit du wieder im Team bist?

MK: Schwierigkeiten gehören zum Leben. Es ist wichtig, dass ich meine Position und meine Standpunkte und Meinungen haben darf, selbst wenn sie objektiv gesehen falsch sein sollten. Es ist nicht richtig, dass meine Art zu denken mich in meiner Beziehung zu Andreas dauernd in Konfrontationen bringt, die mich schwächen.

B: Du darfst sein, wer du bist, und deinen Standpunkt haben. Du brauchst kein Schmeichler zu sein. Mir sind deine Gedanken und Standpunkte wichtig. Manchmal bist du allerdings ein wenig stur, kann das sein?

MK: Ja das stimmt! Nur so kann ich sicherstellen, dass ich nicht untergehe.

B: Kennst du diese Sturheit von früher aus deinem Leben?

MK: Ja, damals auf der Klassenfahrt auf Mallorca, als ich mich gegen die Theorien und Lehrmeinungen meines Klassenlehrers gewendet habe. Da hat der Klassenlehrer meine Meinung abgelehnt und ich war stur und trotzig. Es fühlte sich für mich an, als hätte ich „einen Stock verschluckt".

B: Dieses Gefühl von „einen Stock verschluckt zu haben" kennst du?

MK: Ich kenne das vom physischen Körper, der verhält sich oft so.

B: Was würde dir für eine Einstellung helfen?

MK: Ich brauche eine Haltung gegenüber Kritik, die stark und beweglich ist, so wie ein Baum, der sich im Wind wiegt oder wie eine stark gespannte Feder, die trotzdem elastisch ist.

SI: Dafür brauche ich dich. Wenn du das lernst, hilfst du uns allen im gesamten Team – und auch deinem Partner. Was brauchst du von mir?

MK: Dass du für mich da bist und Verständnis für mich hast, auch, wenn meine Gedanken und Standpunkte anecken.

SI: Ich spüre deine Hilflosigkeit. Kennst du das Gefühl von Hilflosigkeit von früher?

MK: Als Kind war ich sehr ungeschickt, dachte, ich bin ein Trottel, mache alles falsch. Meine Mutter korrigierte mich oft beim Haushalt, wenn ich mithalf, tatsächlich machte ich vieles falsch.

B: Also auch eine gelernte Erfahrung. Ich verstehe, dass sie schmerzt. Was brauchst du, damit du dich dieser Erfahrung stellen kannst?

MK: Die Erkenntnis, dass es nicht darum geht, es Andreas in allem recht zu machen, sondern dass der Frieden, den ich suche, eher in einer *inneren* Freiheit zu finden ist.

B: Möchtest du diese Freiheit kennenlernen?

MK: Dafür brauche ich Hilfe und Inspiration.

SI: Die gebe ich dir gerne.

B: Verändert sich durch diese Intervention etwas für die mentale Figur?

K: Ja, mir ist, als würde der Signifikator die mentale Figur bei der Hand nehmen, mit ihr zurück auf seinen Platz gehen und die mentale Figur jetzt rechts vom Signifikator stehen. Die vielfache Spaltung und das vielfache Getrenntsein der verschiedenen Körper hat sich in eine „einfache Spaltung" verändert.

B: Dann vollziehe diese Veränderung auf dem Systembrett und spüre, ob es so für dich stimmt.

K: (Verändert entsprechend.) – Ja, stimmt so!

B: Öffne dich nun für die Wahrnehmung, welche Figur als Nächstes erlöst werden möchte!

K: Ich habe das Empfinden, dass es mich zum emotionalen Körper hinzieht. (Nimmt die Signifikator-Figur und stellt sie vor die emotionale Figur, sodass die beiden sich anschauen können, dreht das Systembrett so, dass K den Augenkontakt zwischen den beiden wahrnehmen kann.)

B: Emotionaler Körper, wie geht es dir und was brauchst du?

EK: Ich bin sauer. Ich hasse. Ich will nicht. Ich bin verstockt. Irgendwie erinnert mich die Reaktion an meinen Vater, wie dieser in meiner Kindheit sich meiner Mutter gegenüber verhielt. Ich mache Andreas fertig!

SI: Emotionaler Körper, ich spüre deinen Schmerz und dein Leid. Wem gilt dein Hass eigentlich wirklich?

EK (schaut in die Augen des Signifikators): Mir selbst.

B: Emotionaler Körper, kennst du das Gefühl von früher?

EK: Ja, von damals bei der Kirmes, auf der ich mit meinen Freunden war, die mich geschubst haben mit der Bemerkung, ich solle mal freundlich lächeln. Da wäre ich am liebsten ausgetickt, so stark war meine Wut.

SI: Ich hätte dich gerne wieder bei mir. Was brauchst du, um mitzukommen?

EK: Ich brauche einen Raum, in dem ich auch meine aggressiven Seiten spüren darf.

B: Was wäre früher passiert, wenn du aggressiv geworden wärst?

EK: Ich wäre totgeschlagen worden.

B: Deshalb hast du dir eine Idee von heiler Welt und Gewaltlosigkeit angeeignet und jedes Mal, wenn diese Welt angekratzt wird, rastest du aus?

EK: Ja, dann steigt all mein Hass in mir auf.

B: Konflikte gehören im Leben dazu, Auseinandersetzungen, alle Gefühle. Sie dürfen sein. Nur in der Auseinandersetzung lernst du, deine Aggressionen zu managen, ohne sie zu unterdrücken und ohne damit über die Grenzen anderer Personen zu gehen.

SI: Du darfst deine Aggressionen behalten. Ich brauche dich mit deinem ganzen Feuer, deiner Hingabe, deiner Leidenschaft, deinem Ja zu dir selbst. Bist du bereit dazu?

K: (Schaut in den Augenkontakt zwischen emotionaler Figur und Signifikator-Figur hinein, s. Bild).

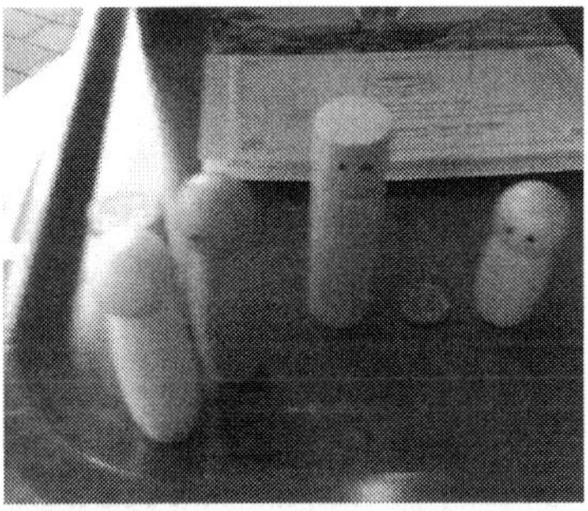

EK: Ich tue mich schwer damit, aber ich fühle mich wohler mit euch.

K: (Stellt Signifikator-Figur an ihren alten Platz und die emotionale Figur direkt davor.)

B: Stimmt das so?

K: Ja, das Bild stimmt so.

B: Gut, dann stelle die Signifikator-Figur vor die physische Figur, sodass die beiden Augenkontakt haben.

K: (Stelle die Signifikator-Figur vor die physische Figur, s. Bild)

SI: Was brauchst du, damit du zurückkommst und wir ein ganzes Gefährt bilden können?

PK: Ich suche meine Kraft und mit diesem kraftlosen Andreas geht mir die ganze Energie flöten.

B: Du suchst etwas/jemanden, der dich energetisiert?

PK: Ja.

SI: Du fühlst dich energielos und matt?

PK: Ja, ich bin auch im Konflikt zwischen „stark sein wollen" und „ungenügend sein".

SI: Ich verstehe diesen Konflikt. Ich versteh auch, dass du dich von Andreas blockiert fühlst. Magst du lernen hinzuschauen im Konflikt?

PK: Ja!

SI: Wir haben ein gut funktionierendes Team da vorne (Berater zeigt zu den anderen drei Körpern). Du wirst da gebraucht. Mach mit!

PK: Ich möchte nicht allein gelassen werden in meinem Bedürfnis nach Kraft und Excitement.

SI: Wir finden einen guten Platz dafür. Bist du dann bereit, mit mir zu kommen?

PK: Ja!

K: (Stellt Signifikator-Figur wieder an ihren alten Platz, die physische Figur direkt dahinter.)

B: Wie fühlt sich das jetzt an? Was ist anders?

K: Ich habe „alle beieinander". Mir geht es jetzt gut. Ich fühle mich rund.

B: Und wie ist es jetzt, wenn du an die Kritik von Andreas denkst?

K: Damit habe ich kein Problem mehr. Ich bin jetzt in meiner Kraft.

Der Einsatz von Platzhaltern für Störpotenziale und Ressourcen

Variante mit Figuren für Störpotenziale und Ressourcen:

- Immer wieder kommt es vor, dass sich vor oder während einer Vier-Körper-Aufstellung Störpotenziale (Blockaden, Ängste, traumatische Erinnerungen etc.) melden. In dem Fall wird eine Figur für das Störpotenzial gewählt und separat aufgestellt. Indem das Störpotenzial externalisiert (ausgelagert) wird, werden die anderen Figuren von der Last der Blockade befreit und können im Rahmen der Aufstellung frei agieren.
- Zur Bewältigung der Störpotenziale werden dann oftmals Ressourcen benötigt. Auch für diese werden eine oder mehrere Figuren gewählt.

Störpotenziale erkennen - Ressourcen aufstellen

Das nachfolgende Aufstellungs-Protokoll (Fallbeispiel) zeigt, wie Figuren für Störpotenziale und Figuren für Ressourcen sinnvoll in eine Vier-Körper-Aufstellung eingebettet werden können.

Bernd kommt zu mir zur Systembrett-Aufstellung. Aufgrund von Sauerstoffmangel bei der Geburt, hat er kein Empfinden in den Beinen. Er kann seinen Körper nur auf Krücken bewegen. Bernd hadert sehr mit seinem Schicksal.

> Anmerkung:
>
> Viele Menschen neigen dazu, den physischen Körper abzulehnen, wenn dieser chronische Symptome zeigt oder es ihm an Jugend oder Schönheit mangelt. Dies führt jedoch zu einer inneren Spaltung des betreffenden Menschen. Damit das Vier-Körper-System eines solchen Menschen (wieder) als eine Einheit funktionieren kann, ist es dringend notwendig, dass von ihm *alle* Körper geehrt werden, auch wenn ein Körper gerade oder dauerhaft nicht in der Lage ist, seine Funktion optimal zu erfüllen. Akzeptanz ist immer der erste Schritt zur Heilung und Ganzwerdung.

Nachfolgend die Klienten-Sitzung in verkürzter Form.

Die Abkürzungen bedeuten:

- T: Berater/Therapeut
- K: Klient Bernd
- SI: Signifikator
- PK: Physischer Körper des Klienten
- EK: Emotionaler Körper des Klienten
- MK: Mentaler Körper des Klienten
- SK: Spiritueller Körper des Klienten

T: Bei dieser Form der Aufstellung auf dem Systembrett stellen wir nur deine Einstellung auf, nicht das Thema selbst. Wenn die Einstellung stimmt, richtet sich alles andere auch aus. Und für das Aufstellen der Einstellung nehmen wir verschiedene Teile/Aspekte von dir und prüfen, wie diese zueinander stehen und mit welcher Einstellung diese unterwegs sind. Diese Teile werden wir u. a. „Körper“ nennen und für diese einzelnen Körper jeweils eine Figur wählen.

Und dann gibt es eine Signifikator-Figur, die hat einen Sonderstatus. Die steht für dein „essenzielles Selbst“. Bitte wähle eine Figur für dein essenzielles Selbst.

K: (Wählt eine *rote* Figur, stellt sie vorne in die Mitte auf das Systembrett mit dem Gesicht zu sich.)

T: Wähle eine Figur für deinen physischen Körper.

K: (Wählt eine *blaue* Figur, stellt sie rechts hinten in die Ecke vom Systembrett, mit dem Gesicht in die Ecke schauend.)

T: Wähle eine Figur für deinen Emotionalkörper.

K: (Wählt eine *holzfarbene* Figur mit grünem Rand und stellt sie rechts neben die rote Figur (Signifikator-Figur), ebenfalls nach vorne schauend.)

T: Wähle eine Figur für den Mentalkörper.

K: (Wählt eine *holzfarbene* Figur mit orangem Rand und stellt sie links neben die rote Signifikator-Figur, ebenfalls nach vorne schauend.)

T: Wähle eine Figur für den spirituellen Körper.

K: (Wählt eine *orangefarbene* Figur und stellt sie hinter die rote Signifikator-Figur, ebenfalls nach vorne schauend.)

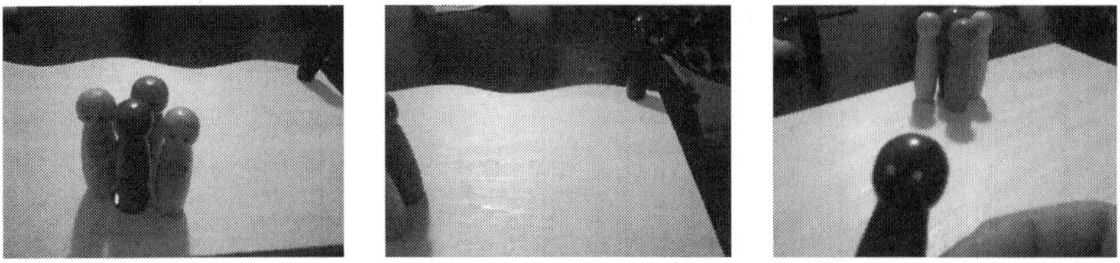

s. Bilder 01–03: Der physische Körper schaut zum Brett heraus, Signifikator-Figur und die drei anderen Körper wenden sich vom physischen Körper ab und schauen in die entgegengesetzte Richtung

T: (Legt eine Münze als Platzhalter auf den Platz für die Signifikator-Figur, platziert die rote Figur vor den rechten hinteren Rand vor den physischen Körper, sodass sie den physischen Körper anschaut.) Fragt (für die Signifikator-Figur): Physischer Körper, wie geht es dir?

PK (der Klient antwortet für den physischen Körper): Mir geht es schlecht, ich habe Schmerzen.

SI (Therapeut/Berater spricht für die Signifikator-Figur): Du bist getrennt von den anderen Körpern!

PK: Ich will das so.

SI: Willst du von den anderen Körpern so getrennt sein?

PK: Die wollen mich sowieso nicht und ich will die nicht – das ist gut so!

SI: Danke, physischer Körper, dass du dies so ehrlich gesagt hast.

B: Welcher Körper ist nun dran?

K: Das ist egal, wir können mit dem SK weiter machen.

T: (Platziert die Signifikator-Figur so, dass sie dem spirituellen Körper in die Augen schaut.)

SI: Wie geht es dir?

SK: So weit sehr gut.

T: Da hinten steht der physische Körper, magst du dich umdrehen und mal hinschauen?

SK: Das geht gar nicht!

T: Meinst du ohne den PK wäre es besser?

SK: Ja, den brauchen wir nicht!

T: Hast du dich, während du mit dem physischen Körper inkarniert bist, weiterentwickelt?

SK: Ja, ich bin gütiger geworden, demütiger und habe einen spirituellen Weg gefunden.

T: Kannst du erkennen, dass es manchmal genau die Handicaps waren, die der physische Körper hatte, die dich auf die Suche geführt haben?

SK: Ja

T: Dann hast du dem physischen Körper also viel zu verdanken?

SK: Ja, das stimmt auch, aber hinschauen will ich trotzdem nicht.

T: Spiritueller Körper, danke für deine Ehrlichkeit! – Welcher Körper ist als Nächstes dran?

K: Das ist egal, wir können mit dem emotionalen Körper weiter machen.

T: (Stellt die Signifikator-Figur vor den emotionalen Körper, sodass sie dem emotionalen Körper in die Augen sehen kann.)

SI: Wie geht es dir?

EK: Mal gut und mal schlecht. Wenn ich für meine spirituelle Berufung tätig bin, geht es mir gut. Wenn ich mit anderen, insbesondere mit physischen Situationen konfrontiert werde, geht es mir schlecht.

SI: Aber es ging dir schon mal schlechter?

EK: Ja, als ich noch nicht beim SK war. Ich war mal genau so weit weg wie der PK von den anderen.

SI: Du hast also von der Verbindung mit dem SK profitiert.

EK: Ja.

SI: Wie geht es dir mit dem physischen Körper?

EK: Da kann ich gar nicht hinschauen, das löst ganz schlimme Gefühle in mir aus.

T: Danke. – Wollen wir uns nun dem MK zuwenden? (T stellt die Signifikator-Figur vor den mentalen Körper, sodass sie den mentalen Körper anschauen kann.)

SI: Mentaler Körper, wie geht es dir?

MK: Kommt drauf an, woran ich gerade denke.

SI: Wie geht es dir mit dem physischen Körper?

MK: Ganz schlecht, da habe ich keine guten Gedanken darüber.

SI: Danke.

T: Bernd, was hat dir in schweren Stunden geholfen?

K: Das waren immer wieder andere Menschen, Freunde.

T: Könnte man sagen, dass du die Erfahrung gemacht hast, dass unerwartete Hilfe da war?

K: Ja, das stimmt. Das ist schon wie ein Wunder.

T (nimmt einen SV für die unerwarteten Hilfen in Form eines kleinen Symbols und gibt sie K): Wo würdest du die unerwarteten Hilfen platzieren?

K: Hier vor das essenzielle Selbst! (Stellt unerwartete Hilfen direkt vor die rote Signifikator-Figur)

T: Du siehst also, dass der emotionale Körper von der Verbindung mit dem spirituellen Körper profitiert hat. Genauso wie der physische Körper von den anderen Körpern getrennt ist, genauso erlebst du immer wieder Trennung in deinem äußeren Leben. Kannst du sehen, dass der physische Körper von einer Verbindung profitieren würde?

K: Das geht gar nicht!

T: Warum?

K: Da ist das Abspaltungsprogramm, das dieses verhindert.

T (wählt als Repräsentant für das Abspaltungsprogramm AP eine große schwarze Figur): Wo würde diese hingehören?

K: Ganz klar. (Stellt die schwarze Figur direkt vor den physischen Körper mit Blick zum physischen Körper.)

T: (Stellt die rote Signifikator-Figur in die Ecke mit Blick zum physischen Körper.)

SI: Da vorne ist das Abspaltungsprogramm, kannst du es anschauen?

PK: Ja. (Klient dreht Figur um, sodass der physische Körper direkt dem Abspaltungsprogramm in die Augen schaut)

s. Bild 04 (blaue physische Figur schaut schwarzer Abspaltungsfigur in die Augen).

PK (zu AP): Du warst mal ganz wichtig für mich. Ohne dich wäre es ganz schwer gewesen.

T (zu K): Stimmt das so?

K (ergänzt): Ja! Ohne dich wäre ich gestorben.

PK (zu AP): Ich ehre dich dafür, dass du da warst. Damals war die Abspaltung tatsächlich die Lösung. Kannst du dir vorstellen, dass es nun andere Lösungen gibt?

AP: Eher nein, ich will ..., meine, ich muss dableiben.

T (holt weitere Figuren aus dem Figurenbeutel) (zu K): Da habe ich Ressourcen für dich, was könnten das sein?

K: Das sind einmal die neuen (Körper)Programme.

T: Wo gehören die hin?

K: Hinter den physischen Körper. (Stellt mehrere kleine holzfarbene Figuren als Stellvertreter für die neuen Programme in die Ecke hinter den physischen Körper)

T (zu K): Ich habe neue Programme im Rucksack – stimmt das so?

K: Ja!

T: Was wären weitere Ressourcen?

K: Meine neuen Perspektiven (nimmt die anderen Figuren aus dem Beutel und stellt sie rund um den physischen Körper)

T (zu PK): Kannst du den abgespaltenen Programmen (der schwarzen Figur) sagen „ich habe jetzt neue Perspektiven?“

K: Ja!

T: Was macht das mit den abgespaltenen Programmen? Können die ein wenig zur Seite treten?

K: Ja

T: Was meinst du: Kann der physische Körper noch ein wenig in die Mitte seiner Perspektiven rücken und die Neuen Programme (NP) nachrücken, sodass sie im Kreis um ihn stehen?

K: Ja, das geht. (Verändert die Figuren wie folgt: Die kleinen Figuren stehen um den physischen Körper und schauen ihn an. Der physische Körper schaut zu den drei anderen Körpern und der roten Signifikator-Figur.)

s. Foto 05

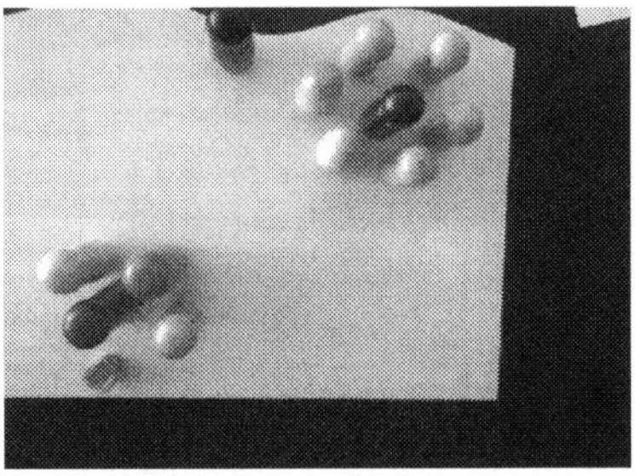

T (zu PK): Kannst du zu den anderen Körpern sagen: Ich bin jetzt nicht mehr allein, ich bin auch mit mehreren verbunden?

PK: Ja, das geht.

T: Kannst du zu den anderen Körpern auch sagen: Ich habe neue Programme an Bord, neue Perspektiven und ich schaue hin zu euch!?

PK: Ja, das geht auch

T (zu K): Können die drei anderen Körper und die Signifikator-Figur sich jetzt auch umdrehen und zum physischen Körper schauen.

K: Ja, das geht auch!

T: Gut, spürst du die Verbindung. Ich lasse es so, so kann die Aufstellung im Unbewussten weiterarbeiten. Ich glaube, das ist es, was heute geht.

K: Ja, so weit geht es.

T: Gut, da lassen wir es. Das kann so gut in der Tiefe wirken. Nimm jetzt dieses gute Bild in dich auf. Gehen wir jetzt auf die Makro-Ebene: Stelle dir vor, dass physischer Körper – mit allen Ressourcen drum herum – und die drei anderen Körper sich nun im Blick haben, sodass du nicht mehr in dir gespalten bist.

K: Ja, das fühlt sich gut an.

s. Fotos 06 und 07

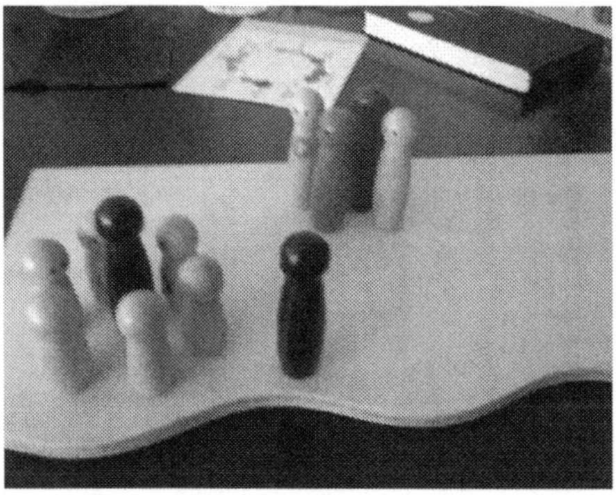

Zwischenergebnisse würdigen und stehen lassen

Bei der obigen Aufstellung wurde gezielt die Sitzung beendet, nachdem ein gutes Zwischenergebnis erzielt werden konnte. Ein gutes Zwischenergebnis kann ein optimaler Abschluss einer Sitzung sein, da das Unbewusste des Klienten nach der Sitzung (insbesondere nachts) an der Lösung weiterarbeitet.

Im Rahmen einer Sitzung bucht ein Klient eine feste Zeit, z. B. eine Stunde. Wenn die Zeitdauer für die Aufstellung begrenzt ist, ist es sinnvoll, von vornherein klarzustellen, dass ein im natürlichen Prozessverlauf stressfrei erzieltes Zwischenergebnis einen höheren Wert besitzt als ein unter Stress erzwungenes Finalbild.

Bereits Rudolf Steiner betonte in seinen Ausführungen zur Pädagogik, wie wichtig es ist, die Tage (und insbesondere die Nächte) nach einer Lehrstunde zugunsten der Schüler arbeiten zu lassen.

Auch der Erfolg zahlreicher Fernsehserien macht sich zunutze, dass das Unbewusste der Fernsehzuschauer in den Nächten nach den Weiterführungen und Lösungen der gezeigten Themen weiterarbeitet und deshalb der nächsten Folge gespannt entgegensieht. Aus dem Grund werden in Fernsehserien gezielt Cliffhanger[31] als Stilmittel eingesetzt.

Cliffhanger in therapeutischen Sitzungen gezielt einzusetzen sind jedoch ein Unterfangen, das psychologische Erfahrung und starkes Einfühlungsvermögen verlangt. Als Berater/Therapeut brauchst du ein sehr gutes Gespür dafür, ob Cliffhanger dem Klienten zugutekommen oder eher zu Schwierigkeiten führen können.

Wenn sich abzeichnet, dass sich nicht in einer einzigen Sitzung das ideale Finalbbild (alle vier Körper stehen um den Signifikator herum oder in einer Linie hinter oder vor ihm) verwirklichen lässt, ist es wichtig, den Aufstellungsprozess nicht voranzutreiben, sondern ehrlich die Ist-Situation zu bekunden und sich von der Aufstellung den jeweils nächsten Schritt zeigen zu lassen und einen guten (Zwischen-)Abschluss zu finden.

Auf der sicheren Seite bist du, wenn du den vorhandenen Spannungsbogen abschließen, das Zwischenergebnis würdigen und deinem Klienten eine zum Zwischenergebnis passende Hausaufgabe mit auf den Weg gibst.

Unter den Aufstellungs-Profis wird das Anstreben von Finalbildern unterschiedlich gehandhabt. Der Münchener Systemaufsteller *Prof. Dr. Franz Ruppert*[32] ist bekannt dafür, dass er keine vorgefertigten Finalbilder anstrebt, sondern eine Aufstellung so stehen lässt, dass aus ihr ein guter therapeutischer Impuls erwächst, was manchmal ein (durchaus heilsames) Cliffhanger-Gefühl bei den Teilnehmenden hinterlässt. Der Berliner Systemaufsteller *Andreas Krüger* dahingegen strebt regelmäßig in seinen Aufstellungsformaten Finalbilder an, die in sich abgeschlossen sind. Beides ist also möglich.

---

31 *Cliffhanger*, engl. „Klippenhänger" bedeutet, gegen Ende eines Fortsetzungsromans oder einer Fernsehserie einen hängenden, emotionalen Spannungsbogen (engl. *suspense*) zu kreieren, der erst in der nächsten Folge gelöst wird; Beispiel für eine Fernsehserie, die durch besonders gekonnt inszenierte Cliffhanger hervorsticht ist *Game of Thrones*

32 Weiter Informationen über Franz Rupert: https://de.wikipedia.org/wiki/Mehrgenerationale_Psychotraumatologie_nach_Franz_Ruppert

Mit fortwährender Übung wirst du als Berater immer besser herausfinden, wann der ideale Zeitpunkt ist, eine Sitzung abzuschließen, das Erreichte zu würdigen, das (Zwischen-)Ergebnis arbeiten zu lassen und weitere Arbeiten einem späteren Termin anzuvertrauen.

Der Einsatz einer „systemischen Grenze" (Schal, Paravent)

Manchmal ist es im Rahmen einer Aufstellung angezeigt, bewusst eine Grenze zwischen den vier Körpern und belastenden Faktoren einzubauen. Bei der Bodenaufstellung wird dies klassischerweise durch den Einsatz eines Paravents oder auch eines als Grenze ausgelegten Schals bewerkstelligt. Bei einer Systembrett-Aufstellung kann hierfür jeder schmale, hohe Gegenstand (z. B. ein Legobaustein oder eine Aufbewahrungsbox für Speicherkarten) eingesetzt werden.

Anmerkung – stimmt das so?

Wenn der Klient auf die Frage „Stimmt das so?" die Position oder Blickrichtung einer Figur nachkorrigiert, hat das folgende Bedeutung: Die ursprünglich aufgestellte Blickrichtung und Position entspricht dem inneren Bild, welches das Unbewusste hat. Die nachkorrigierte Version zeigt, wie das bewusste Ich darüber denkt. Die Konsequenz daraus wird in der nachfolgenden Aufstellung deutlich.

Mein Erbe trennt mich von Gott

In meine Praxis kam eine Klientin, die seit dem Tod ihrer Mutter in Erbstreitigkeiten mit ihren Geschwistern verwickelt ist. Sie möchte erfahren, warum die Erbauseinandersetzungen seit Jahren stagnieren, ohne dass das Erbe freigegeben wird.

T (Therapeut/Berater): Bitte stelle eine Figur für dein *Erbe* auf.

K (Klientin): (Stellt einen kleinen Platzhalter mit blauer Binde und Einkerbung in die Ecke rechts hinten auf das Systembrett mit Blick in die Mitte.)

T: Bitte stelle eine Signifikator-Figur für dein essenzielles Selbst auf.

K: (Stellt eine kleine Figur mit blauer Binde in die diagonal entgegengesetzte Ecke, mit Blickrichtung zum Erbe auf). **s. Foto 01**

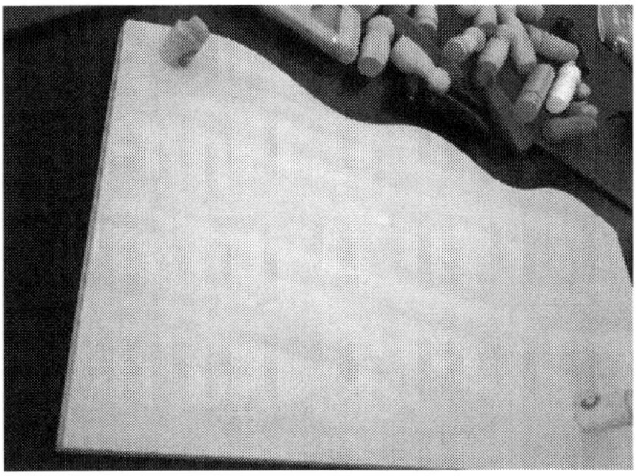

T: Stimmt das so?

K: Nein. (Dreht die Signifikator-Figur so um, dass das essenzielle Selbst aus dem Feld herausschaut, also vom Erbe abgewandt ist.) **s. Foto 02**

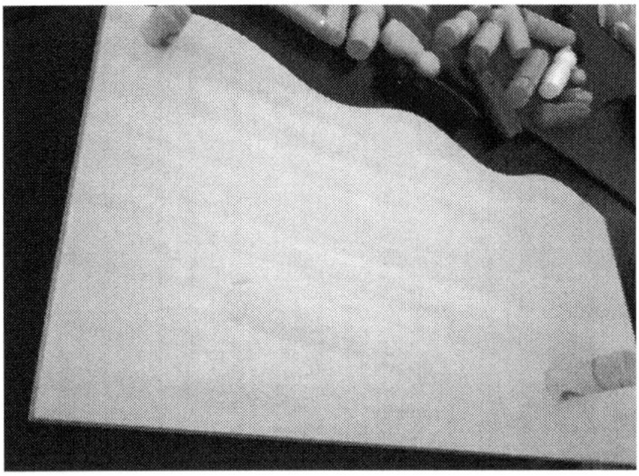

T: Aha, dein Unbewusstes ist bereit, zum Erbe hinzuschauen, dein Bewusstes, das nachkorrigiert hat, aber nicht. Stelle nun eine Figur für deinen Emotionalkörper auf.

K: (Stellt große schwarze Figur in die Ecke, noch weiter zur Ecke hin als das essenzielle Selbst, mit Blick ebenfalls vom Brett weg.)

T: Stelle eine Figur für deinen Mentalkörper auf.

K: (Stellt eine große, weiße Figur an den äußeren Rand des Systembrettes auf, welche ebenfalls aus dem Brett herausschaut.) Dafür müsste ich eigentlich noch eine weitere schwarze Figur wählen, aber ich nehme die weiße Figur, weil du nicht mehr schwarze Figuren hast.

T: Stelle eine Figur für deinen physischen Körper auf.

K: (Stellt eine große Figur mit grünem Kopfrand auf, welche neben der mentalen Figur steht und ebenfalls aus dem Systembrett herausschaut.)

T: Stelle eine Figur für deinen spirituellen Körper auf.

K: (Stellt eine orangefarbene Figur auf, ebenfalls in die Ecke, aber deutlich weiter zur Mitte hin, ebenfalls aus dem Systembrett herausschauend.)

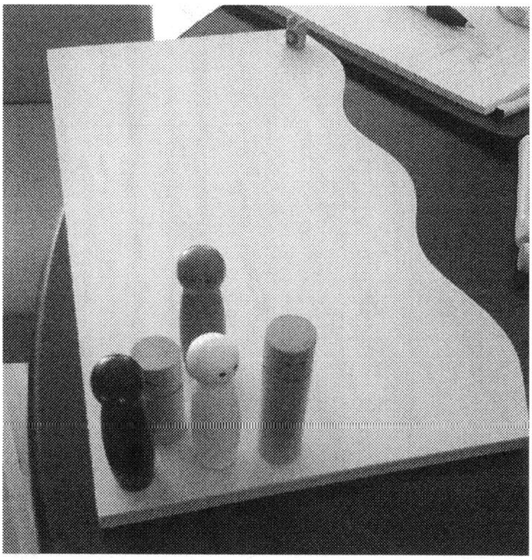

T: Das sieht aus wie Scham oder wegschauen wollen – wo schauen die Körper denn alle hin?

K: Die schauen nicht hin, die schauen weg!

T: Aber wenn sie wegschauen, müssten sie irgendwo hinschauen? (Holt ein weiteres Systembrett und legt es an das vorhandene Brett in Blickrichtung der Körper an.) Wähle eine Figur für das, wo sie hinschauen.

K: (Wählt eine große blaue Figur, welche abgewandt von den anderen Figuren am Ende des zweiten Brettes steht und wegschaut.)

T: Weißt du, wer das ist?

K: Ich will es gar nicht wissen!

T: Das ist das Jenseits und alles, was damit zu tun hat, deine verstorbene Mutter, die Ahnen, die vor dir gegangen sind, die jenseitige Welt usw.

K: Ja, das ist mir schon klar.

T: Die Brettgrenze ist die Grenze zum Jenseits, die Körper schauen ins Jenseits, ihre Aufgaben liegen aber im Diesseits – wie kriegen wir die ins Diesseits?

K: Das weiß nur der liebe Gott.

T: Wähle eine Figur für Gott!

K: (Wählt eine leuchtend rote Figur, stellt diese ebenfalls in die Ecke zu den anderen Körpern mit Blick ins Jenseits – *siehe Foto 4)*

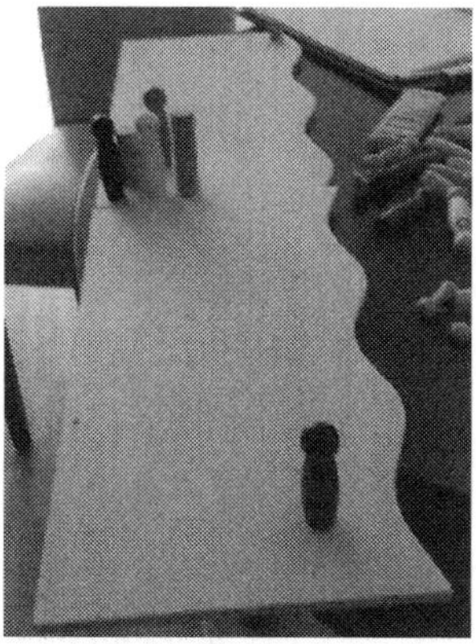

T: Gott schaut also ins Jenseits, wie soll er dir im Diesseits helfen?

K: Das weiß ich auch nicht.

T: Es handelt sich nicht um *den* Gott, sondern um deinen Gott, warum schaut der ins Jenseits?

K: Das Erbe ist so mächtig, da kann Gott nicht sein. Kann man das nicht irgendwie blocken? Ich will nichts damit zu tun haben, damit geht es mir so schlecht.

T: Es lässt ja sogar Gott ins Jenseits schauen – und du bist mehr mit dem Jenseits verbunden denn je. Wie wäre es, wenn wir einen Paravent davor machen, sodass eine Grenze zwischen dir und dem Erbe ist?

K: Das wäre super.

T: Diesen Job üben übrigens die gegnerischen Rechtsanwälte in aus, die dein Erbe anfechten und dies schon seit Jahren.

K: (lacht)

T: (Nimmt eine Speicherkartenbox als Platzhalter für eine Trennwand/einen Paravent und stellt ihn vor das Erbe.) Was ist jetzt anders?

K: Jetzt kann Gott ins Diesseits. (stellt die Figur für Gott mitten ins Diesseits-Feld mit Blickrichtung zum essenziellen Ich.)

T: Wie geht es deinen vier Körpern? Tut sich da etwas?

K: Ja, mein spiritueller Körper, der ist sowieso nahe bei Gott! (Nimmt die orangefarbene Signifikator-Figur und stellt sie nahe zu der roten Gottes-Figur.)

T: (Dreht die rote und die orangene Figur so, dass die beiden sich in die Augen schauen.) Geht das?

K: Ja.

T: Wenn der spirituelle Körper etwas zu sagen hätte, was würde er Gott sagen?

K: Nimm mir all die schweren Lasten ab!

T: Danke!

T (stellvertretend für die Gottes-Figur): „Das war alles sauschwer für dich!" – stimmt das so?

K: Ja!

T: Wie geht es deinem essenziellen Selbst, kann der auch zu Gott?

K: Ja! (Stellt kleine Figur für das essenzielle Selbst auch zu der roten Gottes-Figur.)

T: Wo tut sich noch etwas?

K: Der Emotionale Körper verändert sich. Er ist jetzt nicht mehr schwarz. (Tauscht die schwarze Figur gegen eine grüne Figur aus und stellt die grüne emotionale Figur rechts von der Gottes-Figur hin.)

T: Wie geht es dem Mentalkörper?

K: Der kann auch zu Gott (Stellt die weiße mentale Figur ebenfalls mit Blickrichtung zur Gottes-Figur.)

T: Und wie geht es deinem physischen Körper?

K: Schlecht, der ist extrem belastet! (Lässt die physische Figur in der Ecke.)

T: Wählen sie ein Symbol für die ganzen Belastungen.

K: (Wählt einen kleinen beigefarbenen Stein.)

T: Kannst du die Belastungen anschauen?

K: Nein, das geht gar nicht!

T: Kannst du sie einfach da sein lassen?

K: Nein das geht auch nicht!

T: Das sind die drei Möglichkeiten, anschauen, da sein lassen oder weiter behalten – wofür entscheidest du dich?

K: Dann bin ich lieber bereit sie anzuschauen, aber nur einmal. Genügt es auch, wenn ich nur mit einem Auge hinschaue? (Dreht die physische Figur so, dass sie etwas zum Belastungs-Stein hinschaut.)

T: Wie geht es dir dabei?

K: Ganz grauslich!

T: Hinschauen reicht!

T: Nun schaue mal zu den anderen Körpern, die stehen da rund um Gott. Möchte die physische Figur auch dorthin gehen?

K: Das kann ich nicht, mir geht es da nicht gut!

T: Ist es möglich, dass die physische Figur zu den anderen Körpern hin schaut?

K: Dafür brauche ich zwei Ressourcen, Liebe und Wahrheit.

T: Wähle zwei Figuren für Liebe und Wahrheit.

K: (Wählt zwei kleine Playmobil-Figuren und stellt sie vor den physischen Körper.)

T: Geht es nun, dass der physische Körper zu den anderen Körpern hinschaut.

K: Ja, das geht jetzt.

T: Ich glaube, das ist es, was heute geht – kannst du den Unterschied zwischen der Ausgangssituation und dem heutigen Ergebnis sehen?

K: Am Anfang wollte alles ins Jenseits schauen, nun ist alles im Diesseits und schaut hin. Die Lösung liegt darin, Gott in den Mittelpunkt zu stellen.

T: Frage dich einmal: Wenn es Gottes Wille ist, dass du das Erbe bekommst, würdest du es dann annehmen?

K: Ja – das fühlt sich auch ganz anders an!

T: Kann ich den Paravent vor dem Erbe jetzt wegnehmen?

K: Ja, das geht.

T: Was ist nun anders?

K: Ich kann mich entspannen. Indem ich Gottes Willen in den Mittelpunkt stelle, kann ich mich dem Erbe öffnen.

T: Gut, dabei möchte ich es für heute belassen!

Aufstellungs-Snippets – die Zehn-Minuten-Aufstellung

Manchmal wünscht ein Klient keine ausführliche Intervention bzw. Optimierung seiner vier Körper, sondern lediglich einen kleinen Impuls, z. B. für eine stimmige Entscheidung oder für einen neuen Blickwinkel.

Für dieses Anliegen hat sich in der Aufstellungs-Szene mittlerweile ein neuer Begriff geprägt: Aufstellungs-Snippet oder auch „Zehn-Minuten-Aufstellung“[33].

Das Wort *Snippet* (englisch für Schnipsel) kommt ursprünglich aus der Musikszene[34]. Im Rahmen von Aufstellungen steht Snippet für einen funktionstüchtigen Aufstellungs-Impuls, der im Alltag durch verändertes Erleben beim Klienten selbst vervollständigt wird.

Nachfolgend das Beispiel eines Aufstellungs-Snippets:

In meine Praxis kam ein Bau-Unternehmer, der sich mit dem Inhaber einer Zuliefer-Firma aufgrund eines persönlichen Konfliktes verkracht hatte. Für ein bestehendes, gemeinsames Bauvorhaben mussten jedoch noch die Zulieferkonditionen geklärt werden. Mein Klient wollte wissen, wie er sich verhalten solle.

Da es sich um ein Snippet handelte, ist die Aufstellung hier nur in Kurzform wiedergegeben:

---

33 vgl. Tacke, Dr. Jörg: *Das Zehn-Minuten-Familienstellen*, Flow Publishers. 2013.

34 *Snippet* bezeichnet einen Zusammenschnitt von Ausschnitten aus Musikstücken, z. B. Snippets im Hip-Hop, um Hörern einen Eindruck von noch nicht erschienenen Alben zu vermitteln. Dabei werden die prägnantesten Ausschnitte von einigen Liedern aus einem Album aneinandergeschnitten, oft mit kurzen Kommentaren vom Künstler eingeleitet, unterbrochen oder beendet.

Die rote Figur rechts unten steht für den Bau-Unternehmer, die dunkelblaue Figur links unten für den Inhaber des Zulieferbetriebes, die weiße Figur oben im Bild für das Bauprojekt. Man sieht an der Position der beiden Beteiligten, dass eine große Distanz zwischen ihnen vorhanden war. **(s. Bild 1)**

Auf die Frage, welche Grundemotion bei ihm vorhanden sei, antwortete der Klient, dass er voller Wut auf den Zulieferer sei, diese Wut allerdings im zwischenmenschlichen Bereich liege und nichts mit dem Zulieferunternehmen selbst zu tun habe. Diese Wut sei allerdings so groß, dass er nicht in der Lage sei, sich konstruktiv mit dem Bauprojekt zu beschäftigen. (Aus Platzgründen sparen wir uns an dieser Stelle die näheren Ausführungen zu den Hintergründen.) Er stellte die schwarze Figur in die Bildmitte für seinen (wütenden) Emotionalkörper auf. ***(s. Bild 2)***

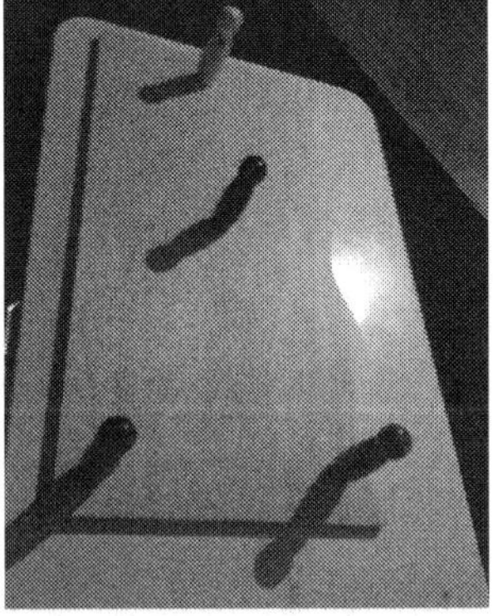

Dem Klienten wurde bewusst, dass er den Inhaber des Zulieferunternehmens ausblenden müsse. Er könne momentan gar nicht mit ihm kommunizieren, seine Wut sei dafür zu groß. Als Symbol für das Ausblenden wählte der Klient eine kleine Plastikmauer, die er vor den Inhaber des Zulieferunternehmens stellte. ***(s. Bild 3)***

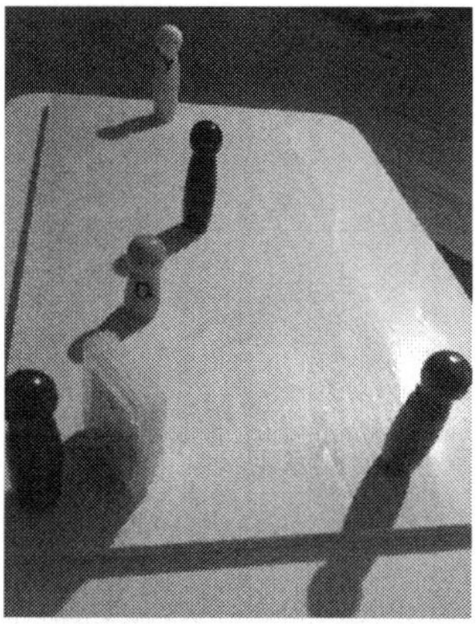

Auf meine Frage, ob es denn einen möglichen anderen Ansprechpartner im Zulieferunternehmen gebe, erwähnte der Klient den Generalbevollmächtigen des Zulieferers. Mein Klient stellte dafür eine kleine holzfarbene Figur so auf, dass sie Blickkontakt sowohl zu seiner Signifikator-Figur als auch zum Inhaber des Zulieferunternehmens hatte *(s. Bildmitte leicht links versetzt).* „Der Generalbevollmächtigte kann mit uns beiden!“, sagte er.

Meinem Klienten wurde im Rahmen des Snippets bewusst, dass der Konflikt mit dem Inhaber des Zulieferunternehmens momentan nicht lösbar sei, dass er aber für das bestehende Bauprojekt den Generalbevollmächtigten anrufen könne. Ihm war bekannt, dass der Inhaber des Zulieferunternehmens freitags nicht in der Firma war und deshalb der Generalbevollmächtigte an diesem Tag für ihn die Entscheidungen traf. So entschied er sich, am darauffolgenden Freitag den Generalbevollmächtigten anzurufen und mit ihm die Konditionen zu besprechen.

Eine Woche später berichtete mir der Klient, dass er ein sehr gutes Telefonat mit dem Generalbevollmächtigten geführt habe, mehr noch: Die Konditionen konnten zu seiner vollen Zufriedenheit geklärt werden und der Generalbevollmächtigte hätte ihm am darauf folgenden Montag sogar schriftlich bestätigt, dass der Inhaber des Zulieferbetriebes die ausgehandelten Konditionen „abgenickt" habe, sodass das Bauvorhaben weiter durchgezogen werden konnte.

Sobald seine Wut sich gelegt habe und die Zeit dafür reif sei, wolle mein Klient eine ausführliche Vier-Körper-Aufstellung zu dem Thema machen. Doch jetzt wolle er erst einmal das Bauprojekt durchziehen und die Zeit arbeiten lassen.

Wie wir an diesem Beispiel erkennen können, hat ein Snippet keinen therapeutischen Anspruch und ist doch eine schnelle, sehr hilfreiche Möglichkeit, unbewusste Vorgänge sichtbar zu machen und daraus Klarheit zu gewinnen.

Übung: Möglicherweise gibt es auch in deinem Leben ein Thema, das dich beschäftigt und das du mithilfe eines Snippets auf das Systembrett bringen willst. Probiere es aus – oftmals tauchen während des Snippets bisher übersehene, gute Lösungsimpulse auf.

Hilfreiche Fragen-Formulierungen

Hilfreiche Frage-Formulierungen wirken insbesondere dann, wenn der Aufstellungsprozess stockt. Die nachfolgende Liste ist nicht vollständig, sondern eher zur Inspiration gedacht. Die Fragen wollen wie ein Gewürz gezielt und dosiert eingesetzt werden. Das Wesentliche geschieht stets *zwischen* den Fragen:

Erste Erkenntnisse:

- In welcher Reihenfolge wurden die Figuren gestellt?
- Was fällt dir auf?
- Welchen ersten Gedanken, glaubst du, löst dieses Aufstellungs-Bild bei einem Fremden aus?
- Was würde ein Experte zu diesem Aufstellungsbild sagen?

- Welche Information kommt da in dir als Erstes, wenn du das Aufstellungsbild betrachtest?
- Wenn das Aufstellungsbild eine Überschrift hätte, wie wäre diese?
- Was ist eigentlich das wirkliche Thema in diesem System?
- Was fühlst du, wenn du das Aufstellungsbild anschaust?
- Was siehst du jetzt schon, was dir vorher nicht bewusst war?
- Gibt es eine zentrale Figur?
- Gibt es eine Randfigur?
- Was sagt die Blickrichtung der Figuren über sie aus?
- Wie geht es den Figuren in diesem System?

Einladung zur Intervention:

- Woran erinnert dich dieses Bild?
- In welche Richtung streben die Anteile?
- Darf sich etwas verändern bzw. was braucht es, damit die Erlaubnis gegeben werden kann?
- Was brauchst du, um die Situation annehmen zu können?
- Was müssen wir jetzt noch wissen, damit es hier weitergeht?
- Worüber haben wir bis jetzt noch nicht gesprochen?
- Was bedeutet für dich die Tatsache, dass ... (z. B. eine Figur aus dem Systembrett herausschaut)?
- Was brauchst du, um dieses Bild in eine Lösung zu verwandeln?
- Welche Gefühle, Konstrukte, Werte, Glaubenssätze, stillschweigende Vorannahmen liegen dieser Aufstellungssituation zu Grunde?
- Welcher Schritt führt aus deiner Sicht zur Lösung?
- Wenn das Problem gelöst wurde, was ist stattdessen da?
- Nehmen wir an, es gäbe eine verblüffend einfache Lösung, wo wäre sie am leichtesten zu finden?

Sonderformat: Verdeckte Aufstellungen – Diskretion in jeder Lebenslage

Die Vier-Körper-Aufstellung ist das ideale Format für eine verdeckte Aufstellung, da bei ihr keine weiteren Personen benötigt werden.

Verdeckte Aufstellung bedeutet: Nur der Klient kennt das Thema. Dieses muss er nicht einmal benennen. Er findet einen Fantasienamen bzw. ein Codewort dafür, bei dem nur er die Bedeutung kennt. Er stellt lediglich eine Signifikator-Figur für sein Thema und seine vier Körper auf.

Einsatzbereiche:

- Themen, die ein Problem im Intimbereich des Klienten ansprechen.
- Themen im Beziehungsbereich des Klienten (Partner, nahe Verwandte, Freunde, Kollegen), die gelöst werden sollen, ohne dass die Bezugsperson dies erfährt.
- Themen mit sensiblen Daten, die diskret gehandhabt werden müssen, z. B. weil es sich um Firmengeheimnisse handelt.
- Themen, bei denen die Befürchtung besteht, dass der Aufstellungsleiter voreingenommen oder belastet wird, wenn er sie erfährt.

Die Vorteile der verdeckten Aufstellung liegen auf der Hand:

- Sensible Daten können aufgestellt werden, ohne benannt werden zu müssen.
- Der Klient ist entlastet, weil er selbst die Details nicht bekannt geben muss.
- Firmenchefs können Entscheidungsimpulse über die vier Körper erhalten.
- Berufstätige können aufstellen, wie sie sich gegenüber Vorgesetzten, Kollegen und Mitarbeitern am besten verhalten sollten.
- Mütter und Väter können die Aufstellung für ihre Kinder durchführen.
- Partner können einander die Aufstellung geben, auch wenn sie selbst die Betroffenen sind.
- Der Aufstellungsleiter kann sich auf das Wesentliche konzentrieren, ohne vor der Aufstellung von Daten und Informationen überflutet zu werden.

- Der Aufstellungsleiter steht auch nach der Aufstellung nicht unter dem Druck Geheimnisträger zu sein.
- Sogar Unaussprechliches kann mittels der Vier-Körper-Aufstellung gelöst werden.

Teil 3. Die vier Elemente des Lebens

*Geschrieben steht: »Im Anfang war das **Wort**!«*
Hier stock ich schon! Wer hilft mir weiter fort? (...)
Wenn ich vom Geiste recht erleuchtet bin.
*Geschrieben steht: Im Anfang war der **Sinn**. (...)*
Ist es der Sinn, der alles wirkt und schafft?
*Es sollte stehn: Im Anfang war die **Kraft**! (...)*
Mir hilft der Geist! Auf einmal seh ich Rat
*Und schreib getrost: Im Anfang war die **Tat**!*
(Faust I, Kapitel 6, im Studierzimmer, Johann Wolfgang von Goethe)

Das Leben hat uns die Elementarkräfte Erde, Feuer, Wasser und Luft geschenkt, aus denen alles in der gesamten Schöpfung besteht und die durch ihr dynamisches Zusammenspiel alles am Leben erhält und für ständige Weiterentwicklung sorgt.

- Wasser wäre ohne die Bewegung des Windes schal und trüb.
- Ohne die Energie des Feuers der Sonne wäre es sogar nur erstarrtes Eis.
- Feuer braucht Luft zum Existieren und bringt sogar Steine zum Schmelzen.
- Und ohne die nährende Kraft der Erde gäbe es die unglaubliche Schönheit und Vielfalt der Natur nicht.

Alles, was wir zum Leben brauchen, ist durch diese vier Kräfte in Form des physischen Körpers (Erde), des mentalen (Luft), des emotionalen (Wasser) und des spirituellen Körpers (Feuer) auch in uns. Wenn wir immer wieder diesen vier verschiedenen Bereichen unsere Beachtung schenken, fehlt uns nichts, um unsere Ziele zu erreichen und gesund, erfüllt und zuversichtlich zu sein.

Die vier Elemente finden sich als Geistes- und Charakterkräfte wieder:

- In Goethes Faust[35] stehen die Elemente für **Tat** (Erde), Sinn (Wasser), **Wort** (Luft) und **Kraft** (Feuer).
- In der Typenlehre des Hippokrates finden wir die Zuordnung Melancholiker (Erde), Phlegmatiker (Wasser), Sanguiniker (Luft) und Choleriker (Feuer).
- Die vier Antriebskräfte: Routine (Erde), Sehnsucht (Wasser), Neugier (Luft), Inspiration (Feuer)

Entsprechungen für die vier Elemente im neuronalen System

Wir haben bereits erfahren, dass wir innerhalb des physischen Körpers alle vier Elemente der Natur wiederfinden. Entsprechungen hierzu finden sich in der menschlichen Wahrnehmung und im neuronalen System des Menschen.

Element	Aspekte der Wahrnehmung	Fähigkeit	Entsprechung im neuronalen System
Erde	Sinneseindrücke, Körper-Empfindungen, Reflexe	Empfinden	Stammhirn, Rückenmark, Sinneseindrücke vermittelnde Nervenbahnen
Wasser	Emotionen, Stimmungen, Gefühle	Fühlen	limbisches System, enterisches Nervensystem
Luft	Gedanken, Überzeugungen	Denken	rechte und linke Hemisphäre inkl. der Partiallappen und der Großhirnrinde
Feuer	Inspirationen, Sinnfindung	alternierende Bewusstseins-Zustände	„Herzgehirn" und alternierende Hirnfunktionen

35 Goethe: *Faust I*, Studierzimmer

Wie wirken die verschiedenen Teile in unserem neuronalen System?

- **Erde**: Das Stammhirn entwickelte sich vor 250 Millionen Jahren. Es kennt keine Emotionen, sondern nur Überlebenstriebe. Lebewesen, die ausschließlich über ein Stammhirn verfügen wie z. B. Krokodile und Schlangen kennen daher weder Mitgefühl noch Emotionen. Reptilien spielen nicht, sie sind nur mit Überleben beschäftigt. Aus dem Stammhirn heraus entwickelten sich Empfindungen wie Hunger, Durst, angenehm und unangenehm. Auch die Fähigkeit, Sinneseindrücke wahrzunehmen, ist im Erd-Element beheimatet. Alltagsstress und die regelmäßige Überflutung von Sinnesreizen führen dazu, dass das unmittelbare Empfinden – und damit das „In-sich-Finden" – des Menschen verloren geht. Durch die bewusste Einbeziehung des physischen Körpers kann diese Fähigkeit zurückgewonnen werden.
- **Wasser**: Vor etwa 100 Millionen Jahren entwickelte sich das Limbische System, welches in der Lage ist, Emotionen wahrzunehmen, zu kreieren und auszudrücken. Hierbei spielt das sogenannte Bauchhirn (enterisches Nervensystem) eine besondere Rolle: Es enthält ca. 100 Millionen Neuronen, mehr als das gesamte Rückenmark und ist der Ort, in dem tiefste Emotionen entstehen: von himmelhoch jauchzend bis zu Tode betrübt. So wie das Wasser Ebbe und Flut, Stille und Wellengang kennt, so verläuft jede Emotion wellenförmig.
- **Biologisch gesehen**: So, wie der Darm durch die Peristaltik[36] Nahrung verdaut, verfügen auch Emotionen über einen wellenförmigen Charakter: Die Emotion baut sich auf, erreicht ihren Höhepunkt und schwillt wieder ab. So eine Amplitude kann, je nach Situation, eine Minute oder dreißig Jahre dauern. Manchmal kommt es vor, dass eine Emotion „einrastet". Der emotionale Eindruck kann vom neuronalen System nicht zu Ende verarbeitet werden. Der Mensch sagt dann von sich: „Ich bin eingeschnappt"

---

36 *Peristaltik (von griech. peri ‚herum' und stellein ‚in Gang bringen'):* ist das wellenförmige Sichzusammenziehen der glatten Muskulatur von Hohlorganen, insbesondere des Darmes, wodurch deren Inhalt transportiert wird.

(wie eine Tür, die im Schloss einschnappt). In solchen Fällen hilft die bewusste Einbeziehung des emotionalen Körpers, um emotionale Altlasten zu lösen und wieder frei für Gegenwartsprozesse zu werden.

- **Luft**: Vor etwa 5.000 Jahren entwickelte sich das Großhirn mit seinen beiden Hemisphären und den dazu gehörigen Partiallappen. An dieser Entwicklung war ausschließlich der Mensch beteiligt. Seitdem ist es möglich abzuwägen, zu unterscheiden, „Ent-Scheidungen" zu treffen und den Lebensereignissen ganz bestimmte Bedeutungen („Interpretationen") zu verleihen. Wenn die Aktivität der Partiallappen Übergewicht hat, kommt das Denken des Menschen nicht zur Ruhe. Vertreter des radikalen Konstruktivismus wie z. B. Ernst von Glasersfeld gehen davon aus, dass die Wirklichkeit nicht vorgegeben ist, sondern der Mensch durch sein Denken, insbesondere durch seine Überzeugungen seine Realität konstruiert. Starre Überzeugungen führen dazu, dass der Betroffene längst überholte Erfahrungen immer und immer wieder neu kreiert. Durch bewusste Einbeziehung des mentalen Körpers können solche Glaubenssätze aufgedeckt und das Denken in eine zukunftsweisende Richtung gelenkt werden.
- **Feuer**: Vor einigen Jahren stießen Neurologen auf einen perlengroßen Punkt im linken oberen Teil des Herzens, der sehr viel heißer war als der Rest des Körpers. Manche Menschen vermuten, dass dort der unsterbliche, göttliche Funke des Menschen sitzt. Als gesichert gilt, dass das Herz über ein eigenes neuronales Netzwerk verfügt. Von dort aus werden dem Hirn des Menschen neuronale Signale gesendet. Befindet sich das Herz des Menschen in einem ausgeglichenen Zustand[37], begünstigt dies kluge Entscheidungen und treffende Inspirationen. Für Letztere sind die sogenannten „spirituellen Hirnfunktionen" zuständig, welche sich in der Epiphyse, Hypophyse sowie insbesondere der Frontallappen befinden. Durch bewusste Einbeziehung des spirituellen Körpers kann die ursprüngliche Lebens-Begeisterung wiederhergestellt werden.

37 Man spricht hier von kohärenten Herzwellen oder neuronalen Mustern.

Findet die eigene Inspiration keinen Raum in der eigenen Lebensgestaltung, wird das Leben oftmals als „sinnlos" und „belastend" empfunden. Der Mensch bleibt in den Grenzen des bilateralen Denkens gefangen.

Wenn jedoch das „Herzhirn" und die höheren Hirnfunktionen kooperierend mitmachen, lassen sich alternierende Bewusstseinszustände stabilisieren. Diese beinhalten Qualitäten wie

- Erfüllung
- Lebenssinn
- Glücksempfinden
- Berufung/innere Mission

Das spirituelle Feuer der Begeisterung, wenn die Inspiration gelebt werden kann, ist sehr anschaulich in der *Ode an die Freude*[38] von Friedrich Schiller beschrieben: „Freude, schöner Götterfunken, Tochter aus Elysium – wir betreten feuertrunken – Himmlische, dein Heiligtum."

Alternierende Hirnfunktionen sind solche, welche über das Gefangensein im bilateralen Denken hinausgehen (es „alternieren") und geniale Lösungen und erfüllte Bewusstseinszustände herstellen können.

Der neuronale Getränkeautomat

Alle vier Bereiche unseres neuronalen Systems beeinflussen sich wechselseitig. Ein Sinnbild für diese Wechselwirkung ist der Getränkeautomat: Wirfst du oben eine Münze hinein, kommt unten ein Getränk heraus, das der gewählten Taste entspricht:

- Physischer Getränkeautomat: Wirfst du den Gedanken hinein: „Meine Aussichten sind trübe", schalten die Organe auf „Sparflamme", der *physische Körper* ist schlapp, müde und der Betroffene findet seine Ansichten bestätigt.
- Emotionaler Getränkeautomat: Fehlende Inspiration und fehlende spirituelle Verbundenheit lösen *Gefühle* von depressiver Verstimmung aus.

---

38 Späte Fassung (1808).

- Mentaler Getränkeautomat: Ungute Gefühle legen die *Gedanken* nahe, dass es das Leben nicht gut mit einem meint und Umstände oder andere Menschen daran schuld sind.
- Spiritueller Getränkeautomat: Alltagsroutinen führen zu den Empfindungen von *Sinnlosigkeit* des Lebens.

Natürlich lässt sich der gesamte Prozess auch umdrehen. Dafür ist es jedoch notwendig, für die vier neuronalen Bereiche erst einmal den Überblick zu gewinnen und herauszufinden, was in deinem inneren Körper-Energie-System los ist.

Da Empfinden, Fühlen, Denken und Inspiration vier verschiedene Bereiche unseres neuronalen Systems darstellen, diese sich jedoch ständig wechselseitig beeinflussen, empfiehlt es sich, sie erst einmal separat zu betrachten. Denn: Ehe du nicht weißt, was los ist, hast du keine Chance etwas zu ändern!

Die Quintessenz – Resultat der vier Elemente

Was durch uns lebt, plant, erkennt, entdeckt, ist mehr als die vier Elemente Erde, Wasser, Luft und Feuer. Seit alters her wird dem Menschen die Zahl fünf zugeordnet. Der Mensch formt mit Kopf und ausgestreckten Armen und Beinen ein Pentagramm, weshalb das mit der Spitze nach oben zeigende Pentagramm den nach Erkenntnis suchenden Menschen symbolisiert.

Der Geist nimmt in dieser Vorstellung eine Metaposition ein, die nicht nur passiv beobachtet, sondern auch aktiv ordnend Einfluss nehmen kann.

Übrigens: Wenn du einen Apfel in der Mitte quer durchschneidest, zeigt das Apfelgehäuse genau dieses Pentagramm (das sogenannte „Apfelmännchen"). Ob sich im biblischen Gleichnis der Verführung mit dem Apfel die Verführung zum Menschsein (Pentagramm) verbirgt?

Die Philosophen und Alchemisten des Mittelalters benutzten den Begriff „Quintessenz"[39] für das, was sich als das Wesentliche einer Sache heraus-

39 Wörtlich: aus lat. quinta essentia = fünftes Seiendes

stellt. Die Suche nach Erkenntnis und das Prinzip der Quintessenz gelten auch heute noch. Du selbst bist mit der Fähigkeit ausgestattet, mithilfe der in dir wohnenden Vierheit für jedes Lebensereignis die für dich optimale Quintessenz zu erschaffen. Wie dies geht, erfährst du jetzt.

Der physische Körper

Der physische Körper repräsentiert das, was wir mit unseren fünf Sinnen wahrnehmen können. Er ist die verdichtete Energie in ihrer dichtesten Form. Mit ihrem physischen Körper bist du materiell in der Welt und agierst mit und durch ihn. Ist der physische Körper unterversorgt, schwach oder in schlechter Verbindung mit dem Bewusstsein, fühlt sich der Mensch schlapp und kraftlos. Bewegung oder körperliche Aktivität macht ihm keine Freude und auch die Sinneseindrücke können ihm keine Erfüllung schenken.

Der Cortex (symbolisch: der mentale Körper, siehe ebenda) ermöglicht dem Menschen, sich über unangenehme Körpersignale hinwegzusetzen, z. B. zur Arbeit zu gehen, obwohl man krank ist. In Ausnahmefällen kann diese Fähigkeit dem Menschen Vorteile verschaffen. Überhört der Mensch die Körpersignale jedoch ständig, wird der Vorteil zum Fluch.

Kein lebendes Tier bekommt einen Burnout, denn es lebt im Gegensatz zum Menschen in ständigem und unmittelbarem Kontakt mit den eigenen Bedürfnissen und Instinkten. Ein Tier schläft, wenn es müde ist, frisst, wenn es Hunger hat, verteidigt wütend sein Revier, wenn es bedrängt wird, flieht vor übermächtigen Feinden und wenn es einmal krank ist, zieht es sich zurück, um zu genesen.

Der moderne Mensch dahingegen muss den bewussten Zugang zu den Empfindungen und Bedürfnissen seines Körpers wieder erlernen: *Was empfinde ich und was brauche ich?* Empfindungen können dem Menschen helfen, die Bedürfnisse des Körpers wieder wahrzunehmen und seinen physischen Körper aufzuladen und in Einklang mit seinem Vier-Körper-System zu bringen.

Ist der physische Körper mit allem versorgt, was er braucht und in guter Verbundenheit mit den anderen Körpern, fühlt sich der Mensch gesund, vital, stark, aufgeladen. Es findet im Körper ein natürlicher Stoffwechsel der chemischen Energien und Hormone statt. Die Organsysteme sind in einem guten Gleichgewicht.

Der Mensch ist in der Lage, körperliche Aktivität, Sinneseindrücke, Sexualität und seine sinnlichen Eindrücke (Sehen, Hören, Riechen, Schmecken, Fühlen) zu genießen. Ein gesunder Körper ist die beste Voraussetzung für Lebenslust – auf der anderen Seite ist gelebte Lebenslust dem physischen Körper zuträglich.

Der Astor-Bodyscan® (Körperdialog) – die Übung für den physischen Körper

Im Leserbereich der Buch-Website ***www.dieerfolgsgestalter.de/4K*** *(Passwort: 4k-Freude) habe ich diese Meditation für dich aufgesprochen, damit du dessen wohltuende Erfahrung gleich genießen kannst.*

Wenn wir lernen, unsere Gefühle bewusst wahrzunehmen, ohne sie festzuhalten oder abzuwehren, können sie durch uns hindurchziehen wie wechselhaftes Wetter und wir haben die Freiheit, sie zu empfinden und dann ziehen zu lassen wie den Wind."

(Tenzin Gyatso, der 14. Dalai-Lama)

Der Emotionalkörper

Physische Gesundheit, finanzieller Erfolg, mentale Stärke, sogar spirituelle Verbundenheit implizieren nicht *automatisch* gute Gefühle. Gute Gefühle lassen sich nicht durch äußere Umstände garantieren, z. B. indem man einen Kult um den physischen Körper betreibt, einen Lebenspartner sucht, sich Luxusgüter leistet, gute Gedanken pflegt, betet oder meditiert. All dies mag nützlich sein, ist aber kein Garant für gute Gefühle, denn unser emotionales Innenleben folgt eigenen Gesetzmäßigkeiten. Um diese Gesetzmäßigkeiten zu verstehen ist es sinnvoll, sich unseren emotionalen Aspekt wie einen eigenen Wesensaspekt mit einem eigenen Körper vorzustellen – unseren Emotionalkörper.

Der Emotionalkörper ist das Sammelbecken sämtlicher *akuter* und *abgespeicherter* Emotionen und damit eine Wiederspiegelung deines gesamten Gefühlslebens. Zudem reagiert der Emotionalkörper auch auf die Gefühle, Emotionen, Stimmungen anderer Menschen. Hier findet eine ständige (oft unbemerkte) nonverbale zwischenmenschliche Kommunikation statt. Auch wenn wir nichts sagen: Wir wirken *immer* – egal wie!

Hellsichtige Menschen behaupten, dass man den Emotionalkörper in der Aura von Menschen „sehen" kann. Demnach zeichnet der emotionale Körper im Umriss den physischen Körper nach, geht aber etwa 3–8 cm über ihn hinaus. Er ähnelt in seiner Beschaffenheit dichten oder weniger dichten Wolken, die ständig in Bewegung sind[40], denn der Emotionalkörper reagiert auf Ereignisse wesentlich schneller als der physische Körper.

- Ist der Emotionalkörper *schwach und müde*, ist der Mensch zu keinen intensiven Gefühlen fähig oder hat sie verdrängt.
- Ist der Emotionalkörper zwar aufgeladen, aber mit *dunklen und stagnierenden Energiefeldern* gefüllt, verurteilt man sich möglicherweise selbst und ist deprimiert, weil man sich nicht so annehmen kann, wie man ist.
- Ist der Emotionalkörper prall und kraftvoll, aber *unflexibel*, ist der Mensch auf bestimmte Gefühle fixiert. Sehr häufig liegen „Kopfgefühle" vor, die ein freies Fühlen beeinträchtigen.
- *Strudelartige* „Inseln" im Emotionalkörper sind Hinweise auf abgekapselte Gefühle.
- *Unterbrechungen* im Energiefluss oder Verhärtungen sind Hinweise auf Gefühlsblockaden.

Die wolkenartigen Gebilde des Emotionalkörpers verfügen über verschiedene Farben und Formen, je nach aktuellem Gemütszustand:

---

40 Weitere Information: Breannan, Barbara: *„Licht-Arbeit". Arbeit mit Energiefeldern.* Goldmann Verlag. 1998.

- *Rote* Wolken weisen auf leidenschaftliche Emotionen, z. B. Wutpotenziale, hin.
- *Bizarre* Wolkenformen mit grellen Einschüssen verweisen auf Stresspotenziale, z. B. offene oder versteckte Ängste.
- *Ockerbraune* Wolken, eher in sich gekehrt, sind Hinweise auf Scham-Potenziale.
- *Trüb-graue* Wolken zeigen Trauer und Trübsinn an.
- *Strahlend* leuchtende Wolken sind Anzeichen von Lebensfreude und Leichtigkeit, klare Wolken zeichnen von emotionaler Klarheit.

Auch wenn diese Darstellungsform eines Emotionalkörpers nicht wissenschaftlich „bewiesen" ist, kann dir dieses Modell des Emotionalkörpers helfen (insbesondere, wenn du visuell orientiert bist), dich auf die eigene innere emotionale Landschaft einzustimmen.

Gesetzmäßigkeiten des Emotionalkörpers

Der Emotionalkörper reagiert sehr stark auf die Impulse, die er über das sogenannte „Bauchhirn" des physischen Körpers empfängt. Das „Bauchhirn" ist quasi ein Abbild des Kopfgehirnes mit exakt den gleichen Zelltypen und Rezeptoren sowie die erste Empfangsstation von emotionalen Außenreizen. *„Das Bauchhirn ist eine riesige Chemiefabrik, die mindestens 40 Nervenbotenstoffe produziert und exakt reguliert. Diese Moleküle sind wie Worte in der komplizierten Sprache der Nervenzellen – und sie sprechen zu uns."*[41]

Die Wechselwirkung zwischen dem Emotionalkörper und dem physischen Körper zeigt sich auch in der unbewusst eingenommenen Körpersprache:

- *Wut*: angespannte vorgebeugte Körperhaltung, angespannte Wangen, grimmiger Augenausdruck.
- *Angst*: Die Bewegungen sind fahrig, die Augen aufgerissen. Trockenheit im Mund. Versteifung der Gelenke oder Zittern.

---

41 Zitat aus: Neurologie. Wie der Bauch den Kopf bestimmt Luczak, Hania. In: Geo 11/00.

- *Scham:* Der Mensch zieht seine Schultern zusammen. Senken der Augenlider. Dem Blick des Gegenübers wird ausgewichen (häufiges wegsehen). Der Kopf wird geneigt oder weggedreht. Die Lippen sind zusammengepresst. Die Aufmerksamkeit ist nach innen gerichtet. Oft werden die Hände an den Kopf oder die Hand vor den Mund gelegt.
- *Traurigkeit:* vorgebeugter Kopf, leichter Rundrücken, Mundwinkel nach unten.
- *Freude:* Lächeln, bei dem auch die Muskeln seitlich der Augen beteiligt sind, Weite im Brustkorb, beschwingte Bewegungen.

Zudem besteht eine innige Wechselwirkung zwischen dem Emotionalkörper und dem Mentalkörper:

- Wie wir über eine Sache denken, bestimmt in sehr großem Ausmaß die Emotionen, welche der Emotionalkörper hierzu hat.
- Durch Überzeugungen, Glaubenssätze, innere Bilder und Haltungen beeinflussen wir in sehr hohem Ausmaß die eigenen Gefühle.

Auch zwischen Emotionalkörper und spirituellem Körper gibt es einen wichtigen Zusammenhang:

- Erfahren wir das Leben als von Sinn erfüllt, reduziert dies deutlich die Belastungen im Emotionalkörper.
- Spirituelle Erfahrungen oder Bewusstseinszustände können „höhere Gefühle" in den Emotionalkörper hineinschleusen und dort verankern.

Der Emotionalkörper lässt sich auch unmittelbar beeinflussen:

- Singen, Tanzen, Lachen, sogar bewusstes Lächeln haben einen erhebenden Einfluss auf den Emotionalkörper.
- Genuss jeder Art, z. B. gutes Essen, ein schönes Bild, Musik, Düfte, Berührung oder andere angenehme Sinneseindrücke nähren ebenfalls den Emotionalkörper. Lebenskunst bedeutet in dem Zusammenhang, in sich hineinzuspüren, welche Sinneseindrücke für den Emotionalkörper wirklich gut sind und ihm diese zuzuführen.

- Das bewusste Wahrnehmen der eigenen Bedürfnisse und Emotionen ist bereits für den Emotionalkörper ein heilsamer Akt: Was fühle ich? Was brauche ich? Was geschieht gerade in mir? Sehr effektiv und klärend ist in diesem Zusammenhang die berühmte 10-Gefühle-Abfrage: Du fragst dich selbst oder deinen Partner, wenn dieser emotional „stuck“ ist, nach zehn unterschiedlichen Gefühlen, die er oder du gerade wahrnehmen. Zu Beginn sind es oft negative Gefühle, aber schon nach kurzer Zeit treten häufig die positiven Gefühle zutage. Und dann liegt es an dir, dich lieber mit diesen positiven Gefühlen weiter zu identifizieren. Wenn es mal ganz schlimm ist, darfst du gerne auf 20 Gefühle erhöhen. Probiere es aus. Jetzt. Auch wenn es dir gerade vielleicht gut geht.

Emotionale Verdrängung und die Folgen

Wichtig bei deiner Gefühlswahrnehmung ist, dass du authentisch bist und dich nicht selbst beschummelst. Viele Menschen denken, es sei gut, gute Gefühle zu bekunden und schlecht, schlechte Gefühle zuzugeben. Die Wahrheit ist jedoch, dass es „gute“ und „schlechte“ Gefühle gar nicht gibt. Es gibt nur eine hilfreiche und eine unvorteilhafte Weise mit Gefühlen umzugehen:

- *Hilfreich* ist es, wenn du deiner echten Gefühle gewahr wirst (wie immer diese gerade sein mögen).
- *Unvorteilhaft* ist es, wenn du deine Gefühle missachtest, verdrängst oder sie mental konstruierst, statt sie wirklich zu fühlen.

Insbesondere die Verdrängung von Emotionen ist eine unvorteilhafte Begleiterscheinung unserer Leistungsgesellschaft: Im Bestreben optimal zu „funktionieren“ unterdrücken viele Menschen ihre Gefühle. Solange die destruktiven Emotionen jedoch im Zellgedächtnis stagnieren, bleiben vorübergehende Glücksgefühle immer nur eine momentane Erscheinung, abhängig von äußeren Reizen und Bedingungen – der Emotionalkörper wird nicht mehr vom Fluss des Lebens beschenkt.

Wie wir bereits erfahren haben, verlaufen Emotionen in Wellen. Kann eine emotionale Welle nicht bewusst durchlebt werden, dann bleibt sie „hängen“ wie eine stehende Welle. Der jeweils verdrängte Gefühlszustand wird „eingefroren". Werden nun im Laufe des Lebens neue emotionale Impulse ausgelöst und wieder verdrängt, „überlagern" diese quasi die eingefrorene Welle. So kommt es dazu, dass Emotionen in Form von Schichten abgespeichert werden.

Um dies deutlicher zu machen nachfolgende Analogie: Wenn du eine Emotion verdrängst, ist dies so, als wenn du einen Lampenschirm über eine Lampe stülpst. Ein wenig Licht (sinnbildlich für: Lebensfreude) scheint noch hindurch. Stülpst du nun immer weitere Lampenschirme über die Lampe, wirst du irgendwann erleben, dass von dem ursprünglichen Licht nichts mehr zu sehen ist.

Dein Emotionalkörper wird belastet und sein freies Fließen blockiert durch all die Emotionen, die du im Laufe deines Lebens erlebt, aber nicht bejahend gefühlt hast, die du abgelehnt und unterdrückt hast. Die schlafende Prinzessin im Märchen „Dornröschen" ist ein Sinnbild für die unheilvolle Folge von Verdrängung: Wird Ungeliebtes verdrängt, fällt das Bewusstsein in den Schlaf.[42]

Die Auswüchse von emotionalen Verdrängungen zeigen sich auf der äußeren Ebene in *Abwehrmechanismen, Ängsten, Aggressivität, Bitterkeit, Burnout, Frustration, Kontrollsucht, Launenhaftigkeit, neurotischen Verhaltensweisen, Schroffheit, Suchtverhalten, Stress, Unsicherheiten, Verkrampfungen, Vermeidungsstrategien, Zwängen und Zurückhaltung* gegenüber den Geschenken des Lebens.

Wenn sich emotionale Altlasten, ob bekannt oder verdrängt, ansammeln, führt dies schleichend auch zur Überforderung der anderen Körper. Psychosomatische Krankheiten, sich wiederholende negative Ereignisse, Zustände und Verhaltensweisen, welche die Lebensqualität beeinträchtigen, das Empfinden von Sinnlosigkeit hängen meist mit eingefrorenen bzw. festgehaltenen Emotionen aus der Vergangenheit zusammen.

---

42 Weitere Informationen Dr. Jürgen Barthelmes: Dornröschen – (Tiefen)Psychologische Deutung. Unter:http://www.durchblick-filme.de/dornroeschen/02_2_Barthelmes2.htm

Angesammelte emotionale Belastungen stören die Vitalität, die Klarheit im Denken und im Handeln, die Lebensmotivation und die spirituelle Verbundenheit. Zudem schneiden sich Gefühlsverdränger von einer wichtigen Ressource ab: Der emotionalen Fühl-Intelligenz. Ohne Gefühle wären wir reine Roboter, verirrt in Verstandeswelten.

Emotionale Verwicklungen

Diese entstehen,

- wenn man versucht, einen anderen Menschen emotional zu manipulieren, z. B. indem man ihm schmeichelt, obwohl man ihn nicht mag oder indem man ihn emotional unter Druck setzt: „Wenn du dies und jenes (nicht) tust, wirst du mich kennen lernen!"
- wenn man sich von anderen Menschen emotional einwickeln oder unter Druck setzen lässt und so unfreie Entscheidungen „dem anderen zuliebe" trifft.

Wie wirken emotionale Verwicklungen?

Der emotional Verwickelte fühlt sich emotional unfrei, wie ein verwickeltes bzw. verstricktes Wollknäuel, das sich verheddert hat und deshalb nicht mehr für den Webteppich des Lebens zur Verfügung steht.

Emotionale Gesundheit bedeutet anzuerkennen: Du hast keine Macht über die Emotionen des anderen – aber der andere hat auch keine Macht über deine Emotionen, denn du bist innerlich emotional autonom, authentisch und klar. Der erste Schritt, sich von emotionalen Verwicklungen zu lösen, liegt darin, die echten Gefühle, die unmittelbar da sind, authentisch zu fühlen, vor sich zu bekunden und fließen zu lassen.

Praktische Übung: Wenn der Kopf Gefühle produziert

Nimm dir ein paar Minuten Zeit und sorge dafür, dass du nicht gestört wirst.

Schließe die Augen und gehe gedanklich in eine Situation, die für dich sehr unangenehm war. Das kann eine Demütigung gewesen sein oder ein unschöner Konflikt oder etwas Trauriges. Tauche ganz ein. Wie geht es dir? Was fühlst du?

Nun verlasse die negative Situation und stelle dir das schönste Erlebnis deines Lebens vor. Lasse dich voll hineinziehen und durchlebe es nochmal. Wie fühlst du dich jetzt?

Du siehst Gedanken lösen Gefühle aus.

Eine weitere unheilvolle Angewohnheit ist es, Gefühle nicht wirklich zu fühlen, sondern zu denken:

- Wir bekommen ein Geschenk oder eine Beförderung und fühlen uns „aufgewertet".
- Wir bekommen einen Tadel und fühlen uns „gedemütigt".

Tatsächlich fühlst du dich nicht aufgewertet oder gedemütigt, sondern du denkst nur, dass du aufgewertet oder gedemütigt worden bist.

Es gibt einige einfache Grundsätze anhand derer du nachprüfen kannst, ob du gerade mit deinem Gefühl verbunden bist oder in einem Kopfgefühl feststeckst:

- Brauchst du für das Gefühl jemand anderen, bist du nicht im Fühlen, sondern im Denken.
- Kannst du „ich fühle" durch „ich bin" ersetzen, handelt es sich meist um ein echtes Gefühl, z. B. Ich fühle mich wütend → Ich bin wütend.

Die Sprache zeigt also sehr klar, ob du Gefühle denkst, statt sie wirklich zu fühlen:

- Ich fühle mich abgelehnt. → Ich *denke*, ich werde abgelehnt.
- Ich fühle mich herumkommandiert. → Ich *denke*, ich werde herumkommandiert.
- Ich fühle mich unverstanden. → Ich *denke*, ich werde nicht verstanden.

Hast du dich einmal gefragt, was das wirkliche Gefühl hinter Gedanken wie „aufgewertet", „gedemütigt", „abgelehnt", „herumkommandiert", „nicht verstanden“ ist? Um dem auf die Spur zu kommen, müsstest du *wirklich* fühlen und dich damit in die Domäne des Emotionalkörpers begeben.

Du wirst dich vielleicht fragen: Was macht das für einen Unterschied, ob ich mir meine Gefühle zurechtdenke oder ob ich sie unmittelbar und authentisch fühle? Der Unterschied ist gewaltig, aber mit Worten schwer zu beschreiben. Echte Gefühle fühlen sich einfach gesünder an und unmittelbar. Mit ihnen kannst du etwas anfangen. „Kopfgefühle“ sind dahingegen wie Computerviren, die dein System zunehmend lahmlegen.

- „Kopfgefühle“ ziehen gleich mehrere Nachteile auf einmal mit sich:
- Kopfgefühle verhindern die emotionale Freiheit, da sie andere (Menschen oder Umstände) für die eigenen Gefühle verantwortlich machen, was zu unheilvollen Verstrickungen und Abhängigkeiten führt.
- Kopfgefühle beeinträchtigen die klare Gefühlswahrnehmung, da sie zu einer unheilvollen Verstrickung zwischen Emotional- und Mentalkörper führen.
- Kopfgefühle verhindern, dass das darunter liegende echte Gefühl aufsteigen und den Emotionalkörper aus seiner Verstrickung befreien kann.

Authentische „gute“ Gefühle entstehen nämlich nicht, indem du dir diese einredest, sondern indem du durch die vorhandenen Gefühlsschichten – wie immer sie gerade sein mögen – wertfrei hindurchtauchst, ihre Botschaft verstehst und dich selbst so emotional befreist (mehr dazu später).

Bewusste, wertfreie emotionale Wahrnehmung ist ein revolutionäres Konzept: Sie erfordert eine gewisse Achtsamkeit, ist aber, wie du selbst erleben wirst, enorm befreiend. Sie hilft dir zu erkennen, wo du in den verschiedenen Lebensbereichen emotional stehst und was du dir wirklich vom Leben wünschst. Durch bewusste Hinwendung an die emotionale Wahrnehmung ist es möglich, emotionale Bewusstheit zu entwickeln und daraus emotionale Kompetenz im Umgang mit sich und anderen zu gewinnen. Du wirst mehr und mehr emotional unabhängig von Abhängigkeiten, Manipulationen, Provokationen und Suchtverhalten.

Das Zurückführen von *Kopfgefühlen* in darunter liegende *echte Gefühle* ist relativ einfach, wenn du dich fragst: *„Wie fühlt es sich an, wenn ich denke bzw. glaube, dass ich ... (z. B. abgelehnt, herumkommandiert, missverstanden) werde?"*

Unterschiedliche Grade von Bewusstheit

Wie wir bereits gesehen haben, gibt es keine „guten" und „schlechten" Gefühle, sondern lediglich eine dysfunktionale (unbewusste) und eine hilfreiche (bewusste) Art des Umgangs mit dem jeweiligen Gefühl. Diese lässt sich in den folgenden vier Stufen (in aufsteigender Bewusstheit) darstellen:

Affekt: Unbewusster Ausdruck starker Emotionen (oft unter Ausschaltung des logischen Denkens) ausgelöst durch einen äußeren Anlass.

Emotion[43]: Intensive Gefühlsaufwallung.

Stimmung: Anhaltender gefühlsmäßiger Grundton, durch Umfeld oder Vergangenheitsprägung bestimmt.

Gefühl: Wahrnehmung von aktuellen gefühlsmäßigen Regungen, meist bewusst.

Für die emotionale Bewusstheit ist es wichtig, Emotionen von Gefühlen zu unterscheiden. Wie wir bereits erfahren haben, werden Emotionen wellenweise verdaut. Gefühlswallungen, die du mit dem Bauch wahrnimmst, sind selten „richtig". Du bist oft „blind vor Liebe oder blind vor Zorn."

Emotionale Bewusstheit erfährst du dann, wenn du die Kraft und die Geduld aufbringst, die „emotionale Welle" durchlaufen zu lassen, ohne zu handeln und dann, wenn dich keine Gefühlswallungen mehr zu Affekten provozieren, tief in dich hineinzuspüren.

Das *Fühlen* ist die bewusste Form emotionaler *Wahrnehmung*, die wir anstreben wollen. Ziel des *emotional bewussten Menschen* muss es sein, vom *Affekt* über die *Emotion* und die *Stimmung* zum bewussten *Fühlen* zu ge-

43 Wörtlich aus lat. *emovere* = herausbewegen, emporwühlen.

langen und die dahinter liegende emotionale Weisheit souverän in die eigene Lebensgestaltung einzubinden.

Echte Gefühle erkennen und benennen

Eine gute Unterstützung für das bewusste Wahrnehmen von Gefühlen liegt darin, dass du deine aktuelle Befindlichkeit mit den folgenden fünf Grundgefühlen vergleichst und spürst, welchem Gefühl deine Befindlichkeit gerade am ehesten entspricht[44]:

Gefühl	Wahrnehmung	Schatten	Potenzial	Element	Emoticon
Wut	Der/das andere ist falsch	Zerstörung	Abgrenzung und innere Klarheit	Feuer	>:O
Angst	Das ist zum Fürchten	Lähmung	Schöpfung	Luft	;_;
Scham	Ich bin falsch	Selbsthass	Demut, Selbst-Annahme	Erde	(^_^)
Trauer	Das ist schade	Passivität	Liebe	Wasser	:'(
Freude	Das ist richtig	Illusion	Anziehung	Feuer	:)

Auch wenn der Emotionalkörper insgesamt dem Element Wasser zuzuordnen ist, lassen sich die fünf Grundemotionen wieder Elementen zuordnen:

- Wut: Wie das Element *Feuer*, verbrennt die *heiße* Wut alles, was sich ihr in den Weg stellt. Es gibt auch noch die kalte Wut: Wutkraft gepaart mit Bitterkeit. So wie Kälte einen „Eisbrand" erzeugen kann, so liegt auch in der kalten Wut gewaltiges Zerstörungspotenzial. Faustregel: Kalte Wut muss erst zu heißer Wut werden, damit sie sich auflösen kann.

---

44 Inspiriert zu der nachfolgenden Gruppierung wurde ich durch die Arbeiten von Daniel Goleman (Goleman, Daniel: *EG. Emotionale Intelligenz*, DTV Sachbuch) und Vivian Dittmer/Virani Amana, (Dittmer, Vivian: *Gefühle & Emotionen – Eine Gebrauchsanweisung: Wie emotionale Intelligenz entsteht*. Verlag VCS Dittmar. Edition Est).

- Angst: Wie das Element *Luft* möchte sich der angstbesessene Mensch verflüchtigen.
- Wasser: Das Element *Wasser* hilft, dass angestaute Tränen fließen können.
- Scham: Scham erdet. Man möchte vor Scham in dem Element *Erde* versinken.
- Freude: Freude macht dir bewusst, was in deinem Leben in Ordnung ist. Sie lässt sich am ehesten dem Feuer-Element zuordnen, ist aber auch in allen anderen Elementen vertreten: als luftige Leichtigkeit, als seegleiche Stille oder als erdverbundene Erhabenheit.

In jeder „Gefühlsfamilie“ gibt es eine Reihe von flankierenden Gefühlen, die du für eine Feinjustierung nutzen kannst:

- *Wut*: aversiv, bitter, frustriert, Groll, überdrüssig, Zorn, widerwillig.
- *Angst:* angespannt, Befürchtung, nervös, misstrauisch, Furcht, Sorge, skeptisch, unter Druck, unsicher, verschlossen, zerbrechlich, zwiespältig.
- *Scham*: Peinlichkeit, Schmach, Unsicherheit, Verlegenheit.
- *Trauer*: apathisch, bedrückt, dumpf, depressiv, deprimiert, energielos, enttäuscht, passiv.
- *Freude*: behaglich, glücklich, lustvoll, motiviert, mutig, offen, scharf, souverän, unternehmungslustig, verbunden, vertrauensvoll.

Den Zugang zu deinem Emotionalkörper bekommst du am besten, wenn du dich dem Gefühl öffnest, das sich gerade zeigt – es würdigen, egal ob es sich gerade um Wut, Angst, Scham, Trauer oder Freude handelt. Du wirst es als eine innere Erleichterung erleben, wenn es dir gelungen ist, dein gegenwärtiges Gefühl so genau zu benennen, dass das gewählte Gefühlswort mit dem, was du wahrnimmst, deckungsgleich ist, es innerlich „einrastet“.

Übrigens: Wenn du dich mit dem Thema „fünf Gefühle“ einmal spielerisch nähern willst, empfehle ich dir den Zeichentrickfilm „Alles steht Kopf“ von *Disney Productions* – dieser Film ist zwar eigentlich für Kinder gemacht, zeigt aber sehr anschaulich, wie unsere „innere Gefühlsfabrik“ funktioniert. Vielleicht möchtest du diesen Film zusammen mit deinem (inneren oder äußeren) Kind anschauen?

Gefühle informieren über Bedürfnisse

Die Aufgabe deiner Gefühle ist es, dich über Bedürfnisse zu informieren, die in deinem Emotionalkörper vorhanden sind. Dazu gehören die Grundbedürfnisse des Menschen und auch immaterielle Bedürfnisse wie *Abwechslung, Ästhetik, Alleinsein, Annahme, Anregung, Akzeptanz (der Andersartigkeit), Anerkennung, Aufrichtigkeit, Autonomie, Effektivität, Ehrlichkeit, Erholung, Erotik, Freiheit, Frieden, Fürsorge, Harmonie, Offenheit, Sicherheit, Sinn, Spaß, Spielen, Spiritualität, Spontaneität, Stabilität, Stimmigkeit, Stimulation, Unterstützung, Wertschätzung, Zärtlichkeit, Zuspruch, Zuwendung usw.*

Der Emotionalkörper zeigt dir durch seine Signale an, ob deine (echten oder vermeintlichen) Bedürfnisse erfüllt sind. Ursache für gute oder ungute Gefühle sind nämlich niemals die Umstände oder wie sich jemand verhält, sondern stets erfüllte oder unerfüllte Bedürfnisse:

- Erfüllte Bedürfnisse → angenehme Gefühle
- Unerfüllte Bedürfnisse → unangenehme Gefühle

Tipp: Wann immer du ein besonders starkes (angenehmes oder unangenehmes) Gefühl spürst, prüfe einmal, welches Bedürfnis bei dir erfüllt oder unerfüllt ist. Wann immer du das zu dem Gefühl gehörige Bedürfnis gefunden und benannt hast, wirst du erleben, dass sich dein Körper-Energie-System entspannt. Dein emotionales System sagt: Er hat mich verstanden!

Die Lösung liegt allerdings nicht darin, den Bedürfnissen des Emotionalkörpers blind nachzugeben. Der Emotional-Körper ist oft wie ein kleines Kind, unreif und fordernd in seinem Wunsch nach Bedürfnisbefriedigung – wenn nicht auf direkten, dann auf versteckten und geheimen Wegen. Die Strategien, die er dabei verfolgt, sind häufig dysfunktional und belasten dann die anderen Körper:

- Alkohol besänftigt die Wut, aber belastet die Verdauungsorgane und verschiebt Symptomatiken, sodass wir uns dem eigentlichen Problem gar nicht mehr stellen können oder wollen.
- Spielsucht lindert die Trauer, aber irritiert das klare Denken.
- Arbeitssucht mindert die innere Leere, aber blockiert die Wahrnehmung von Erfüllung.

Missachten wir unseren Emotionalkörper, „schnappt er ein" – wir verlieren den Kontakt zu unseren Gefühlen und zu unserer emotionalen Kraft. Überlassen wir ihn seinen unbewussten Impulsen, bringt er unser Leben aus der Bahn.

Der Weg zu emotionaler Gesundheit, den das *Vier-Körper-Modell* verfolgt, liegt darin, in guter Kommunikation mit dem eigenen Emotionalkörper – und damit den eigenen Bedürfnissen – zu sein, ohne blind nachzugeben. Das bedeutet: Du wirst die Weisheit und das Wissen der anderen Körper nutzen, um angemessene Strategien im Umgang mit deinen Gefühlen und Bedürfnissen zu entdecken. Deinem Emotionalkörper kannst du auf drei Weisen helfen:

- *Das Bedürfnis erfüllen*: Dies erfordert, mit dem Emotionalkörper zu kommunizieren und ihn zu fragen, was er sich wünscht. Vielleicht ist es nicht der Zweitwagen oder der Luxusurlaub, den er braucht, sondern möglicherweise Entspannung, Zärtlichkeit, Stille – in jedem Fall Aufmerksamkeit?
- *Die Einstellung zu deinem Bedürfnis ändern*: beispielsweise zu entdecken, dass die Erfüllung des Bedürfnisses doch nicht so wichtig ist oder sich auch mit einer anderen Strategie als bisher erreichen lässt. Der bedürfnisbewusste Mensch findet stets situationsgerechte Strategien, die möglichst gut zu seinen Werten und zu seiner Lebenssituation passen.
- *Bewusstseinsarbeit:* Hierzu zählen die am Ende dieses Kapitels aufgeführte Übung für den Emotionalkörper sowie die Vier-Körper-Aufstellung.

Eine Kette ist stets so stark wie das schwächste Glied. Die Stärke Ihres Gesamtsystems richtet sich daher immer nach dem bedürftigsten Körper und wenn der Emotionalkörper lahmt, ist höchste Aufmerksamkeit geboten. Bewusstes Fühlen ist der Schlüssel, um vom *Affekt* über die *Emotion* und die *Stimmung* zum *essenziellen Gefühl* zu gelangen. Emotionale Bewusstheit (statt Affekt) und Feinfühligkeit (statt Überempfindlichkeit) lässt sich lernen, so wie ein Sportler seinen Körper trainiert.

Zusammenfassung

- Das gesamte Spektrum deiner Emotionen lässt sich in Form eines Emotionalkörpers darstellen.
- Zwischen dem Emotionalkörper und anderen Körpern besteht eine ständige Wechselwirkung.
- Emotionen werden durch bloße Anwesenheit auf die Emotionalkörper eines anderen Menschen übertragen, wenn dieser dafür empfänglich ist.
- Es gibt in Wahrheit keine guten und schlechten Gefühle, sondern nur eine bewusste (hilfreiche) und eine unbewusste (dysfunktionale) Art, mit Gefühlen umzugehen.
- Emotionen kommen wellenweise auf und schwellen wellenweise auch wieder ab.
- Nicht zu Ende gefühlte (verdrängte) Emotionen lagern sich in Gefühlsschichten ab (durch die man mithilfe der eigenen Bewusstheit „hindurchtauchen“ kann).
- Verdrängte Emotionen „verdunkeln“ den Emotionalkörper und belasten auch die anderen Körper, meist ohne dass dem Betreffenden dies bewusst ist.
- „Kopfgefühle“ (mental konstruierte Gefühle) verstrickst du in Abhängigkeiten und entfernst du von der Wirklichkeit.
- Es gibt fünf echte Grundgefühle, in die du die meisten emotionalen Wahrnehmungen einordnen kannst: *Wut, Angst, Scham, Trauer, Freude*.
- Gefühle informieren dich über erfüllte und unerfüllte Bedürfnisse. Der bewusste Mensch findet kluge Strategien, mit seinen Bedürfnissen umzugehen.

Das Prinzip des unerlösten Emotionalkörpers ist das der Anhaftung. Wir können uns diese als klebrige Wolken im Emotionalkörper vorstellen. Sie sorgen dafür, dass wir immer wieder die gleichen emotionalen Ereignisse kreieren. Um emotional frei zu werden, müssen wir emotionale Anhaftungen erkennen und loslassen. Dies geschieht am leichtesten durch bewusstes Fühlen.

Das unmittelbare Fühlen „echter" Emotionen und das Hindurchtauchen durch die emotionalen Schichten setzt einen emotionalen Heilungsprozess in Gang – hinter jeder bewusst gefühlten Emotion ist Frieden.

Dem Emotionalkörper auf die Spur kommen

Der Emotionen-Maler

Die nachfolgende Übung hilft dir, in wenigen Minuten in präzisen Kontakt mit den emotionalen Inhalten in deinem Emotionalkörper zu kommen. Alles, was du dafür brauchst, ist ein großes, leeres Blatt Papier. Dann legst du dir fünf Farbstifte – besser noch Wachsmalstifte – zurecht. Die Farben haben folgende Bedeutungen:

Gefühl	Schatten	Farbe	Emoticon
Wut	Zerstörung	Rot	>:O
Angst	Lähmung	Blau	;_;
Scham	Selbsthass	Braun	(^_^)
Trauer	Passivität	grau oder dunkelgrün	:'(
Freude	Illusion	Gelb	:)

Nachdem du dich kurz gesammelt hast, nimmst du den roten Stift und erlaubst dir, in deine „Wutkraft" (positiv wie negativ) zu spüren. Du lässt zu, dass diese Kraft sich in abstrakter Form auf dem Papier in roter Farbgebung ausdrückt. Dann nimmst du den blauen Stift in die Hand und malst in abstrakter Form deine Angstkraft auf Papier. Danach in Braun deine Schamkraft, in Grau oder Dunkelgrün deine Trauerkraft und in der Farbe Gelb deine Freudekraft. (Über dem Kapitel siehst du das fertige Bild eines Klienten.)

Nun nimmst du dein Bild zur Hand. Schaue mit offenem, nicht urteilendem Blick auf das Bild, so als würdest du das Gemälde eines bekannten abstrakten Malers in einem Museum auf dich wirken lassen.

- Was fällt dir auf an diesem Bild?
- Was ist betont und welche Kraft ist nicht oder kaum vorhanden?
- Was braucht ein Mensch, der so ein Bild gemalt hat, am dringendsten? (z. B. eine rote Rose als Symbol erfüllter Liebe, Natur und Weite, um wieder zu sich zu finden, oder Abstand, um sich wieder selbst zu spüren?)

Stelle dir vor, dass du dem Menschen, der dieses Bild gemalt hat – dir selbst – genau das, z. B. die rote Rose, gibst. Und dann stelle dir vor, dass du der Mensch bist, der genau diese rote Rose bekommt. Fühle in dich hinein, wie es dir gehen würde, wenn du genau dieses Geschenk bekommen würdest.

- Inwieweit verändert sich dein emotionales Gestimmtsein?
- Was wäre dann möglich?
- Was wäre ein guter Schritt in Richtung deines neuen (Er-)Lebens?

Paradiesvorstellung – ein Weg aus der Verdrängung

Eine andere Möglichkeit deinen Emotionen auf die Spur zu kommen ist die Paradiesvorstellung. Stelle dir einmal vor, alle deine Bedürfnisse und Wünsche würden auf einen Wimpernschlag erfüllt werden. Wie würdest du sein, wie würdest du leben? Das Gefühl, das du dann wahrnimmst, entspricht dem Idealgefühl, das dein Emotionalkörper begehrt.

Nun vergleiche deinen momentanen Bewusstseinszustand und deine momentanen Lebensumstände mit deiner Paradiesvision: Was löst dies in dir aus?

- Wut, weil die Umstände nicht so toll sind?
- Angst, dass du dieses Paradies nicht erreichen kannst?
- Scham, dass du diese Paradiesvorstellung nicht erschaffen kannst?
- Trauer, dass du dieses Wertvolle nicht hast?
- Freude darüber, wie vieles momentan in deinem Leben schon okay ist?

Deine Gefühle zeigen dir die Spannungen zwischen deinem Ideal und deinem Real an, Spannungen, die du im Dienst deiner emotionalen Erfüllung nutzen kannst.

Deine Paradiesvision kann dir helfen, sehr viel über deine Bedürfnisse und deine schlummernde Potenziale zu erfahren. Aber auch über deine Vorstellungen – denn die Bilder, die du dir in deiner Paradies-Vision vorstellst, zeigen dir nur einen sehr begrenzten Ausschnitt von vielen Möglichkeiten, Bedürfniserfüllung zu erfahren (hierüber mehr, wenn es um den Mentalkörper geht).

Emotionale Reise auf der MS-Astoria – die Übung für den Emotionalkörper

(der Astor-Emotional-Prozess)

Das Wort Astor ist abgeleitet aus dem provenzalischen[45] „astur" (Falke). So klar wie der Blick eines Falken wirst du auf der nachfolgenden Reise akute wie chronische Emotionen wahrnehmen, befreien und transformieren können. Meine emotionale Reise reinigt deinen Emotionalkörper und öffnet dadurch das Tor zu den alternierenden Ressourcen, die jenseits aller Emotionalität auf dich warten.

Im Rahmen meiner Schauspielerausbildung habe ich jahrelang geforscht, was der einfachste Weg ist, um in Kontakt mit authentischen Gefühlen zu kommen. Hierbei spielen wildes Tanzen, Schütteln und Atmen eine besondere Rolle. Die nachfolgende emotionale Reise besteht aus fünf Stufen. Jede der nachfolgenden Stufen kannst du auch separat für dich durchführen:

1. Beobachter: Wie geht es mir gerade?
2. Schütteln
3. Emotion aktivieren und scannen
4. Atem und Emotionalkörper wahrnehmen
5. Beobachter: Was hat sich verändert?

1. Beobachter (ca. 1 Minute):

Du stehst aufrecht bewegungslos und spürst in dich hinein, wie es dir emotional geht und was gerade in dir lebendig ist. Verbinde dich innerlich mit deinem „inneren Beobachter". Das ist der Teil in dir, der immer war und immer sein wird, für den sich nie etwas verändert und der deshalb in der Lage ist, die Phänomene in dir und außerhalb von dir wertfrei wahrzunehmen, ohne diesem eine Interpretation oder Bewertung anzuheften.

---

45 Ein Dialekt, der in Südfrankreich in der Provénce gesprochen wird.

Musik, um Kontakt mit dem inneren Beobachter aufzunehmen: Der Klang einer Klangschale oder Zimbel.

Variante: Runenstehen, z. B.: Du stehst gerade, deine über den Kopf gestreckten Arme und dein Körper formen ein Y (sogenannte Man-Rune).

2. Schütteln (ca. 5 min.)

Schütteln hilft dir, eingefrorene Energien in den Fluss zu bringen. Emotion bedeutet „sich aus etwas herausbewegen". Damit stagnierende und verdrängte Emotionen (ab)fließen können, ist es hilfreich, dass du dich bewegst. Hier eignet sich das Schütteln, weil du während des Schüttelns nicht denken musst, sondern dich dabei einfach darauf konzentrieren kannst, was während des Schüttelns in deinem Körper vor sich geht.

Du beginnst damit, mit lockeren Handgelenken, deine Hände auszuschütteln, so als wolltest du Wasser abschütteln, das von deinen Händen herunterläuft. Dann beziehst du deine Ellenbogen, die ganzen Arme, die Hüften, die Knie, die ganzen Beine, den ganzen Oberkörper, den Kopf mit ein. Achte darauf, dass dein Kopf leicht vorgebeugt und dein Kinn locker ist – so vermeidest du eine Überdehnung des Nackens. Forciere das Schütteln nicht, aber unterdrücke es auch nicht. Bleibe, während du dich schüttelst, in deinem Fühl-Bewusstsein. Lasse das Schütteln wie eine weiche Welle durch den ganzen Körper gehen.

Du kannst diese Phase auf zwei Weisen nutzen:

- *Reines Schütteln ohne weiteren Prozess*: Du schüttelst deinen Körper ohne weiteren Fokus. Danach spürst du erneut in dich hinein. Was hat sich in dir verändert? Ist da mehr Energie, ein leichtes Zittern oder ein subtiles Strömen? Nimm es wahr und genieße es. Du hast deine Stagnation überwunden!
- *Schütteln in Vorbereitung auf den weiteren Prozess*: Wenn du nach dem Schütteln in den Bauch hineinspürst, wirst du dort Lebendigkeit wahrnehmen und auch (bisher verdrängte) emotionale Potenziale, die nun in den Ausdruck drängen.

Gute Musik für die Schüttel-Sequenz sind:

- Kundalini-Meditation, Deuter, 1. Track
- Reinhold Pertler, Ammah Loka, Powerversion[46], Track 2
- Gleichmäßige, aber bewegte Trommelmusik, Ur-Ton, Trommelrhythmen 4 (Einfach Sein)

Falls du die Meditation komplett durchführen möchtest, mache weiter mit Phase 3.

3. Emotionen aktivieren und scannen (ca. 1 min.)

Wie geht es dir gerade? Ob du es wahrnehmen kannst oder nicht, erlaube dir deinem physischen Körper die *Gestalt* (Körperhaltung, Mimik) von dem anzunehmen, was an Emotionen gerade in dir lebendig ist. Falls du dich bereits beim Schütteln auf eine ganz bestimmte Emotion eingestimmt hast, erlaube dir, dass diese Emotion für dich in allen Zellen spürbar ist.

Möglicherweise ist da Wut. Du kannst dann diese Emotion noch stärker erlebbar machen, indem du die Muskeln in deinem Körper anspannst und einen eher grimmigen Gesichtsausdruck annimmst. Erlaube dir dies und habe den Mut, diesen Ausdruck in deiner „Gestalt" auch ein wenig zu übertreiben.

Zu jeder Emotion gibt es auch dazu gehörige Gedanken, welche diese Emotion „triggern". Sollte deine Emotion beispielsweise Wut sein, darfst du dir an dieser Stelle auch Gedanken der Ablehnung erlauben, z. B. *„Ich hasse es, dass …"* oder auch einfach nur *„Nein!"*.

Finde so etwa zehn Trigger-Gedanken oder, wenn ein Gedanke besonders viel Emotionen auslöst, wiederhole ihn mehrmals, um das Gefühl, z. B. die Wut, noch deutlicher wahrzunehmen. Wenn dein Wort „Nein" ist, wiederhole mehrmals „Nein!" und denke dabei daran, zu welchen Einschränkungen in deinem Leben du „Nein" sagen möchtest.

46 CD erhältlich unter: http://www.der-erfolg-liegt-in-dir.de/

Faustregel: Wenn es alte Erinnerungen gibt, in denen die gleiche Emotion ausgelöst wurde, hat die aktuell gefühlte Emotion wenig mit den anderen Menschen zu tun, die gerade in deinem Umfeld sind – sie hat mit dir selbst und deiner Prägung zu tun und möchte durch dich verwandelt werden.

Lasse dich darauf ein, dass dich die jeweilige Emotion mehr und mehr erfüllt, bis du ganz zu dieser Emotion geworden bist.

Sobald du dies bemerkst, beginnst du ein wenig zu entspannen. Fühle in dich hinein, wo in deinem Körper die gefühlte Emotion zu Hause ist.

4. Atem (ca. 5 min.)

Es gibt kaum etwas, das so sehr in der Lage ist, Emotionen anzuregen und aufzulösen wie der Atem. Nicht umsonst rät man in emotional schwierigen Situationen: „Erst einmal drei Atemzüge tief durchatmen!"

Atme in dieser Phase gleichmäßig und tief, etwa in folgendem Rhythmus:

- Einatmen 8 Sekunden
- Ausatmen 8 Sekunden

Wenn dir eine längere oder kürzere Atemsequenz geeigneter erscheint, wähle diese. Es ist nur wichtig, dass du dann bei diesem Atemmuster bleibst. Lasse den Atem durch dich hindurchfließen und fühle dabei in deinen Emotionalkörper hinein, der quasi ein wolkenartiges Abbild deines physischen Körpers ist.

Wie ein Scanner ein Bild scannt, so scannst du dafür deinen Emotionalkörper. Beginne mit der Schädeldecke und fühle dich von oben nach unten durch deinen wolkenartigen Emotionalkörper hindurch. Manchmal hat sich eine Emotion so stark in dir manifestiert, dass du sie bis in den physischen Bereich hinein fühlen kannst, z. B. als Zwicken in der Leber oder als Anspannung im Bauch. Falls dies der Fall ist, fühle dies auch. Die Übergänge zwischen dem physischen und dem emotionalen Körper sind manchmal fließend.

Wo immer du auf einen Bereich triffst, der besonders von der jeweiligen Emotion betroffen ist, fühle ganz bewusst dort hinein und entspanne dich in diese Stelle hinein. Versuche, wie ein Wissenschaftler, dir selbst gegenüber zu beschreiben, wie sich dieser Bereich anfühlt. Finden sich keine genauen Begriffe, verwende am besten Analogien: „Es ist so ähnlich wie ...", „Es fühlt sich so an, als ob ..." Je präziser und wertfreier du die Phänomene beobachtest und beschreiben kannst, umso mehr Bewusstheit strömt an diese Stelle. Dies führt zu einer subtilen Veränderung in deinem Emotionalkörper. Schließlich ist ein emotionales Störfeld in deinem Emotionalkörper nichts anderes als der Schrei des Ungelösten nach deiner Zuwendung.

Genieße, wie sich Stelle für Stelle geballte Emotionsmuster allein durch die Präsenz deines Bewusstseins auflösen, so wie dunkle Wolkenballungen sich im endlosen Himmel verlieren. Ein erleichterndes Gähnen ist oftmals ein Anzeichen dafür, dass die jeweilige Emotion nun gelöst ist.

Im Laufe des Übens wirst du zunehmend erleben, dass sich allein durch deine Gegenwärtigkeit emotionale Störfelder wie von Zauberhand lösen. Mühelos und ohne Anstrengung. Du wirst Fertigkeiten im Auflösen von inneren emotionalen Knoten und Mustern erlangen, die mit Worten nicht mehr beschrieben werden können.

- *Freiatmen in Vorbereitung auf den weiteren Prozess*: Wenn du deine emotionalen Störfelder aufgespürt und neutralisiert hast, atme noch etwa zehn Atemzüge lang im gleichen Rhythmus weiter. Genieße deine neu gewonnene Freiheit. Durch das „Freiatmen" lernt dein Emotionalkörper, dass es möglich ist, intensive Emotionen zu fühlen und loszulassen, ohne sie ausagieren oder an ihnen leiden zu müssen.
- *Freiatmen ohne weiteren Prozess*: Atme im gleichen Rhythmus für etwa 15 Minuten weiter. Hierfür habe ich besonders geeignete Begleitmusik für dich herausgesucht (s. u.). Bevor du in deinen Alltag gehst, kehre zur einfachen Atembeobachtung zurück, d. h., du beobachtest einige Minuten lang deinen Atem, wie er von selbst kommt und geht.

Gute Musik für die Atem-Sequenz ist:

- Bizet, Carmen, Les Toreadors (feurig, z. B. in der Mitte der Atemphase)
- Grieg, Peer Gynt Suite No. 1, Morgenstimmung
- Haydn, Symphonie No. 94, 3. Stück, Menuett
- Offenbach, Hoffmanns Erzählungen, Barcarola (Schöne Nacht, o Liebesnacht)
- Pertler, Ammah Lokah Powerversion, Track 3
- Rachmaninov, Klavierkonzert No. 2, Op. 18, 2. Stück Adagio sostenuto (ruhig, gut für den Ausklang)
- Ravel, Pavane pur une infante défunte (ruhiges Stück, gut für den Ausklang oder Visionen)
- Saint-Saens, Karneval der Tiere (nur Musik, zweitletztes Stück - Der Schwan)
- Smetana, Mein Vaterland, II. Die Moldau, Vitava
- Strawinsky, Der Feuervogel, 13. Stück (feurig)
- Tschaikowsky, Nussknackersuite, Act I, III. Kleiner Galopp
- Tschaikowsky, The Sleeping Beauty, Op. 66, 14. Stück, Act I No. 06, Walzer
- Vachtang Kakhidza, Mondtanz, (Jazz Suite No. 1 für Jazz Band, Op. 50, Walzer)
- Vivaldi, Konzert für 2 Mandolinen in G-Dur, Andante (ruhig, gut zum Ausklang)

5. Beobachter (ca. 1 Minute):

Du stehst wieder aufrecht bewegungslos und spürst in dich hinein, wie es dir emotional geht und was gerade in dir lebendig ist. Verbinde dich erneut mit deinem „inneren Beobachter". Spüre in dich hinein. Was hat sich an deiner emotionalen Befindlichkeit verändert? Fühlst du dich freier? Möglicherweise spürst du jetzt, dass statt der bisherigen Emotion, beispielsweise Wut, nun eine Offenheit für das Leben da ist, die Präsenz eines erfrischten und gereinigten Emotionalkörpers. Nimm es wahr und feiere diese. Unterdrückte Potenziale sind verwandelt worden – dir steht nun mehr und vitalere emotionale Energie als vorher zur Verfügung.

- Falls du es dabei belassen willst: Gehe noch einmal kurz in die Stille (z. B. zum Klang einer Klangschale).
- Falls du weitere emotionale Schichten erforschen willst: Beginne wieder mit Schütteln und durchlaufen Phasen 2–5 mit der Emotion, die nun aus der nächsten tieferen Schicht emporsteigt.

Die emotionale Weltreise – fünf Kontinente des Emotionalkörpers

Wie wir bereits erfahren haben, gibt es fünf „Kontinente“, welche die häufigsten emotionalen Grundmuster in sich bergen:

- Emotionale Reise mit deiner Haupt-Emotion: Wenn dein Emotionalkörper sich gerade nicht optimal fühlt, empfiehlt es sich, die emotionale Reise genau mit *der Emotion zu unternehmen, die deiner aktuellen Befindlichkeit am nächsten ist.*
- *Emotionale Weltreise: Für ein emotionales Großreinemachen empfiehlt sich, die emotionale Reise mit allen fünf Grundemotionen hintereinander durchzuführen.*

Drucke dir das Emoticon für die jeweilige Emotion in großer Schrift (72 Punkt) auf Papier aus und nutze dieses als Bodenanker für deinen Prozess, d. h., du stellst dich während der Übung auf dieses Papier oder schaust es an. Das hilft dir dabei, die jeweilige Emotion noch stärker zu fühlen.

Empfehlenswert ist die nachfolgende Reihenfolge der Emotionen, es sei denn, es drängt sich nach dem Schütteln eine andere Emotion in den Vordergrund. Abschließen solltest du immer mit der *Freude*, um einen positiven Ausklang zu finden. Mit jeder Emotion gehst du jeweils durch die Schritte 1–5 wie oben beschrieben:

	Gefühl	Wahrnehmung	Emoticon
1.	**Wut**	Der/das andere ist falsch	>:O
2.	**Angst**	Das ist zum Fürchten	;_;
3.	**Scham**	Ich bin falsch	(^_^)

4.	**Trauer**	Das ist schade	:'(
5.	**Freude**	Das ist richtig	:)

1. Wut – die Kraft der Abgrenzung

Haltung, die du nach dem Schütteln einnimmst: Hände in die Hüften gestemmt oder zu Fäusten geballt. Muskelanspannung im ganzen Körper. Grimmiger Gesichtsausdruck.

Sätze, die du vervollständigen kannst, um deine Wutkraft zu spüren:

- Ich hasse es, wenn ...
- Ich mag es nicht, wenn ...
- Es nervt mich, wenn ...
- Es stört mich, dass ...
- Es ist nicht okay, dass ...
- Ich finde zum k..., dass ...
- Es macht mich aggressiv, wenn ...
- Ich habe ein Recht auf ...

- Ich sage „Nein“ zu ...
- Nein!
- Ich erinnere mich an ...

Wut-Erinnerungen können zu tun haben mit:

- Bedrohungen
- Demütigungen
- Grenzübertretungen
- Respektlosigkeit

Kommentar:

Spüre sowohl deiner *heißen Wut* wie auch deiner *kalten* Wut nach. *Kalte* Wut hat sich oft abgekapselt in Form von Groll oder Bitterkeit. Wenn du visuell bist, stelle dir die roten Wut-Wolken in deinem Emotionalkörper vor. Wenn dir dies bewusst wird, atme gefühlvoll genau in diese Bereiche deines (Emotional-)Körpers hinein, in denen kalte Wut stagniert und lasse zu, dass sie sich erst einmal in *heiße* Wut verwandelt, um sich dann aufzulösen.

Als Geschenk deiner in diesem Prozess erlösten *Wutkraft* gewinnst du die Fähigkeit zurück, deinen Standpunkt zu spüren, souverän zu vertreten und klar zu erkennen, wozu du „Ja“ und wozu du „Nein“ sagen willst.

Buchtipp zur Wut:

- Nie mehr ärgern, Klaus Jürgen Becker
- Wut. Plädoyer für ein verpöntes Gefühl, Heidi Kastner

2. Angst – die Kraft der Gegenwärtigkeit

Haltung: Eine Möglichkeit, mit deiner Angstkraft in Kontakt zu kommen ist, sich einige Momente lang auf Zehenspitzen zu stellen, Hände an den Seiten und das Körperzittern, das sich aus dieser Position ergibt, zu nutzen, um die Angstkraft (schlotternde Knie) zu spüren. Alternative: Hängende Schultern, evtl. Geste wie in dem Bild oben.

Sätze, die du vervollständigen kannst, um mit deiner Angstkraft in Kontakt zu kommen:

- Ich traue mich nicht ...
- Es zieht mir den Boden unter den Füßen weg, wenn ...
- Was in mir Angst/Panik auslöst, ist ...
- Was ich fürchte, ist ...
- Es bedrängt mich, wenn ...
- Ich erinnere mich an ...
- Wer mir Angst macht, ist ...
- Was mich zusammenzucken bzw. mich verkrampfen lässt, ist ...

Angst-Erinnerungen können zu tun haben mit:

- angepöbelt werden

- Bedrohungen
- Geheimnissen, die man vor anderen Menschen/Partnern/Behörden verbirgt
- Situationen, Dinge oder Lebewesen, die Angst auslösen (z. B. Spinnen, Fallschirmspringen, öffentliche Reden halten ...)
- verhört werden (Eltern, Lehrer, Polizei, Finanzamt ...)
- Arztbesuche

Kommentar:

Angst ist eine Emotion, die häufig direkt unter der Wut-Schicht liegt und die zutage tritt, wenn die Wutkraft erlöst und in die Bewusstheit geführt wurde.

Wenn du visuell bist, stelle dir die Angst-Wolken in deinem Emotionalkörper bildhaft vor: Sie werden weniger geballt sein als die Wut-Wolken, eher etwas bizarr.

Viele Menschen lassen ihr Leben durch die Angst regieren, sind sich aber der Tatsache überhaupt nicht bewusst, dass es Angst ist, die ihre Entscheidungen bestimmt. Sie haben ihre Angst verdrängt und meiden es, an die Grenzen ihrer Angst – und damit ihres Lebensspektrums – zu gehen. Mithilfe der emotionalen Reise können Sie Ihre *Angstkraft* zurückholen und damit auch die mit ihr verbundene Gegenwärtigkeit. Die Angst unterstützt uns darin, hellwach und gegenwärtig zu sein.

Angst ist ein rudimentäres Gefühl, das unserer Spezies seit Jahrtausenden geholfen hat zu überleben. Ich erinnere mich an ein Gespräch mit einem großen ZEN-Meister, der einmal gefragt wurde, wie er zur Angst stehe. Der ZEN-Meister hielt inne, ging in sich und antwortete dann: „Ich bin mit ihr einverstanden!" Ziel der emotionalen Reise ist es also nicht, die Angst zu tilgen, sondern sie deiner Bewusstheit zuzuführen und für die *Kraft der Gegenwärtigkeit* zu nutzen.

Als Geschenk deiner in diesem Prozess erlösten Angstkraft gewinnst du ein gutes Gefühl für deine Grenzen sowie den Mut, deine Grenzen sanft auszudehnen, und die Kraft der Gegenwärtigkeit, der Vorsicht und der Entscheidungsfreiheit auch in schwierigen Situationen.

Buchtipp zur Angst:

- Von der Angst zur Lebensfreude, Kurt Tepperwein
- Vom Jüngling zum Mann, Klaus Jürgen Becker

3. Scham – die Kraft der Selbst-Annahme

Haltung: sich zurückziehen, evtl. sich mit dem Gesicht zur Ecke stellen, Hände vor das Gesicht halten.

Sätze, die du vervollständigen kannst, um mit deiner *Schamkraft* in Kontakt zu kommen:

- Was andere nicht von mir wissen dürfen, ist ...
- Ich schäme mich dafür, dass ...
- Es ist mir peinlich, dass ...
- Dieser Makel an mir tut mir weh ...
- Nicht geklappt in meinem Leben hat ...
- Hässlich an mir finde ich ...
- Ich geniere mich ...
- Was ich gegenüber anderen nicht zugeben kann, ist ...

- Niemand sollte wissen, dass ...
- Ich erinnere mich daran ...
- Wonach ich süchtig bin, ist ...

Kommentar:

Um die eigene Scham zu spüren, ist es wichtig, die Verhärtungen im Wesen und im Herzen, welche uns vor der eigenen Scham geschützt haben, schmelzen zu lassen. Wenn du visuell bist, siehst du die – meist in sich zusammen gesunkenen – grauen Wolken der Scham und atmest durch sie hindurch.

Die Scham liegt oft unter der Angst verborgen. Lässt uns die Angst schlottern, hat die Scham eher einen beißenden Charakter. Nicht umsonst spricht man auch von Gewissens-Bissen. So wie die Wut Stacheln nach außen ausführt, so verursacht die Scham eher subtile Schmerzen, wie Stacheln nach innen.

Bei der Scham geht es nicht um die Angst, dass einem von außen Schaden zugefügt wird (diese wurde bereits beim Thema Angst abgearbeitet), sondern um das Gefühl, dass in dir eine Eigenschaft oder ein Verhalten ist, das nicht okay ist. Hierbei ist gelernte Scham (anerzogenes: „Du bist nicht okay") von echter Scham (der Stimme des eigenen Gewissens) zu unterscheiden.

Erinnerungen, in Verbindung mit der Schamkraft, haben häufig mit Beschämung zu tun, mit verspottet oder gedemütigt werden wegen des eigenen „So-Seins" oder auch damit, dass du einmal etwas Falsches getan hast, manchmal auch einfach nur deshalb, weil derjenige, der dich beschämte, dich nicht leiden konnte.

Sucht und Scham hängen ebenfalls oft eng miteinander zusammen. Sucht ist eine Mangelkrankheit – etwas Wesentliches fehlt im eigenen Leben. Statt dem Fehlenden auf die Spur zu kommen, folgt der Süchtige seiner Sucht und schämt sich anschließend seines Verhaltens, was erneuten Suchtdruck aufkommen lässt. Gerade in der Befreiung von Suchtverhalten ist es von besonderer Bedeutung, die eigene Schamkraft zu erlösen und in den Diensten der Befreiung einzusetzen.

Wenn du mit der Schamkraft arbeitest, wirst du in der Lage sein, gelernte Scham als solche zu erkennen und die essenzielle Qualität der Schamkraft spüren können: Die Kraft des eigenen Gewissens.

Als Geschenk deiner erlösten Schamkraft wirst du eine entspannte Haltung zu den eigenen Unzulänglichkeiten gewinnen und die Bereitschaft, ungeachtet aller subjektiv empfundenen Unvollkommenheit, deinen Beitrag zu dieser Schöpfung nach den Wertmaßstäben deines Gewissens zu leisten. Demut und Selbstannahme, die positiven Aspekte erlöster Schamkraft, zeigen sich in der Fähigkeit der vorurteilsfreien Hingabe an sich, an andere Menschen und an *das* Leben, das durch uns alle lebt.

Buchtipps zur Scham:

- Wut, Schuld und Scham: Drei Seiten der gleichen Medaille, Liv Larsson
- Vom Schämen und beschämt werden, Udo Baer
- Scham, die tabuisierte Emotion, Stephan Marks

Das aufrichtigste Mitgefühl empfindet,
wer den Schmerz aus eigener Erfahrung kennt. (John Gay, 1685-1732)

4. Trauer – die Kraft der Realisation

Haltung: hängende Schultern, ggf. in sich zusammenkauern, Mundwinkel nach unten, Augen geschlossen, evtl. Heulgeräusche von sich geben, bis man die *Trauerkraft* spürt.

Sätze, die du vervollständigen kannst, um mit deiner Trauerkraft in Kontakt zu kommen:

- Was ich in meinem Leben verloren habe, ist ...
- Es ist schade, dass ...
- Ich bedaure, dass ...
- Es macht mich traurig, dass ...
- Ich erinnere mich daran, ...
- Die Erinnerung, mit der ich Trauer verbinde, ist ...

Kommentar:

Trauer ist eine Kraft, die sich Ehrlichkeit und Offenheit wünscht. Wenn wir unsere Wut („Das ist nicht okay!"), unsere Angst („Das ist fürchterlich!") und unsere Scham („Ich bin nicht okay!") losgelassen haben, ist das Herz offen und bereit, das Wertvolle, das man verloren (oder auch nie gehabt) hat zu sehen und den Schmerz dieses Verlustes (oder des Nichthabens) zu fühlen.

Auch der Weltschmerz und die Wahrnehmung, im eigenen Leben würde etwas Wertvolles fehlen, gehören zur Trauer.

Das Geschenk der Trauerkraft ist die Realisation. Man realisiert den erlebten Verlust oder Mangel und „landet“ dadurch mit allen Fasern seines (Emotional-)Körpers im Jetzt. Nur dadurch ist Offenheit für die neuen Lebensereignisse und damit die fünfte Emotion (die Freude) möglich, die der eigentliche Grundzustand in unserem Leben ist.

Der Wechsel von der Trauer zur Freude ist ein Prozess, der Behutsamkeit und Achtsamkeit (und oftmals auch Zeit) erfordert, da hiermit ein Wechsel der emotionalen Ausrichtung stattfindet.

5. Freude – die Kraft der Anziehung

Haltung: locker, Hände und Mundwinkel nach oben.

Sätze, die du vervollständigen kannst, um mit deiner Freudekraft in Kontakt zu kommen:

- Ich bin dankbar für ...
- Was in mir Freude auslöst, ist ...
- Ich habe mich sehr gefreut über ...

- Ich genieße es sehr, wenn ...
- Ich bin okay, ... (anderer Mensch oder Situation) ist okay
- In meinem Leben und in mir wirklich gut ist ...
- Zehn Orte, an denen ich glücklich war, sind ...

Kommentar:

Freude wirkt anziehend. Wer sich freut, spürt in sich den Impuls, andere Menschen an ihr teilnehmen zu lassen. So heißt es auch: „Geteiltes Leid ist halbes Leid – geteilte Freude ist doppelte Freude!"

Es ist wichtig, die emotionale Reise möglichst mit der Freude-Emotion abzuschließen. Je mehr wir uns unserer Basis-Emotionen bewusst werden, umso leichter gelingt es uns im Alltag, uns für die Freude zu entscheiden.

Auf deiner emotionalen Weltreise kann es immer wieder vorkommen, dass die Freude-Emotion früher auftaucht als an fünfter Stelle. In dem Fall ist dies ein Zeichen dafür, dass du in guter Verfassung bist. In dem Fall genieße deine Freude und kümmere dich um die anderen Emotionen ein anderes Mal.

Buchtipp:

- Für die Freude entscheiden: Gebrauchsanweisung für ein glücklicheres Leben, Kay Pollak
- Sorge Dich nicht. Lebe!, Dale Carnegie

Emotionen-Scan: Die schnelle Reise durch den Emotionalkörper

Wenn du in der emotionalen Reise geübt bist, empfehle ich dir, ähnlich wie morgendliches Zähneputzen, direkt nach dem Aufwachen einen täglichen Emotionen-Scan. Hierfür gehe wie folgt vor:

- Wutkraft: Sei dir deiner Wutkraft und deiner Fähigkeit zur klaren Abgrenzung bewusst. Spüre diese Kraft im Bauch.
- Angstkraft: Sei dir deiner Instinkte, deiner Angstkraft und deiner Fähigkeit zur Wachsamkeit bewusst. Spüre diese Wachsamkeit in deinem Körper.

- Schamkraft: Mache dir bewusst, dass du dich so in das Leben einbringen darfst, wie du bist – spüre Selbstannahme und Demut in deinem Dienst am Größeren – deine Schamkraft.
- Trauerkraft: Mache dir bewusst, dass vieles nicht mehr da ist, was gestern noch da war, aber auch, dass neue Möglichkeiten heute auf dich warten. Öffne dein Herz für die Trauerkraft in dir.
- Freudekraft: Mache dir bewusst, dass vieles an dir und deinem Leben positiv ist und spüre die Freudekraft für diesen Tag.
- Emotionen-Scan: Dann scanne deinen Emotionalkörper von Kopf bis Fuß, ob dort irgendwelche Störemotionen, Aversionen, Kümmernisse oder Ähnliches sind. Wenn du so etwas spürst, sei dir dieser Emotionen gewahr und warte, bis sie sich im Brennpunkt deines Bewusstseins auflösen. Dafür kannst du dir deinen Emotionalkörper als ein wolkenartiges Gebilde vorstellen, durch das du mit deinem Bewusstsein hindurchgleitest: durch den Emotionalkörper fühlen (scannen), wo emotionale Wolken sind, in die Mitte der Wolken (bzw. der Emotionen) gehen, diese „da sein lassen", ausdehnen, stärker werden lassen, spüren, erleben, wie sich Störgefühle langsam auflösen, hindurchtauchen, weiterziehen.
- Freudekraft: Spüre wieder die Freude in dir. Genieße deinen Tag!

Liebe, das alternierende Prinzip

Liebe ist kein Gefühl, sondern ein Bedürfnis. Jeder Mensch hat das Bedürfnis zu lieben und geliebt zu werden. Das, was die Menschen meinen, wenn sie sagen, dass sie jemanden lieben, ist meist eine romantische Empfindung, die aus der Haltung von „ich bin okay, du bist okay" entsteht, also eng mit Freude verbunden ist, aber keine Liebe im eigentlichen Sinne.

Die hier angesprochene Liebe ist eine *Fähigkeit*, die unabhängig von den Umständen in jeder Lebenslage ausgeübt werden kann[47]: So ist Liebe in der Lage, jede Befindlichkeit zu übersteigen. Sie ist die Steigerung von Toleranz zur Akzeptanz und dann zur Liebe.

---

47 Weitere Informationen: Fromm, Erich: *Die Kunst des Liebens.*

Toleranz → *Akzeptanz* (freudige Annahme) → *Liebe*

Liebe als alternierendes Prinzip ist im spirituellen Körper beheimatet, reicht aber in den emotionalen Körper hinein.

- In der Toleranz bin ich bereit, auch unangenehme Gefühle und Situationen zu ertragen, zu tolerieren im Sinne von „etwas da sein lassen“.
- In der Akzeptanz bejahe ich das, was ist.
- Liebe verwandelt das, was ist, da sie alle Situationen und emotionalen Zustände durchdringt.

Liebe als alternierendes Prinzip ist bedingungslos und absichtslos: Sie stellt keine Bedingungen daran, wie man selbst, der andere, das Leben zu sein hat. Und sie liebt nicht aus Berechnung, damit sie irgendetwas dafür bekommt, sondern erfüllt alles und genügt sich selbst.

Liebe öffnet das Tor zur Realität hinter den Dingen, den Wundern der Existenz. Deshalb ist ihr die Fähigkeit zu eigen, niedrig schwingende Emotionen, ja, sogar unsere gesamte Ich-Begrenzung zu alternieren.

„Der einzige Mensch, der sich vernünftig benimmt, ist mein Schneider.
Er nimmt jedes Mal neu Maß, wenn er mich trifft,
während alle anderen immer die alten Maßstäbe anlegen
in der Meinung, sie passten auch heute noch.“

(George Bernard Shaw)

„Der Geist entscheidet – du wirst, was du denkst!“

(Buddha Gautama)

Der Mentalkörper

Der Mentalkörper ist für die meisten Menschen in unseren Breitengraden der dominanteste, nicht aber der bewussteste Körper. Er ist das gewaltige Sammelbecken äußerer Eindrücke und legt diese in seinem inneren Speicher wie eine Datei in unserem Computer ab, in Form von Erinnerungen, inneren Bildern (Vorstellungen, Phantasien), Gewohnheiten, Überzeugungen (Prinzipien, Wertvorstellungen, Konzepte, Strategien, Bewertungen), Erkenntnissen, Plänen, Strategien usw.

Hellsichtige Menschen gehen davon aus, dass man den Mentalkörper „sehen" kann. Demnach schließt der Mentalkörper am Emotionalkörper an und überragt den Umriss des physischen Körpers, den er durchdringt, um ca. 20 cm. Seine Form ist nicht wolkenartig wie der Emotionalkörper, sondern eine Mischung aus Strukturelementen und frei fließenden Zwischenräumen. Die *Strukturlinie* des Mentalkörpers ist in etwa vergleichbar mit Formationen von Rutilquarz. Sein Licht strömt in der Regel vom Kopfbereich ausgehend nach unten.

- Ist ein Mensch in starker Konzentration, z. B. in Gebet, Meditation, Bildbetrachtung oder bei geistiger Arbeit, leuchtet der Mentalkörper heller und dehnt sich aus.
- Wird der Mentalkörper durch belastende eigene oder fremde Gedanken geschwächt, verringert sich sein Licht und seine Form verzerrt sich auf eine manchmal skurrile Weise.
- Ist das Denken kraftvoll, pulsiert der Mentalkörper in einer hohen Lichtfrequenz.
- Wenn ein Mensch sehr intensiv einer rein geistigen Tätigkeit nachgeht, führt dies zu „Kopflastigkeit". Daraus entstehende Spannungen zwischen dem „überversorgten" Mentalkörper und einem akut „unterversorgten" Emotionalkörper zeigen sich in Energiestaus und müssen in Ausgleich gebracht werden, z. B. durch Muse, Humor, Freude, Tanzen, Massage, Musizieren, Spielen, aber auch ehrliche Herz-zu-Herz-Gespräche.

- Damit Lebenserfahrungen ganzheitlich integriert und neue Visionen etabliert werden können, ist das Zusammenspiel von Emotional- und Mentalkörper besonders wichtig.
- In der Zusammenarbeit mit dem spirituellen Körper ist der Mentalkörper sehr wichtig, da ohne seine Hilfe spirituelle Erfahrungen nicht eingeordnet werden können.

Historisches

Die Geburtsstunde des Mentalkörpers liegt zigtausend Jahre zurück. Damals begann der erste Mensch Zeichnungen in eine Höhle einzuritzen und vollzog damit einen gewaltigen Evolutionsschritt. Er abstrahierte einen Sinneseindruck und legte ihn in abstrakter Form dar.

Im Gegensatz zum Tier, das sich vermutlich nicht über Instinkte und Empfindungen hinausbewegen kann, ist es dem Menschen seither möglich, etwas aus seinem weltlichen Zusammenhang herauszulösen und damit über die Welt, mehr noch, über sich selbst zu reflektieren.

Vermutlich wurde diese Fähigkeit zuerst genutzt, um über Jagdreviere zu informieren und Waffen zu entwickeln. So gelang es dem Menschen im Laufe der Evolution mithilfe seines Mentalkörpers die Welt zu erobern und dabei sogar Löwen und Elefanten zu beherrschen, welche über weitaus kraftvollere Körper verfügen als er.

Die Entwicklung der Atombombe, die Feldzüge mächtiger Tyrannen, aber auch die Errungenschaften der modernen Medizin zeigen, wie machtvoll das menschliche Denken ist. Über den Mentalkörper beeinflusst der Mensch mittels seines Willens und durch automatisch ablaufende Gedankenmuster seine Lebensumstände.

Der Mentalkörper des modernen Menschen ist hoch entwickelt und verfügt über zahlreiche Fähigkeiten:

- Abstraktes[48] Denken: die Fähigkeit, sich aus einer Situation herauszunehmen, sich und seine Lebensumstände „von außen" zu betrachten. Diese Fähigkeit hat die menschliche Kreativität in unglaublichem Maße beflügelt und zur Perfektionierung beigetragen. Jedoch:
- → Dort, wo abstraktes Denken Stress bereitet, ungute Gefühle beschert, demotiviert oder weltfremd macht, verfehlt es seinen Sinn. Ein Beispiel für die schädlichen Auswirkungen abstrakten Denkens ist die Sucht nach Computerspielen oder das sinnlose Theoretisieren nur um des Denkens willen.
- Logisches, folgerichtiges Denken: Der Logik verdanken wir nahezu unendlich viele Erfindungen, wissenschaftliche Entdeckungen und Vereinfachungen im Umgang miteinander. Jedoch:
- → „Logisch" ist nicht immer automatisch „richtig". Die Logik kann sich irren, insbesondere wenn es um persönliche Lebensentscheidungen geht.
- → Logik ohne Sinn und Zweck verplempert wertvolle geistige Energie, kann sogar zur blinden Rechthaberei ausarten.
- Erfahrungslernen: Der kluge Mensch lernt aus Erfahrungen, eigenen und den Erfahrungen anderer Menschen. Geschichten über Erfahrungen aus der Vergangenheit unterstützen den Mentalkörper darin, die eigene Ausrichtung für die Gegenwart und Zukunft zu finden. Ob Erfahrungen lebensdienlich oder lebensfeindlich sind, liegt nicht an den Erfahrungen selbst, sondern daran, wie der Mentalkörper sie „interpretiert". Jedoch:
- → Nicht alle Interpretationen dienen dem Leben. Deshalb ist es wichtig, den eigenen Erfahrungsschatz immer wieder zu durchforsten und – ähnlich wie beim Ölwechsel eines Autos – regelmäßig den Mentalkörper zu Neubewertungen[49] anzuregen.

---

48 Wörtlich: aus lat. abstrahere = lat. *herausziehen, trennen, entfernen, wegziehen.*

49 Für diese Neubewertungen hat sich in der Neurolinguistik der Begriff *Reframing (von engl. re ‚wieder/neu'* und *frame ‚Rahmen')* etabliert. *Reframing* ist eine Bewusstseinsmethode, die es ermöglicht, belastende Situationen neu zu interpretieren und in einem für die Ziele des Betreffenden hilfreichen Zusammenhang zu stellen. Weitere Informationen zu Reframing: Bandler, Richard und Grinder, John: *Reframing: Neurolinguistisches Programmieren und die Transformation von Bedeutung*. Junfermann Verlag. 2010.

- Bildhafte Imagination: Zu den eindrucksvollen Eigenschaften des Mentalkörpers gehört es, innere Bilder, Landschaften oder Filme zu imaginieren und diese zu einer eigenen Vision aufzubauen. Jeder Spitzensportler, jeder Politiker, jeder Schauspieler benötigt die Fähigkeit, sich seine Idealform und seinen Idealzustand zu erträumen. Die Fähigkeit zur bildhaften Vorstellung lässt sich auch als Fantasie nutzen: Diese kann Hoffnung spenden und regenerierend wirken, quasi als „Urlaub vom Ich". *Fantasiereisen*[50] gehören zu den erholsamsten Entspannungsübungen, die wir kennen. Jedoch:
- → Dort, wo innere Bilder und Fantasien süchtig machen oder lebensfeindlich wirken, verfehlen sie ihren Zweck.
- Wissen: Über den Mentalkörper kommt Wissen zu uns. Wichtiger als äußere Informationen ist der Zugang zu dem, was der Mensch „aus sich heraus weiß". Kaum einer weiß, dass er durch seinen Mentalkörper dazu bewussten Zugang erhalten kann. Jedoch:
- → Wissen allein nützt wenig, wenn wir nicht wissen, was wir damit anfangen sollen.

Leben ist ständige Veränderung und so ist es die Aufgabe des Mentalkörpers dieser Veränderung gerecht zu werden. Dies bedeutet, ewig Gültiges von Veränderlichem zu unterscheiden und dabei jeden Augenblick neu Maß zu nehmen:

- *Überzeugungen*, die in früher Kindheit einmal lebensfördernd waren, z. B. „Ich bin hilflos und brauche jemanden, der mir beim Überleben hilft", sind in einer anderen Lebensphase kontraproduktiv, da sie den Betreffenden an seine Vergangenheit binden.
- *Erinnerungen* sind gar nicht so objektiv, wie man vermuten könnte. Die moderne Wissenschaft geht heute davon aus, dass Erinnerungen eine Konstruktionsleistung sind, bei der das Gehirn nicht wie ein Monitor wirkt, der Vergangenheit abbildet, sondern: Unsere Interpretationen kreieren

50 Weitere Ausführungen zu Fantasiereisen: Panholzer, Thomas: *Hypnotische Phantasiereisen: Auf den Pfaden des Unterbewusstseins zu tiefer Entspannung und Selbsterkenntnis*. Südwest Verlag. 2008.

unser Bild von der Vergangenheit in jedem Augenblick neu. Durch Neubewertung der Erinnerungen verändert sich automatisch auch die Wahrnehmung der eigenen Vergangenheit[51].

- *Innere Bilder* sind die Sprache des Unbewussten. Veränderungen der inneren Bilder, z. B. durch Imagination oder durch äußere Bilder, Filme usw., begünstigen neue Lebenssituationen. Bei der Wahl der inneren Bilder ist jedoch darauf zu achten, dass sie dem Emotionalkörper ebenfalls behagen, da es sonst zu Spannungen zwischen Denken und Fühlen kommen kann.
- *Denkgewohnheiten* bestimmen, worauf der Mensch sein Denken ausrichtet. Der Mensch denkt zwar 40.000 Gedanken täglich, wovon ein Teil scheinbar neue Gedanken, wie z. B. Tagesnachrichten, beinhaltet. Die Ausrichtung seines Denkens bestimmt jedoch, mit welcher Qualität von „geistiger Nahrung" er seinen Mentalkörper füttert. Der Mensch täte gut daran, immer wieder die Ausrichtung seines Denkens zu überprüfen, damit „frischer Wind" in seinen Mentalkörper kommt.

Der Mentalkörper birgt in sich Fluch und Segen zugleich. Fluch, weil er uns weg vom Natürlichen und auch in die Irre führen kann. Starre Einstellungen, Vorurteile und die Weigerung aus dem Leben zu lernen, kann dazu führen, dass die Substanz des Mentalkörpers sich verhärtet. Mehr noch: Verdrehtes Denken kann pervertieren und Völkermorde und Faschismus begründen. Der Segen des Mentalkörpers liegt darin, dass er uns helfen kann, über die bisherigen Grenzen des Menschseins hinauszugehen.

„Einen von zwei Schmerzen müssen wir ertragen:
Den Schmerz der Disziplin oder den eines schlechten Gewissens.
Der Unterschied ist, Disziplin wiegt Gramm,
ein schlechtes Gewissen wiegt Tonnen."

(Jim Rohn)

51 vgl. Ernst von Glasersfeld: *Der Radikale Konstruktivismus. Ideen, Ergebnisse, Probleme.* Suhrkamp-Verlag. Frankfurt.

Heute hat sich das Denken selbständig gemacht. Statt selbständig zu denken, lassen Menschen „sich denken". Sie erkennen nicht, in welchem gewaltigen Ausmaß sie sich dadurch in eine Art „kollektive Denktrance" begeben. Sie nehmen stärker an den virtuellen Realitäten von Computerspielen, Internet und Fernsehen teil als am sinnlichen Leben. Die meisten der zigtausenden Gedanken, die uns Tag für Tag durchlaufen, sind für die eigene Lebensgestaltung völlig unbedeutend. Viele von ihnen sind sogar kontraproduktiv für unsere Ziele. Viele Menschen denken nur um des Denkens willen und erkennen nicht: Das Denken für sich ohne Sinn und Zweck hat keinen Wert. Wie Jim Rohn in dem o. a. Zitat darlegt, ist deshalb (Gedanken-)Disziplin unumgänglich, wenn wir unsere (Lebens)Ziele erreichen wollen.

Gerade weil die Versuchungen so stark sind, sich im Denken zu verlieren, ist es wichtig, sich bewusst zu machen, *in wessen Dienst* der Mentalkörper gerade steht, d. h., mit welchem „Herrn" bzw. „Ziel" er sich gerade identifiziert.

Wer den Mentalkörper zum Herrn und Entscheider seines Lebens macht, wird immer wieder enttäuscht und in die Irre geführt. Erst im Zusammenspiel mit einer klaren Ausrichtung, in Koordination mit den anderen Körpern, kann der Mentalkörper seine lebensdienliche Wirksamkeit entfalten:

- Der Mentalkörper allein kann zwar Luftschlösser bauen, aber – auf sich gestellt – sie nicht verwirklichen. Erst mithilfe der anderen Körper, insbesondere des physischen Körpers und dem konkreten „Handeln" lassen sich Ziele verwirklichen. Erst dann werden Gedanken zu Dingen. → Menschen, die diese Fähigkeit beherrschen, sind *Praktiker und Erfolgsmenschen.*
- Der Mentalkörper allein kann von glücksbringenden Umständen träumen, aber uns nicht helfen, uns glücklich zu fühlen, so sehr er auch versucht, gute Gefühle zu denken. Zuständig für Gefühle ist nämlich der Emotionalkörper. Erst in der Zusammenarbeit von Mentalkörper und Emotionalkörper entstehen emotionale Freiheit, z. B. durch Neubewertung von Lebenssituationen, und emotionale Intelligenz. → Menschen, die diese Fähigkeit in anderen wecken, nennt man *Therapeuten*. Auch Schauspieler und Unter-

haltungskünstler verfügen über eine gute Verbindung zwischen Mental- und Emotionalkörper.

- Der Mentalkörper ist nicht in der Lage, unserem Leben Sinn zu geben. Weder der neue Ferrari noch die neue Stereoanlage werden das Leben sinnvoller machen. Sinn, Glück oder auch Gott lassen sich weder erdenken noch konsumieren. Für sie ist nämlich der spirituelle Körper zuständig. Wenn jedoch der Mentalkörper beginnt mit dem spirituellen Körper zusammenzuarbeiten und durch Meditation, Gebet und Bewusstseinsübungen Erkenntnis, Weisheit und Spiritualität generiert, können zutiefst spirituelle Erfahrungen daraus hervorgehen. → Menschen, die diese Verbindung pflegen, nennt man spirituelle Seminarleiter, Sinnsucher, Gurus[52], Priester[53] oder Theoretiker[54] im ursprünglichen Sinn.

Mithilfe des Denkens ist es dem Menschen gelungen, ständig neue Erfindungen zu machen, welche seine Lebensqualität steigern, und sogar ferne Ziele zu erreichen. Gerade in unserer Zeit wird die Fähigkeit des Mentalkörpers, die mentalen Muster losgelöst von sich zu betrachten und anschließend zu verändern, immer wichtiger. Je mehr der Mensch entdeckt, dass er sich mit seinem Mentalkörper eine innere und äußere Freiheit kreieren kann, umso wichtiger ist es, dieses Werkzeug auch wirklich zu beherrschen.

Damit der Mentalkörper diese Aufgabe erfüllen kann, muss man ihn von Lasten befreien, die nichts mit ihm zu tun haben:

- Denken ersetzt nicht die physische Realität. Wenn sich Denken und Wahrnehmung vermischen, hält man Seile für Schlangen und Maulwurfshügel für Berge. Man schätzt die Welt und die eigene Rolle in ihr unrealistisch ein. Es ist daher wichtig, den Mentalkörper von Illusionen über die Dinge, Umstände, Mitmenschen zu entlasten und die Wahrnehmung der Reali-

52 Das Wort „Guru" kommt aus dem Sanskrit und bedeutet wörtlich: „Jemand, der Licht in die Dunkelheit bringt." Im eigentlichen Wortsinn steht es für jemanden, der große Erkenntnisse besitzt, dessen Meinung als maßgeblich anerkannt ist, und hat nichts mit der heute oftmals spöttisch verwendeten Bedeutung zu tun.

53 Ursprünglich von griech. *hieros* = heilig, geweiht und lat. *Sacerdos* = Priester, abgeleitet von griech. *presbyteros* = „Ältester".

54 Wörtlich: aus lat. *res* und *theo* = die Sache Gottes.

tät dem physischen Körper und seinen Empfindungen zu überlassen. Nur dann kann der Mentalkörper sich auf die Realität einstimmen, so wie sie ist. Die Fähigkeit, Dinge so zu sehen, nennt man Gegenwärtigkeit.

- Oftmals ist das Denken emotionalisiert. Wenn sich Emotionen in Denkprozesse einmischen, geht dies auf Kosten der Klarheit. Es ist daher wichtig, Gefühle und Gedanken voneinander zu trennen und dem Emotionalkörper die Autorität über die Gefühlswahrnehmung zu überlassen. Nur dann ist ungetrübtes, lösungsorientiertes Denken möglich.
- Oftmals ist der Mentalkörper belastet, weil er keinen Sinn im Leben sehen kann. Dies ist jedoch nicht seine Aufgabe. Sobald der spirituelle Körper aufgespürt und in Kontakt mit ihm der Sinn gesucht wird, wird der Mentalkörper von dem Schmerz der Sinnlosigkeit entlastet und kann seine eigentliche Aufgabe erfüllen.
- Oftmals ist der Mentalkörper verzweifelt, weil sich Projekte, Ziele, Wünsche, Träume trotz aller Anstrengung nicht verwirklichen. Oftmals liegen die Blockaden jedoch gar nicht beim Mentalkörper, sondern in den anderen Körpern bzw. in der mangelnden Kooperation der Körper untereinander.

Der Mentalkörper hat einen akuten Aspekt (die momentane Bewusstseinsausrichtung), einen chronischen Aspekt (Überzeugungen, Erinnerungen, innere Bilder) und einen systemischen Aspekt. Ein Mensch ist dann mental gesund, wenn sein Mentalkörper

- akut: auf Qualitäten ausgerichtet ist, die dem entsprechen, wohin sich der Mensch bewegen möchte,
- chronisch: situationsgerechte Überzeugungen, Erinnerungen, innere Bilder in sich birgt,
- systemisch: sein Denken, sein Fühlen, seine Physis und seine Spiritualität (und damit alle vier Körper) gut miteinander koordiniert sind.

Die Aufgabe des Mentalkörpers ist es, ein *Diener, Mittler* und *Verbinder* zu sein zwischen dem Menschen, den Zielen des Menschen und der Welt, die ihn umgibt und auch zu den physischen, emotionalen und spirituellen Ebenen des Menschen (bzw. zu den durch sie repräsentierten physischen, emotionalen und mentalen Körpern). Dies bedeutet:

- Materielle Verwirklichung (physische Ebene)
- Emotionale Befreiung (emotionale Ebene)
- Streben nach Erkenntnis, Weisheit, „Erleuchtung“ (spirituelle Ebene)

Tatsächlich benötigt der Mensch einen *Verstand*, der ihn darin unterstützt, die Bedürfnisse des physischen, emotionalen wie des spirituellen Körpers zu erfüllen. Gelingt es, die Probleme der Alltagswelt („in der Box“) zu lösen, wird der Mensch seinen Mentalkörper automatisch mehr und mehr für die Entfaltung des *Bewusstseins* einsetzen, um herauszufinden, was sich „außerhalb seiner Box“ befindet. Kümmern wir uns zuerst um die materielle Ebene, sodass wir eine gute Basis haben, um an späterer Stelle die Zusammenarbeit mit der spirituellen Ebene anzustreben.

„Denken ist die Arbeit des Intellekts,
Träumen sein Vergnügen.“

(Victor Hugo)

Das Geheimnis deiner inneren Magnetkristalle – das Gesetz der materiellen Resonanz

Sie wirken immer, egal wie! Dein Glück und dein Pech, deine Freude und dein Leid, deine Erfolge und deine Misserfolge, deine Glücksfälle und deine Schicksalsschläge, deine Beziehungen und deine Gesundheit sind kein „Zufall“. Die Ursache für das, was du in deiner äußeren Welt erlebst, liegt nicht da draußen – sie liegt *in dir*.

In dir sind Millionen mikrofeiner Magnetkristalle[55], die, ob es dir bewusst ist oder nicht, permanent Lebenssituationen, Umstände, Ereignisse und Zustände anziehen, die genau der Beschaffenheit dieser Magneten entsprechen. Diese Magnetkristalle wirken, egal ob du jung oder alt, gebildet oder

55 Genauer gesagt handelt es sich um Millionen von Minikristallen, die miteinander einen gewaltigen Mentalkristall bilden.

ungebildet, männlich oder weiblich bist. Du nimmst diese Magnetkristalle stets mit dir, wo immer du hinreist und mit wem auch immer du gerade zusammen bist. Jeder Mensch, der dir begegnet, jede Umgebung reagiert auf diese Magnetkristalle in dir.

Da diese Magnetkristalle für gewöhnliche Augen unsichtbar sind, kannst du diese nicht sehen und auch nicht unmittelbar wahrnehmen. Dies ist ähnlich wie mit deinem Gesicht, das du auch nicht sehen kannst, auf das jedoch andere Menschen reagieren.

Womöglich stellst du dir an dieser Stelle die Frage, welche Art von Information („Ladung") in deinen Magnetkristallen enthalten ist. Vielleicht bedauerst du, diese nicht mikroskopisch untersuchen zu können. Es gibt jedoch eine sehr einfache Möglichkeit wahrzunehmen, welche stillschweigende Information in deinen Magnetkristallen enthalten ist, wenn du lernst, *ihre Wirkung* wahrzunehmen und von seiner Wirkung auf deine Magnetkristalle zurück zu schließen.

Deine Lebensumstände spiegeln dir nämlich genau das, was deine Magnetkristalle aufgrund ihrer subtilen Information und Ladung magnetisch anziehen. Vereinfacht könnte man sagen: Das Leben ist nicht, wie es ist – das Leben ist, wie du bist. Was dir geschieht hat also in erster Linie nicht mit den anderen, sondern mit dir selbst zu tun.

Zwischen den Magnetkristallen in dir und den Magnetkristallen anderer Menschen besteht eine Wechselwirkung, die auch „Gesetz der Resonanz" genannt wird. Durch die Magnetkristalle in dir beeinflusst du die Kristalle in anderen Menschen. Und: Die anderen Menschen beeinflussen durch ihre Magnetkristalle die Magnetkristalle in dir, bringen andere Aspekte in dir zum „Schwingen".

Dieses Gesetz der wechselseitigen Resonanz gilt übrigens nicht nur für andere Menschen, sondern auch für Orte, an denen du dich aufhältst. In dem Zusammenhang spricht man von „Resonanzfeldern": Die Teilnahme am Gottesdienst in einer Kirche bringt *andere* Aspekte deines Magnetkristalls in dir zum Schwingen als die Teilnahme an einem Bundesligaspiel deiner Lieblingsmannschaft im Fußballstadion. Ladung unterscheidet nicht zwischen „gut" und „böse", sie überträgt sich, ohne zu werten. So erklären sich Massenphänomene, die wir ebenso bei Tyrannen wie Hitler und bei Befreiern wie Martin Luther King erleben konnten. Wie *genau* du auf die jeweiligen Menschen oder Felder reagierst, hängt jedoch auch damit zusammen, welche Potenziale in deinen Magnetkristallen schlummern.

Vielleicht hältst du die Idee mit den Magnetkristallen für weit hergeholt? An dieser Stelle wird es Zeit für eine wissenschaftliche Untermauerung dieser These:

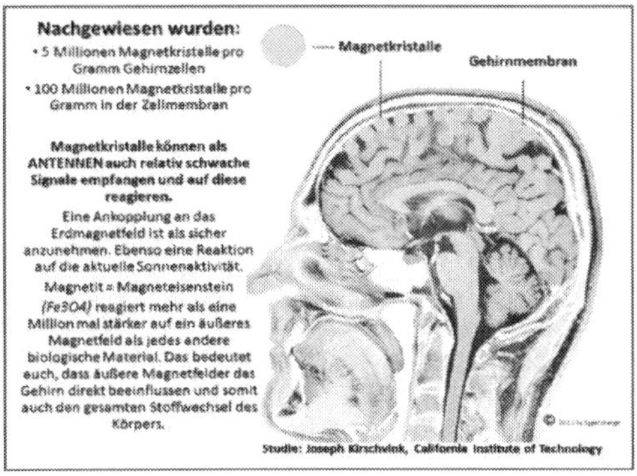

Magnetkristalle im menschlichen Gehirn

Joseph Kirschvink[56] und sein Forscherteam machten im Jahre 1992 eine atemberaubende Entdeckung. Sie entdeckten auf den magnetischen Resonanzbildern (MRI) menschlicher Gehirnsubstanz schwarze Pünktchen. *Kirschvink* vermutete, dass es sich hierbei um Magnetkristalle (genauer gesagt: Magnetit = Magneteisenstein = FE3O4) handeln könne. Es gelang ihm, die Kristalle in den Gehirnen Verstorbener zu finden, zu isolieren und sie mithilfe feinster Geräte auszumessen. Das Ergebnis war überwältigend. Die meisten Gehirnregionen des menschlichen Gehirns verfügen über *fünf Millionen* winzigster Magnetkristalle pro Gramm, die schützende Gehirnmem-

56 Vom Institut of Technology (Celtech) in Padadena, California.

bran sogar *einhundert Millionen* Stück pro Gramm (!). Diese Magnetkristalle reagieren mehr als eine Million Mal stärker auf magnetische Energien als jedes andere Material in unserem Körper[57].

Wie wir inzwischen wissen, generieren darüber hinaus weitere Teile des menschlichen Organismus ein rhythmisches elektromagnetisches *Biofeld*. Vermutlich wirkt das menschliche Nervensystem hierbei ebenfalls wie eine Art *Antenne* für die Felder der Außenwelt.

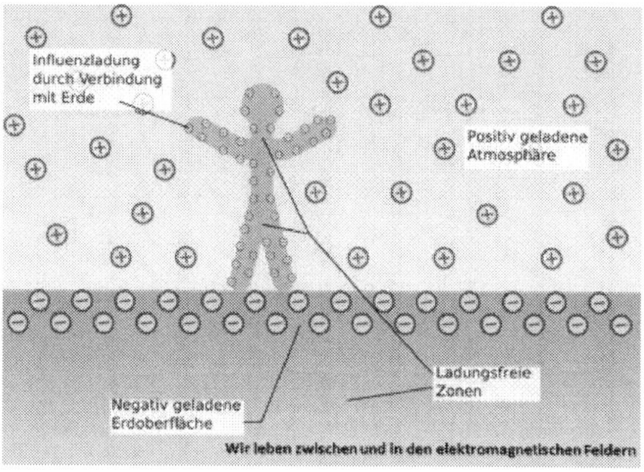

Die Magnetkristalle im menschlichen Körper wirken sowohl als Antennen, als Resonanzkörper wie auch als Sender von Energien. Sie sind mit dem Magnetfeld der gesamten Erde verbunden. Forscher vermuten, dass sich über diese Magnetkristalle Phänomene wie Wetterfühligkeit oder Schlafstörungen bei Erdverwerfungen und Wasseradern erklären lassen.

Nun meine Schlussfolgerung, die nicht bewiesen, aber plausibel ist. Die Magnetkristalle haben ihre Entsprechung auch im Mentalkörper: Millionen mentaler Mikrokristalle, geprägt durch (wissenschaftlich noch nicht messbare) Mentalenergien und den dazugehörigen „mentalen Ladungen".

Genauso, wie ein Computer mithilfe seiner Ladungen (Null oder Eins) Informationen entweder löscht oder abspeichert, speichert auch der Mensch Ge-

57 Quelle: Institute of Technology California.

danken und Überzeugungen entweder ab (durch Ladung) oder vergisst sie (Nichtladung) und prägt damit sein zukünftiges Leben.

Genauso, wie der physische Körper mit seinen Magnetkristallen im Gehirn und seinem Bioresonanzfeld auf die elektromagnetischen Felder der Erde eingestimmt ist, sind die „Mentalkristalle“ deines Mentalkörpers auf die „Mentalfelder“ deiner Umgebung, insbesondere deiner Mitmenschen eingestimmt bzw. stehen mit ihnen in wechselseitiger Resonanz.

Die Existenz von „Mentalfeldern“ sind für jeden von uns im Alltag erlebbar. Es gibt jedoch auch hier bereits eine wissenschaftliche Annäherung: Als gesichert gilt die Existenz sogenannter *Morphischer Felder*[58], die als Formbildungsursachen für die Erscheinungen und Ereignisse in der äußeren Welt angesehen werden und mit denen der Mensch täglich – bewusst oder unbewusst – in Resonanz tritt. Diese Felder sind unsichtbar, aber nicht unwirksam. Wie der Mensch auf die *Felder* seiner Mitmenschen und Umgebung reagiert, ist unterschiedlich, je nachdem, wie seine „Mentalkristalle“ geladen und ausgerichtet sind.

Der Mensch ist den Ladungen seiner Magnetkristalle jedoch nicht ausgeliefert. Er kann seine Resonanz verändern – Mental-Tuning nenne ich es. Wie ein Radio- oder Fernsehempfänger auf einen ganz bestimmten Sender eingetunt ist, können Sie sich mental einstimmen und ausrichten.

Die Mentalkristalle im Mentalkörper haben eine ganz bestimmte Ausrichtung, die sich aufgrund vergangener Prägungen ergibt (Genetik, prägende Erfahrungen, Einflüsse der inkarnierten Seele). Diese Ausrichtung lässt sich durch alles verändern, womit der Mensch sich beschäftigt, d. h., womit er sich identifiziert, z. B. einem Ist-Zustand oder einem Ziel.

- Die Identifikation mit vergangenen Ereignissen und Gewohnheiten führt zur Verstärkung bzw. zur Wiederaufladung von Vergangenheitsprägungen. Diese kann nützlich oder kontraproduktiv sein, je nachdem, was der

58 Vgl. Sheldrake, Rupert: *Das schöpferische Universum: Die Theorie der morphogenetischen Felder und der morphischen Resonanz*. Nymphenburger Verlag. 2008.

betreffende Mensch erreichen möchte. Indem der Mensch seine Gewohnheiten verändert, verändert er zugleich seine Lebensumstände.

- Die Identifikation mit Alltagsnachrichten verstärkt die Ausrichtung der Mentalkristalle auf das kollektive Alltagsbewusstsein.
- Die Identifikation mit Schwächen und Fehlern führt zur Ausrichtung der Mentalkristalle auf Schwächen und Fehler. Wenn der Betreffende diese transformieren möchte, kann diese Ausrichtung sinnvoll sein, andernfalls ist sie kontraproduktiv.
- Die Identifikation mit Zielen und Visionen führt zur Ausrichtung der Mentalkristalle auf die Ziele und Visionen. Da diese Ausrichtung gewaltige Veränderungsprozesse auslöst, ist es wichtig, diese mit dem Vier-Körper-System des Menschen in eine gute Abstimmung zu bringen. Die Zielbilder müssen stets so gehalten sein, dass alle Körper mitmachen.
- Das Aufspüren von belastenden Glaubenssätzen/Überzeugungen und die Identifikation mit lebensdienlichen ebenso glaubhaften, realistisch erscheinenden Alternativüberzeugungen verändert dramatisch die Ausrichtung in den Mentalkristallen. Der bekannte Krebsarzt *Prof. Carl Simonton* heilte zahlreiche Patienten mit dieser Methode: Er ließ den lebensfeindlichen Glaubenssatz „Krebs ist eine Krankheit, die unweigerlich zum Tode führt" durch den Hoffnung spendenden Alternativglaubenssatz „Krebs ist eine Krankheit, die zum Tode führen kann – oder auch nicht" ersetzen. Wichtig ist es, die Veränderung immer so klein zu wählen, dass der Betreffende den neuen Glaubenssatz zu 100 % glauben kann.

Die erstaunlichste Fähigkeit des Mentalkörpers ist es, die Ladung seiner Mentalkristalle nach Belieben zu verändern und damit Lebensveränderungen zu generieren. Der erlöste Mentalkörper ist sich der Relativität all seiner Identifikationen bewusst und kann den Menschen darin unterstützen, sich selbst komplett neu zu erfinden[59]. Dadurch wird er selbst zur Brücke in die Transzendenz des eigenen Menschseins. Die nachfolgenden Übungen unterstützen dich darin, dem Gefangensein im bilateralen Denken zu entkommen.

---

59 Weitere Informationen zu dieser Qualität: Siefer/Weber: *Ich. Wie wir uns selbst erfinden.* Campus Verlag. 2006.

Der befreite Mentalkörper ist in der Lage sich auf eine gewünschte Realität einzutunen,
statt an einer vermeintlich vorgegebenen Realität zu kleben.

Wenn ein guter Rennfahrer bemerkt, dass er auf eine Mauer zurast, wendet er seinen Blick ab von der Mauer und schaut stattdessen auf die Strecke,
seinen Weg, dort wo er hinwill. Genauso wie der Rennfahrer kann es jeder Mensch lernen,
den Blick weg von der inneren Mauer hin zu seiner Vision/Mission zu lenken.

Die erste Übung für den Mentalkörper

Konzentration auf einen Gegenstand deiner Wahl, die Magnetkristalle neu ausrichten.

Wie wir bereits erfahren haben, durchlaufen Tausende von Gedanken unseren Mentalkörper, wir „werden gedacht", meist ohne es zu bemerken. Die Konzentration auf einen Gegenstand ist eine der einfachsten Übungen, um das Denken wieder in den Dienst der eigenen Bewusstheit zu stellen.

Begebe dich in eine Position, in der du dich für etwa zehn Minuten nicht bewegen musst. Setze dich beispielsweise mit geradem Rücken auf die Vorderkante eines Stuhles. Die Beine stehen rechtwinklig nebeneinander. Die Hände liegen locker an der Seite oder sind zusammengefaltet.

Wenn du über einen Minutenwecker verfügst, stelle diesen auf eine vorher festgelegte Zeit, beispielsweise auf zehn Minuten. Schaue für diese Zeit, ohne dich zu bewegen, auf einen Gegenstand deiner Wahl. Dein Blick ist dabei weich, aber zugleich konzentriert. Der Atem fließt dabei von selbst ein und aus.

Sobald sich deine Konzentration aufgebaut hat, nimm den Raum zwischen dir und dem Gegenstand wahr. Möglicherweise hast du auch das Empfinden, gleichzeitig mit diesem Gegenstand zu atmen. Wichtig ist, dass du dich nicht ablenken lässt.

In der ersten Minute wird dir das leichtfallen. Doch nach einigen Minuten werden sich ablenkende Gedanken, Empfindungen, Überzeugungen und manchmal auch Emotionen bemerkbar machen. Diese waren auch schon vorher da, doch nun werden sie dir bewusst. Nimm diese einfach wertneutral wahr, ohne auf sie zu reagieren. Bleibe in der Konzentration und lerne die „Kunst des Nichtreagierens". Sage dir: „Jetzt nicht, jetzt konzentriere ich mich auf den Gegenstand."

Sinnbildich: Du stehst am Bahnsteig des Bewusstseins, der Gedankenzug fährt ein, du bleibst jedoch am Bahnsteig stehen, ohne einzusteigen, und der Gedankenzug fährt wieder ab, während du in deiner Konzentration verweilst.

Je länger du die Konzentration aufrechterhältst, umso mehr wird sich dein Mentalkörper von den Einflüssen der „automatischen Gedanken" reinigen, sodass in ihm Raum für Klarheit und Präsenz entsteht. Wenn der Wecker geklingelt hat, nimm drei tiefe Atemzüge und komme wieder zurück ins Hier und Jetzt.

Der Gegenstand deiner Wahl kann sein:

- ein Punkt auf einem Blatt Papier
- ein gedachter Punkt an der Wand
- ein Mandala oder Yantra (Konzentrationsbild aus dem Buddhismus oder Hinduismus)
- eine russische Ikone oder ein katholisches Andachtsbild
- das Foto oder Gemälde eines Heiligen oder spirituellen Lehrers
- eine Blume
- eine Kerzenflamme
- dein eigener Daumen
- der Fußboden oder eine weiße Wand
- eine Statue

- der eigene Atem
- eine Gebetsformel, ein ZEN-Koan oder ein „Mantra“
- ein Zielbild

Für den Erfolg dieser Übung spielt es keine Rolle, welchen Gegenstand du für die Konzentration wählst. Wichtig ist, dass du die Übung tatsächlich durchführst. Wähle den Gegenstand, zu dem du gerade besondere Sympathie verspürst.

Den Mentalkörper einsetzen, um die Dichotomie des Denkens zu übersteigen

Bringen wir alle Fähigkeiten und Potenziale des Mentalkörpers auf einen Punkt: Der Mentalkörper ist in der Lage, sich mit jedem und allem zu identifizieren – oder nicht zu identifizieren. Dies ist seine größte Schwäche und seine größte Stärke zugleich und macht seine Verführbarkeit und zugleich auch seine Genialität aus. Da mit dieser Fähigkeit zugleich auch alle anderen Fähigkeiten des Mentalkörpers verbunden sind, lohnt es sich, die Fähigkeiten des Mentalkörpers einzusetzen, um den Geist zu befreien.

(Nagarjuna-Statue, Samye-Ling-Kloster, County Dumfriesshire, Schottland)

Frank: Rechte für dieses Foto liegen nicht vor, bitte ggf. erwerben

Das Geheimnis des Nagarjuna

Im 2. Jahrhundert n. Chr. kam in der mittelindischen Region *Vidharba* ein Junge zur Welt, der später unter dem Namen *Buddha Nagarjuna* weltberühmt wurde. Bei seiner Erleuchtung erkannte Nagarjuna, wie sehr die Menschen in ihrem Denken gefangen waren und verwendete eine Methode der Befreiung des Geistes, *catuskoti* (Sanskrit, auf Deutsch: Urteilsvierkant) genannt.[60]

Der Urteilsvierkant wird auch „buddhistisches Tetralemma“ genannt und wurde Legenden zufolge bereits von dem historischen Buddha eingesetzt – zumindest ist er bereits in den *Dīgha Nikāya* (auf Deutsch: „Sammlung der längeren Lehrreden“) Buddhas beschrieben. Der Urteilsvierkant bezieht in seiner Grundstruktur sowohl den Satz vom Widerspruch als auch den Satz vom ausgeschlossenen Dritten mit ein:

- Etwas ist (so)
- Etwas ist nicht (so)
- Etwas ist sowohl (so) als auch nicht (so)
- Etwas ist weder (so) noch nicht (so)

60 Weitere Informationen in: Nagarjuna: *Bodhicittavivarana. Erläuterung des Erleuchtungsgeistes* Angkor Verlag. 2015., Christian Th. Kohl: *Buddhismus und Quantenphysik. Die Wirklichkeitsbegriffe Nagarjunas und der Quantenphysik* Windpferd Verlag. Aitrang. 2005., Klaus Grochowiak: *Die Daimond-Technik in der Praxis*, CNLPA-Verlag., 2. Aufl. 2012, Matthias Varga von Kibèd und Insa Sparrer: *Ganz im Gegenteil: Tetralemmaarbeit und andere Grundformen Systemischer Strukturaufstellungen.* Auer Verlag., März 2016.

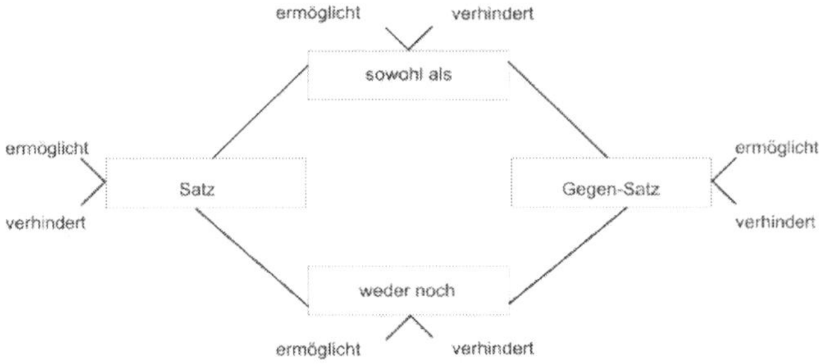

Bei seinem Erwachen erkannte Narjanua, dass bereits die Vorstellung, dass etwas ein Problem sei, eine Fehlkonzeption ist. Schon damals versuchten die Menschen (meist vergeblich) Probleme zu lösen, statt sich *von* Problemen zu lösen, indem sie das eigentliche Problem, nämlich das problemhafte Denken, an der Wurzel packen und auf eine neue Ebene heben.

Mithilfe des Urteilsvierkants gelang es Nagarjuna, spirituellen Suchern, die in ihren religiösen Dogmen gefangen waren, zu einem spirituellen Erwachen zu verhelfen. Der Urteilsvierkant lässt sich jedoch auch für den Menschen der modernen Zeit einsetzen, um sich aus dem Gefangensein im bilateralen Denken zu befreien. Statt zu versuchen, Probleme zu lösen, zeigt Nagarjuna uns einen Weg, uns von Denkmustern zu lösen und eine höhere Denkebene als die bisherige zu erreichen.

Ich habe einen Weg gefunden, wie mithilfe des Urteilsvierkants die Mentalkristalle im Mentalkörper nicht nur völlig neu ausgerichtet, sondern auch auf einen situationsunabhängigen transzendenten Fokus ausgerichtet werden können. Diesen möchte ich mit der nachfolgenden Übung mit dir teilen.

Transzendierendes Denken ermöglichen – die zweite Übung für den Mentalkörper

1. Problem („Satz"):

Mache dir etwas bewusst, was für dich ein Problem darstellt und dich stört. Dies kann eine Begrenzung sein, etwas, von dem du loskommen oder das du abstellen willst. Am besten schreibst du eine Liste von beispielsweise zehn Punkten, in der du Sätze ergänzt wie:

- Was ich nicht mag ist ...
- Es ärgert mich, dass ...
- Ich leide darunter, dass ...
- Was ich gerne ändern würde, ist ...
- Ich hasse es, dass ...
- Es belastet mich, dass ...
- Ich bin gefangen in ...
- Ungelöst in meinem Leben ist ...
- Ich stehe unter Druck mit ...
- Es stresst mich, dass ...
- Ich will weg von ...

Notiere diese Punkte. Du kannst die Liste auch themenspezifisch anlegen, z. B. für deine berufliche Situation, deine Beziehung, deine Gesundheit, deine Sexualität oder deine Finanzen. Folge beim Aufschreiben der „Spur des heißen Drahtes", d. h., wähle genau die Formulierungen, die am meisten Ladung in sich tragen, jedoch ohne unsachlich zu werden oder auszuufern. Jede Formulierung sollte in dir einen Punkt, um den es dir geht (einen negativ geladenen „Mentalkristall") genau treffen.

Verhindert (Belastungen): Spürst du den Schmerz, die Belastung und die (negative) Ladung, die damit verbunden ist? Akzeptiere die Tatsache, dass der Schmerz, die Belastung da ist. Allein dadurch, dass du bereit bist, die mit diesen Themen verbundenen Belastungen zu spüren, können sich negative Ladungen aus den Mentalkristallen lösen.

Ermöglicht (Entlastungen): Wofür ist es gut, das Problem zu haben? Die Bewusstmachung all der Dinge, von denen du wegwillst, erzeugt eine kraftvolle „Weg-von-Negativmotivation": Schmerz ist eindeutig negativ und hilft dir, belastende Situationen aufzulösen, sobald er bewusst gemacht wird. Notiere hinter die Punkte, welche Mittel und Maßnahmen dir spontan einfallen, um die Probleme zu lösen. Hierzu zählen insbesondere die bekannten *Problemlösungstechniken*.

Ich persönlich stelle mir beim Bewusstmachen von Belastungen und Entlastungen jeweils eine Waage vor. In die eine Waagschale lege ich die Belastungen dieser Position, in die andere die Entlastungen.

→ Durch das Notieren von 1. hast du bereits einen großen Schritt vollzogen: Statt einfach nur „sich denken zu lassen" oder innerhalb des vorgegebenen Rahmens zu „funktionieren", hast du dir deine eigene Position bewusst gemacht.

2. Wunsch („Gegensatz" die andere Seite der Medaille):

Mache dir bewusst, was dein Ziel, dein Wunschtraum, deine Idealvorstellung wäre (wenn es keine Grenzen gäbe). Träume deinen Traum, indem du auf einer gesonderten Liste Sätze ergänzt wie:

- Mein Leben wäre besser, wenn ich ... (positiv: könnte, dürfte)
- Wenn ich könnte, wie ich wollte, würde ich gerne ...
- Mein Wunschtraum wäre es ...
- Wenn ich genug Geld hätte, würde ich ...
- Wenn ich die Erlaubnis dazu hätte, würde ich ...
- Wenn ich frei wählen könnte, würde ich ...
- Wenn ich wiedergeboren werden würde, würde ich ...
- Wenn es keine moralischen Einschränkungen gäbe, würde ich ...
- Wenn ich keine Rücksicht nehmen müsste, würde ich ...

- So sollte es sein ...
- Bevor ich sterbe, würde ich gerne noch ...

Ermöglicht (Entlastungen): Wofür ist es gut, den Wunsch/das Ziel zu haben? Die Bewusstmachung all der Dinge, die du dir erträumst, erzeugt eine starke, positive „Hin-Zu-Motivation". Notiere hier die Möglichkeiten, die du hast, um deine Zielerreichung zu unterstützen, zum Beispiel Imaginationstechniken, Zielbild-Collagen usw.

Spüre die Freude, den Enthusiasmus und die (positive) Ladung, die mit der Lösungs-Vision verbunden ist. Und akzeptiere die Tatsache, dass du ein Mensch bist, der (unerfüllte) Wünsche, Träume, Ziele hat. Allein dadurch, dass du bereit bist, die mit diesen Themen verbundenen Freuden nicht zu verdrängen, sondern zu spüren, unterstützt du bereits, dass positive Ladungen aus den Mentalkristallen spürbar werden. Deine Bewusstheit wirkt hier wie ein Transformator: Ist etwas negativ und du führst ihm Bewusstheit zu, neutralisiert es sich. Ist etwas gut und du führst ihm Bewusstheit zu, gewinnt es an Kraft.

Verhindert (Belastungen): Mache dir bewusst, welche (stillschweigenden, sekundären) Vorteile du hast, wenn du dich nicht für den Gegensatz – das Ziel – entscheidest. Das Aufspüren von sekundären Vorteilen bereitet dich darauf vor, den Satz/die Probleme angemessen zu würdigen, evtl. innere Saboteure zu neutralisieren und ganzheitliche Lösungen zu finden, welche nicht im Konflikt mit sich selbst stehen.

→ Durch das Notieren von 2. hast du dich bereits der Dichotomie des bilateralen Denkens gestellt. Viele Menschen reiben sich nur an dem, was sie stört. Andere Menschen beschäftigen sich nur mit ihrer Traumwelt, statt die Realität wahrzunehmen. Indem du beides, Wirklichkeit und Ideal notierst, schaffst du erst die Voraussetzungen dafür, dass dein Mentalkörper in sich einen Lösungsweg bilden kann.

„Gott gebe mir die Gelassenheit, Dinge hinzunehmen, die ich nicht ändern kann,

den Mut, Dinge zu ändern, die ich ändern kann,
und die Weisheit, das eine vom anderen zu unterscheiden."

(zugeschrieben: Friedrich Christoph Oetinger, 1702-1782)

3. Sowohl – als auch (Pleroma[61], die übersehene Verbindung)

Probleme und Träume stehen in einem meist übersehenen Zusammenhang, der erst mit dem Finden von Synergie-Begriffen sichtbar wird.

Ich möchte diesen am Beispiel der Politik zeigen. Dort gibt es die Regierungspartei („Satz") und die Opposition („Gegensatz"). Einige Abgeordnete unterstützen die Thesen der Regierungspartei, andere die der Opposition. Was haben Regierung und Opposition gemeinsam? – Demokratie! Die Dichotomie zwischen Regierung und Opposition ist es, die „Demokratie" (statt „Diktatur") ermöglicht. Eine andere Analogie ist die von Tag und Nacht: Aus einem übergeordneten Standpunkt heraus steht der Tag nicht im Gegensatz zur Nacht, sondern hat als gemeinsamen Faktor die Drehung der Erde um sich selbst, die sie beide gleichermaßen anzeigen.

Oft ist es lediglich das „Wichtigkeitssyndrom", das für die Aufrechterhaltung von Problemen sorgt, wie eine Arretierung. Problem und Ziel sind stets durch einen Rahmen verbunden, der erst offenbar wird, wenn man geistig aus dieser Spannung heraustritt. Erst, wenn wir beide Pole wertfrei stehen lassen und den Blick heben, erkennen wir, dass sie beide zu einem größeren Ganzen, einer Domäne gehören, die einander bedingt:

- „Hier" steht nicht mehr in einer Spannung zu „dort"
- „Problem" nicht mehr in einer Spannung zu „Lösung"
- „Real" steht nicht mehr in einer Spannung zu „Ideal"
- „Alternative 1" steht nicht mehr in einer Spannung zu „Alternative 2"
- „Gut" nicht mehr in einer Spannung zu „böse".

61 Pleroma = griech. ‚die Fülle'; Fülle zeigt sich im summativen Vorhandensein von Problem *und* Lösung, sie ist voll vom Satz und Gegensatz.

Die Ladung zwischen beiden scheinbaren Polen und auch der damit verbundene mentale Stress löst sich auf. Der innere Druck entspannt sich und gibt den Blick frei auf etwas Größeres. Der Blick auf das Gemeinsame hebt den Konflikt über seine duale Ebene, was neue Lösungsansätze ermöglicht. Oftmals offenbart sich erst auf dieser Ebene, dass das, was wir als Realität/Problem oder Ideal/Lösung angestrebt haben, lediglich unsere *Vorstellung* von einem Problem bzw. einer Lösung war. Die geistige Bewegung ist die eines „Heraustretens", einer Dissoziation, man steckt nicht mehr „mittendrin im Problem", das Problem relativiert sich. Das lineare „Ich will hier weg und dort hin" wird zu einem Sich-Erheben über die Problemebene.

Im „Sowohl – als auch" lernt der Mentalkörper, die blockierende, duale Denkweise zu verlassen und einen übergeordneten Standpunkt einzunehmen. Um dies für deinen Lebensalltag anzuwenden, ergänze auf einer dritten Liste Sätze wie:

- Die übersummative Verbindung beider Punkte scheint mir zu sein ...
- Real[62] und Ideal[63] haben *gemeinsam*, dass ...
- Der bisher nicht erkannte *Zusammenhang* zwischen Real und Ideal ist ...
- Die verborgene *wechselseitige Ergänzung* zwischen Real und Ideal ist ...
- Was ich an stillschweigenden Grundannahmen völlig übersehen habe ist ...
- Was ist das Gemeinsame von Satz und Gegen-Satz?
- Was ist das Verbindende von Problem und Ziel?
- Was ist die Kategorie, der Rahmen, dem beide gemeinsam angehören?

Die (Auf-)Lösung entsteht durch eine Vergrößerung des relevanten Denkraumes; die verengte Sicht, die das eigentliche Problem war, wird relativiert. Genieße deine Dissoziation von dem Problem, die beim Reflektieren über die o. a. Fragen entsteht und fühle, wie wunderbar es ist, so dissoziiert zu sein.

---

62 Das Wort *Real* steht in der nachfolgenden Liste auch für: Problem, Satz, These, Ist-Situation.
63 Das Wort *Ideal* steht in der nachfolgenden Liste auch für: Lösung, Gegensatz, Wunsch-Situation.

Ermöglicht (Entlastungen): Die Position „Sowohl – als auch" ermöglicht eine völlige Neubewertung der Situation, Basis für Meditation, Integrationsübungen und alle NLP-Reframing-Techniken.

Entdecke neue Möglichkeiten, die dadurch aufsteigen, dass du beide Seiten gleichzeitig sehen kannst und notiere diese.

- Die Kraft des Ideals kann ich in das Real einfließen lassen, indem ich ...
- Ein *Kompromiss*, der Real und Ideal berücksichtigt, wäre ... und würde mir ermöglichen, dass ...
- Bei der gleichzeitigen, wertfreien Betrachtung von Problem und Lösung, erscheint als *weitere Dimension* (wie bei einem 3-D-Bild[64]) ...
- Wenn ich zwischen den Positionen von Real und Ideal eine Mehrdeutigkeit (wie bei einem Rätselbild von Dali oder Escher) erlaube, erscheint mir als erweiternde Perspektive ...
- Was *sowohl* Real *wie auch* Ideal mit mir selbst als Beteiligter zu tun haben ist ...
- Mit welcher Haltung/Einstellung könnte ich Problem *und* Lösung gut konfrontieren? Indem ich die Haltung/Einstellung gewinne, dass ...

Verhindert (Belastungen): Das duale Denken ist zwar aus einer höheren Perspektive heraus gesehen eine Illusion und ist doch wertvoll[65]. Die übersummative Verbindung soll den Horizont des Denkens öffnen, sie jedoch nicht darin beschränken. Spannungen zwischen zwei Polen können durchaus ihren Sinn haben.

Hierzu ein Beispiel: Wenn du gegen deinen Partner Tennis spielst, dann weißt du, dass es eigentlich egal ist, wer gewinnt und dass dein Freund nicht wirklich dein Gegner ist. Und doch kämpfst du um jeden Punkt. Die Haltung „wir gehören doch sowieso zur gleichen Familie und es ist egal, wer gewinnt" ist

---

64 Vgl. hierzu die entsprechenden Sehübungen aus: Büchler/Becker: *Freude am Durchblick*, Kösel Verlag. 2011 und das *Chartre Set* von Reinhold Pertler unter: http://www.spirituelle-reisen.de/kurse/chartres-meditation/cd-chartres-set

65 Weitere Informationen: Genpo Merzel, Dennis: *The Path of The Human Beeing.* DVD, CD 1, Track 2. *Dualistic Mind.*

zwar aus der höheren Perspektive „richtig", jedoch für deine Fitness und deine Freude am Spiel kontraproduktiv. Meisterschaft im Umgang mit deinem Mentalkörper beschränkt sich nicht darauf, eine immer stärker transzendierende Ebene des Denkens zu erreichen, sondern zwischen Transzendenz und Parteilichkeit frei wählen zu können. Die Vorteile der Parteilichkeit entdeckst du durch das Ausfüllen der nachfolgenden Liste:

- Der Blick auf die übersummative Verbindung verhindert ...
- Wenn ich keine Rücksicht auf die momentane Realität (Satz) nehmen würde, hätte dies den Vorteil, dass ...
- Wenn ich auf das Ideal (Gegensatz) verzichten (mir diese Alternative „abschminken") würde, hätte dies den Vorteil, dass ...
- Der Tunnelblick ermöglicht mir, dass ...
- Wofür ist es gut, die Spannung zwischen Problem und Lösung aufrechtzuerhalten?
- Was erhält durch das Dilemma Sinn oder was wird durch das Dilemma Sinn erhalten?

Bei unverträglichen Alternativen (zwei sich widersprechende Aspekte der eigenen Persönlichkeit oder z. B. Friedensarbeiter/Rebell, Familienvater/Liebhaber) liegt die übersehene Lösung oft darin, zur Unvereinbarkeit zu stehen und beide Alternativen nacheinander oder abwechselnd zu leben und sich dafür separate (Frei-)Räume zu schaffen. Nicht alles muss „unter einen Hut" gebracht werden.

Ein Problem kann nie auf der Ebene gelöst werden
auf der es entstanden ist.

(Albert Einstein)

4. Weder – noch (Kenoma[66], der übersehene Kontext)

Vielleicht kennst du die Geschichte vom Flächenland[67]: Dieses Land besteht, wie der Name bereits sagt, nur aus zwei Dimensionen, Länge und Breite und ist bevölkert von Vielecken und Kreisen, welche sich nicht vorstellen können, dass es eine weitere Dimension, die Höhe geben soll. Edwin Abbott schrieb diesen Roman Ende des 19. Jahrhunderts als Persiflage auf die Engstirnigkeit und Borniertheit der damaligen „Intelligenzija". Viele Themen, die wir haben, können wir leicht lösen, wenn wir eine weitere Dimension hinzufügen. Nehmen wir beispielsweise das bekannte 14-15-Puzzle, bei dem die Zahlen in chronologischer Reihenfolge angeordnet werden sollen:

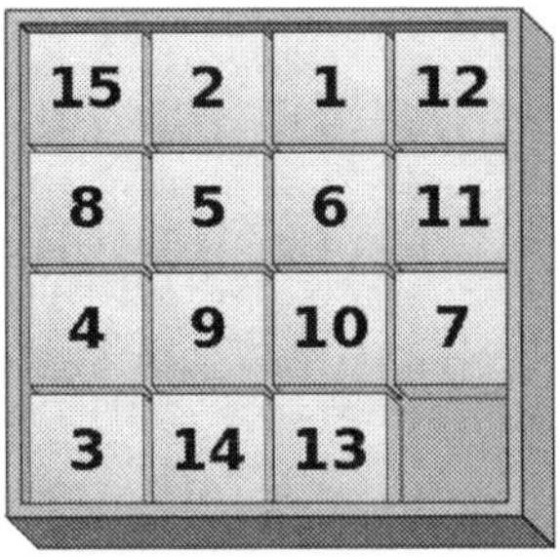

Das Ziel lässt sich sekundenschnell erreichen, wenn dies nicht durch Verschieben der Puzzleteile (2. Dimension), sondern durch Herausheben und Neueinlegen der Puzzleteile (Hinzunehmen der 3. Dimension) bewerkstelligt wird.

66 Kenoma = griech. *,die Leere'*, die jedoch kein Vakuum ist, sondern in dem Zusammenhang die Offenheit für neue Bedeutungen, Inhalte und Dimensionen.

67 Vgl.Abbott, Edwin: *Flächenland*. RenateGötzVerlag. 1999.

Wie sagte doch der Schmetterling zur Raupe: Um nach oben zu kommen, muss man nicht mühsam klettern, es genügt zu fliegen. Dieser Sprung vom „Raupenbewusstsein“ zum „Schmetterlingsbewusstsein“ wird mit dem „weder-noch“ vollzogen.

Der Blick auf das, was jenseits der Domäne „Sowohl – als-auch“ liegt, welche die Gegensatzpaare umfasst, erweitert die Perspektive um eine völlig neue Dimension. Aus der Befreiung vom Problem *und* Lösung erwächst eine mentale Entlastung, aus der ungeahnte Kreativität einströmen kann. All das, was bisher innerhalb von mentalen Schranken festgefahren, stagnierend und dunkel war, wird auf einmal zu etwas Losgelöstem, Befreitem.

Die Leugnung, Abwendung vom bisherigen alltagsüblichen Denk-Gefängnis öffnet den Raum für das Verdrängte, scheinbar Verbotene, Unerwartete. Viele Probleme sind ja nur deshalb so hartnäckig, weil wir sie immer wieder bestätigen. In der *Rejektion* von dem Problem-Kontext entstehen jedoch Lösungen höherer Ordnung.

Jenseits des Gefangenseins im scheinbar folgerichtigen „logischen“ Denken öffnen sich Denk- und Lebensräume, die bisher nicht einmal geahnt werden konnten. Aus dieser Ebene lässt sich erkennen:

- Es gibt etwas, das noch weitaus wichtiger für mich ist.
- Es gibt eine Dimension, die immer für mich da ist, unabhängig von Problem und Lösung und dieses Etwas hält mich, trägt mich, bietet mir Zuflucht und Inspiration an.
- Es gibt eine gewaltige Ressource, die ich bisher vernachlässigt habe.
- Es gibt ein Nichtselbst[68] jenseits meines bisherigen Selbst-Verständnisses. In der Lösung vom „Ich“ liegt oftmals die „Lösung“.

Das Nichtselbst (das, was jenseits des Selbst liegt)
ist oftmals die Lösung für die Probleme des Selbst.

68 Etwas, das größer ist als mein Selbst, das ich bisher noch nicht als zu mir gehörig betrachtet habe.

Um mit dieser Ebene in Kontakt zu kommen, fertige bezüglich deines Themas/Problems eine weitere Liste an, auf der du folgende Fragen beantwortest:

- Kann es sein, dass es zwischen Problem und Lösung gar keinen logischen Zusammenhang gibt?
- Habe ich es schon einmal erlebt, dass die Lösung/der Gegensatz stimmte, aber das Problem/der Standpunkt nicht stimmte (oder umgekehrt)?
- In welcher Situation taucht der Gegensatz auf, in welcher spielt er keine Rolle?
- Was ist weder Problem noch Lösung und doch vorhanden?
- Was liegt jenseits der Dichotomie von Problem/Standpunkt und Lösung/Gegensatz?
- Wie kommt es, dass ich Problem/Standpunkt und Lösung/Gegensatz als Dilemma sehe?
- Wofür war es gut im Dilemma zwischen Satz und Gegensatz zu sein?
- Welche Assoziationen habe ich zu Satz und Gegensatz, die gar nichts mit beiden zu tun haben?
- Worum geht es wirklich, was ist jenseits von beidem?
- Was ist durch das Dilemma sinnlos oder was wird durch das Dilemma sinnlos?
- Womit müsste ich fertig werden, wenn ich das Dilemma bereits gelöst hätte?
- Was ist durch das Dilemma unberührt?

Ermöglicht (Belastungen): Welche Ressourcen eröffnet dir die neue Dimension, die jenseits der Domäne von „Problem-Lösung“ entspringt? Was ist nun möglich?

Verhindert (Entlastungen): Wofür würde es Sinn erhalten, sich dennoch mit dem Thema auseinanderzusetzen?

Die Lösung liegt niemals im Selbst, in dem, was Sie bisher für Ihr Selbst hielten,
sondern im „Nichtselbst", dem, was Ihre bisherige „Ich-Identifikation" übersteigt,
und doch Ihr wahres Wesen ist.
Aus diesem Nichtselbst heraus zu leben bedeutet Transzendenz.

5. Die fünfte Position – den Mentalkörper von außen sehen

Mit dieser Übung hast du einen Weg gefunden, dich mithilfe des Denkens in eine Ebene jenseits des Denkens zu begeben, das Denken als Übergang für die spirituelle Dimension, den spirituellen Körper zu nutzen (s. Folgekapitel). Nur ein stiller Geist kann Spiritualität in deiner ganzen Tragweite wahrnehmen und im Bewusstsein halten.

Du hast auch erkannt, dass der Mentalkörper bzw. das mit ihm zusammenhängende Denken dich verrückt macht, aber dir auch ungeahnte Lösungen, Dimensionen und Freuden beschenken kann, je nachdem, ob du in ihm gefangen bist oder ihn als Instrument weise nutzt.

Tritt nun zurück und sehe noch einmal das ganze Bild in seiner Viel-Dimensionalität. Die eigentliche Transformation geschieht, wenn du das ganze Bild siehst und spürst, was dies in dir auslöst. Erlebe, dass alle vier Standpunkte zu einer neuen Domäne verschmelzen und beantworte abschließend für dich die folgenden Fragen:

- Was spricht dich besonders an?
- Was ist deine wichtigste neue Erkenntnis?
- Inwieweit hat sich deine Haltung/Einstellung zu deinem Thema im Verlaufe des Prozesses geändert?
- Was löst das Gesamtbild in dir aus?
- Welchen Denk- und Handlungsimpuls hast du nun, da du in einem erweiterten Bewusstseinszustand bist?
- Was könnte nun dein Leitstern für dein Denken und Handeln sein?
- Welcher verborgene Sinn zeigt sich nun?

- Welche Vorstellung kannst du getrost loslassen?
- Welche Haltung gibt dir Kraft, Frieden und Freude?
- Worauf willst du jetzt deinen mentalen Fokus richten? Auf welches (höhere) Ziel, welchen Fokus?

Selbst-Transzendenz durch Aneinanderreihung mehrerer Tetralemmas

In seltenen Fällen kommt es vor, dass nach dem Durchlaufen eines Tetralemmas noch keine Lösung vom Problem (Bewusstsein) entsteht. In dem Fall nutze die Kenoma-Position als Startpunkt für ein weiteres Tetralemma. Hierzu das (abgekürzte) Beispiel eines ausgebildeten Heilpraktikers, der derzeit als angestellter Krankenpfleger arbeitet, zahlreiche Fortbildungskurse besucht und wegen mannigfaltiger Anliegen zur Beratung gekommen ist:

T (Therapeut): Was beschäftigt oder belastet dich momentan?

K (Klient): Dass ich mich permanent weiterbilde, ohne mich selbständig machen zu können.

T: Was ist dein Ziel?

K: Dass ich als selbstständiger Heilpraktiker erfolgreich bin – doch dies versuche ich schon seit Jahren vergeblich.

T: Was haben Angestellter und Selbständiger gemeinsam?

K: Freude

T: Was ist weder Angestellter noch Selbständiger?

K: Abgrenzung

T: Was ist das Gegenteil von Abgrenzung?

K: Nähe.

T: Was haben Nähe und Abgrenzung gemeinsam?

K: Verletzung.

T: Was ist weder Nähe noch Abgrenzung?

K: Liebe (fühlt sich seelisch berührt, atmet tief auf) – jetzt kann ich sehen, wie mein Denken mich bisher gequält hat.

Wichtig ist es, bei der Wahl der Antworten in sich hineinzuspüren und intuitiv zu antworten. Es gibt keine „richtige“ oder „falsche“ Antwort, sondern nur Antworten, die aus dem Inneren stammen.

Dass der Klient bei der Gemeinsamkeit zwischen Angestellten und Selbständigen mit „Freude“ und auf die Gemeinsamkeit von Nähe und Abgrenzung mit „Verletzung“ und letztendlich durch „Liebe“ aus seinem Denkkreislauf gelangt und seinen Mentalkörper von außen wahrnehmen kann, ist Teil des Mysteriums dieses Prozesses. Er hätte auch ganz andere Antworten geben können, die ihn zur Transzendenz geführt hätten. Erst wenn du den Tetralemma-Prozess selbst durchlaufen hast, wirst du den Schatz erkennen können, der in dieser Struktur verborgen liegt.

Bild: Aneinanderreihung mehrerer Tetralemmas

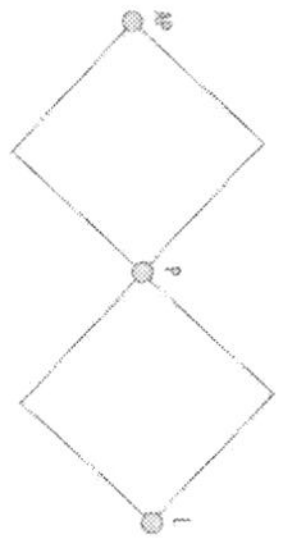

Resümee:

Es geht nicht darum, „richtige“ Antworten zu geben, sondern die Schätze zu heben, die du entdeckst, wenn du in die Beantwortung meiner Fragen meditativ versinkst. Alle Positionen haben ihre Berechtigung, so wie sie sind. Der Urteilsvierkant offenbart, dass da noch weitere Positionen sind, die vorher im toten Blickwinkel (im Denk- und Vorstellungsgefängnis) verborgen waren.

Keine der vier Positionen ist an sich „schlecht“ oder „böse“. *Erwacht sein* bedeutet zwischen ihnen zu tanzen und das Denken in den Dienst weltlicher wie spiritueller Bedürfnisse zu stellen. Wann immer du dich in deinem Denken festgefahren fühlst oder vor einem scheinbar unlösbaren Problem stehst, bietet dir der Urteilsvierkant die Möglichkeit, dich vom Griff des Denkens zu befreien und aus gebührendem Abstand die Mentalkristalle deines Mentalkörpers auf jeweils die Position einzutunen, die dafür optimal geeignet ist.

Das Wechselspiel aller vier Positionen, inklusive aller Ermöglichungen und Verhinderungen, offenbart die vernetzte Tiefenstruktur des Mentalkörpers, reinigt ihn und eröffnet die Sicht auf die relevanten Aspekte, ohne dass diese aufoktroyiert werden.

Das Ziel des Urteilsvierkants ist die Beweglichkeit des Mentalkörpers und die Dimensionalität und Tragweite seines Denkens zu steigern, um flexibel von einem Zustand in einen anderen zu kommen und ihm so zu erlauben, sich optimal in das Vier-Körper-System einzugliedern.

Dies ist angesichts der Unbewusstheit und Festgefahrenheit, in der heute allgemein gedacht wird, eine grandiose Leistung.

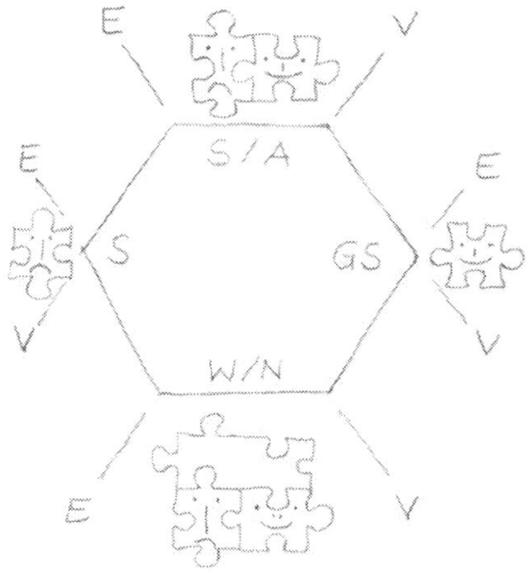

Das Dilemma von Papst und Sultan[69]

Nach so viel Denkarbeit gönnen wir dem Mentalkörper noch ein wenig Denk-Spaß, bevor wir uns dem spirituellen Körper zuwenden.

Das nachfolgende Lied, gesungen von „Zupfgeigenhansel", offenbart auf eine humoristische Weise das Dilemma unseres Denkens – und wie durch eine höhere Denkebene das Dilemma überstiegen werden kann:

(Standpunkt A ermöglicht:)

Der Papst lebt herrlich in der Welt,
es fehlt ihm nie an Ablassgeld;
er trinkt vom allerbesten Wein:
drum möcht ich auch der Papst wohl sein!
(Standpunkt A verhindert:)
Doch nein, er ist ein armer Wicht,
ein holdes Mädchen küsst ihn nicht;
er schläft in seinem Bett allein:

69 Gesungen von dem Musiker Zupfgeigenhansel, Text aus: http://www.liederseiten.de/Lied.php?i=22&s=2

drum möchte ich der Papst nicht sein.
(Standpunkt B ermöglicht:)
Der Sultan lebt in Saus und Braus,
er wohnt in einem Freudenhaus
voll wunderschöner Mägdelein:
drum möcht ich wohl der Sultan sein!
(Standpunkt B verhindert:)
Doch nein, er ist ein armer Mann,
denn folgt er seinem Al-Koran,
so trinkt er keinen Tropfen Wein:
drum möcht ich auch nicht Sultan sein!
(Weder – noch:)
Geteilt veracht ich beider Glück
und kehr in meinen Stand zurück;
(sowohl – als auch :))
doch das geh ich mit Freuden ein:
halb Sultan und halb Papst zu sein!
(konkrete Wahl:)
Drum, Mädchen, gib mir einen Kuss,
denn jetzt bin ich dein Sultanus!
Ihr trauten Brüder, schenket ein,
damit ich auch der Papst kann sein!

*„Im Gebet lösen sich nicht alle Probleme,
aber im Gebet löse ich mich von allen Problemen, die den Geist beschäftigen.“*

Der spirituelle Körper

Der spirituelle Körper ist bei den meisten Menschen der am wenigsten bewusste Körper. Dies liegt daran, dass er anderen Gesetzmäßigkeiten folgt als die anderen Körper und dass er für das „Funktionieren" auf der physischen Ebene nicht benötigt wird: Um auf der physischen Ebene zurechtzukommen genügt es, sinnlich wahrzunehmen und zu handeln (physischer Körper), Gefühle zu empfinden und zu vermitteln (Emotionalkörper), mit Gedanken und Überzeugungen umzugehen und diese zu übermitteln (mentaler Körper).

Während der *physische Körper* sterblich und in der Zeit gebunden ist, wurzelt der spirituelle Körper im *Überzeitlichen*. Er versteht nichts vom chronologischen Ablauf der Welt und hat auch keine Wahrnehmung für die materiellen Notwendigkeiten und Bedürfnisse. Weder kennt er physischen Schmerz noch emotionale Schwankungen. Er spürt auch nicht den Druck ungelösten Denkens.

Seine Sprache ist die Sprache der Sehnsucht. Sein Leiden ist das Empfinden von tiefer Sinnlosigkeit. Und seine Freude ist die Freude des tiefen Lebenssinns.

Gegenüberstellung

Körper	**Physischer Körper**	**Emotionaler Körper**	**Mentaler Körper**	**Spiritueller Körper**
Bedürfnis	Wohlbefinden	Freude	Klarheit	Sinn
Leidensform	Schmerz	Stör-Emotionen	Verwirrung	Sinnlosigkeit
Erlöste Form	Bewusstsein	Liebe	Transzendenz	Verwirklichung
Kommunikationsform	Empfinden	Fühlen	Denken	Gebet, Meditation

Die meisten Menschen werden vorwiegend durch die Bedürfnisse und Qualitäten der anderen Körper gesteuert, während sie den Bedürfnissen des spirituellen Körpers wenig Aufmerksamkeit schenken.

Irgendwann wird jedoch der Mensch mit der Frage nach dem Sinn seines Lebens konfrontiert (spätestens auf dem Sterbebett) – der spirituelle Körper macht auf sich aufmerksam. Häufig sind es Krankheiten, Schicksalsschläge, Beziehungskonflikte, mit den eigenen Ansprüchen unvereinbare Lebensumstände oder das Empfinden tiefer Sinnlosigkeit, die den Menschen mitten im Leben nach etwas suchen lassen, das seinen bisherigen Lebenshorizont übersteigt.

Manchmal ist es auch ein spirituelles Erlebnis, das anregt, nach diesem Größeren zu suchen:

- Ein Vortrag religiösen oder spirituellen Inhalts.
- Ein erhebendes Musikstück der klassischen Musik.
- Übersinnliche Wahrnehmungen z. B. an einem Heiligen Ort.
- Mystische Begegnungen mit einem Partner oder spirituellen Menschen.
- Das Aufsteigen einer unerklärlichen Sehnsucht nach etwas Übersinnlichem.

„Seelenerweckung" nennt man den Augenblick, wenn der spirituelle Körper erstmals das Wahrnehmungsfeld des Menschen berührt. Fasziniert von der jenseitigen Wirklichkeit entscheiden sich viele Menschen im Anschluss dafür, sich ausschließlich um spirituelle Inhalte zu kümmern, auch wenn dies auf Kosten beruflicher Karriere, finanzieller Sicherheit, bestehender Beziehungs-Strukturen und körperlichen Wohlbefindens geht.

Diese Abkehr von den weltlichen Inhalten und Besinnung auf das Spirituelle erscheint notwendig, um die Anliegen des spirituellen Körpers näher kennenzulernen. Spiritualität ohne Berücksichtigung der anderen Körper und Lebensfaktoren kann jedoch auch zum Selbstzweck verkommen, welcher der eigenen Verwirklichung im Wege steht.

Verlässt sich ein Mensch ausschließlich auf seinen spirituellen Körper, führt dies zu einem weltfremden Leben, das körperliche Bedürfnisse, menschliche Gefühle und klares Denken negiert, oft auch zu Konflikten mit dem bürgerlichen Gesetz und der sozialen Gesellschaft.

Der spirituelle Körper ist der Botschafter des Überpersönlichen, jedoch nicht die einzige Realität. Er ist ein Diener der eigenen Lebenserfüllung, ebenso wie die anderen Körper. Für ein gelingendes Leben ist es notwendig, alle vier Körper miteinander in Kooperation zu bringen.

Der spirituelle Körper muss auch lernen, dass unschuldiges Handeln in „höherer Absicht" keine Garantie für Unversehrtheit und Erfolg darstellt. Er kann z. B. durch Missbrauch oder Missachtung verletzt werden. Erfahrungen, in denen erfolglos versucht wurde, die eigene Mission/Berufung zu leben, sind ein Schock, manchmal sogar ein schweres Trauma für den spirituellen Körper. Dies kann dazu führen, dass der spirituelle Körper in eine Art „Dornröschenschlaf" fällt.

Nicht immer lag die Täterschaft bei anderen. Manchmal hat der spirituelle Körper seine Inspiration missverstanden und daraus eine dogmatische Ideologie abgeleitet, die weder für den Betreffenden selbst noch für andere Menschen sinnvoll war.

All diese Dinge benötigen der Heilung, damit der betreffende Mensch in seinem Leben Sinn und Erfüllung erfahren kann. Hierfür benötigt er die Hilfe der anderen Körper:

- Der *physische Körper* kann dem spirituellen Körper Stabilität und Fürsorge vermitteln.
- Der *emotionale Körper* kann dem spirituellen Körper Freude an seiner Heilung vermitteln.
- Der *mentale Körper* kann dem spirituellen Körper helfen, Klarheit zu vermitteln.

Wenn der spirituelle Körper seine Belastungen abgelegt und seine Verletzungen geheilt hat, stellt er den anderen drei Körpern das Schatzhaus seiner dreifachen Qualitäten zur Verfügung.

Die drei Ebenen des spirituellen Körpers

Der spirituelle Körper beherbergt in sich drei Qualitäten, welche in den Veden[70] als Existenz-Bewusstsein-Glückseligkeit (Sat-Chit-Ananda) beschrieben sind.

Hellsichtigen zeigt sich der spirituelle Körper mehr oder weniger stark – je nach Entwicklungsgrad und Lebenssituation. Er verfügt über drei Ebenen:

- **Seelenplan[71]-Ebene** („Sat", kobaltblau): Etwa 70 cm um den physischen Körper herum zeigt sich die erste Schicht des spirituellen Körpers in Form eines eiförmigen kobaltblauen Lichtes voller durchsichtiger Energielinien. Knoten in den Energielinien deuten auf Blockierungen hin, den Plan der Seele in die Welt zu tragen. Der Seelenplan steht mit der spirituellen Bibliothek (Akasha-Chronik) in wechselseitigem Austausch. Inspirationen aus der Seelenplan-Ebene sind in der Lage, Programme im *Mentalkörper* anzuheben. Die Inhalte dieser Ebene, auch Seelenplan-Speicher genannt, offenbaren sich nur dann, wenn sie ausdrücklich dazu eingeladen werden.
- **Perlmutt-Ebene** („Ananda", irisierend, leuchtend perlmuttfarben, nicht strukturiert): Etwa 80 cm um den physischen Körper herum befindet sich die Perlmutt-Ebene der „höheren" Empfindungen und Qualitäten wie z. B. Glückseligkeit, innerer Frieden usw. Diese sind in der Lage, Eindrücke aus dem *Emotionalkörper* zu überschreiben. Trübungen auf der Perlmutt-Ebene deuten auf seelische Verletzungen hin, z. B. auf Zeiten, in denen die eigene Spiritualität missachtet oder gar misshandelt wurde (vom Betroffenen selbst oder anderen Menschen).
- **Einheitsbewusstseins-Ebene** („Chit", pulsierend, goldene oder regenförmige Energieströme): Diese Ebene befindet sich ca. 100 cm rund um den physischen Körper. Wenn diese Ebene mit den anderen Körpern koordiniert ist, durchdringen und verbinden Tausende von regenbogenfarbenen oder goldenen Lichtfäden alle Zellen, Organe, ja, die gesamte Umgebung des Menschen. Regenbogenfarbene Lichtfäden weisen auf unabge-

70 Veden = *heilige Schriften Indiens* (Sanskrit, veda = wörtl.: *‚Wissen'*) ist eine Sammlung religiöser Texte im Hinduismus.

71 Weitere Ausführungen zum Seelenplan s. Folgekapitel.

schlossene und goldene Fäden auf abgeschlossene Themen hin. Sind die Lichtfäden stumpf, abgebrochen oder trübe, deutet dies auf Verletzungen hin – übergeordnete Zusammenhänge und Einheitsempfindungen sind dann nicht möglich. Impulse aus dieser Ebene sind in der Lage, den *physischen Körper* zu heilen.

Zusammenfassung:

- Der spirituelle Körper besteht aus drei Ebenen: Der Seeelenplan-Ebene (kobaltblau), der Perlmutt-Ebene (irisierend, perlmuttfarben) und der Einheitsbewusstseins-Ebene (gold-/regenbogenfarben).
- Er versorgt den Menschen mit Intuition und Inspiration aus höheren Wirkungsebenen und hilft ihm, über das bilaterale Denken hinauszugehen.
- Der spirituelle Körper trägt in sich das Wissen, dass der Mensch nicht einfach nur lebt, um „Spaß und Freude“ zu haben, sondern um einen (ihm oft unbekannten) Sinn, eine Aufgabe, eine Berufung zu verwirklichen. Er hat jedoch keine Maßgabe darüber, auf welche Weise dies geschehen soll.
- Er ist die Brücke des Menschen zu seiner Seele und damit zu seiner Überseele, seinem hohen Selbst, seinem seelischen Urpotenzial, seiner Bestimmung und zu den transpersonalen spirituellen Ebenen.
- Er ermöglicht den Zugang zum Lebensplan des Menschen und damit zu dem Wissen, dass es für jedes Problem eine (Er-)Lösung gibt und die vollkommene Form einer Lösung als Lösungsplan der spirituellen Welt („göttliche Blaupause“) auf ihn wartet.
- Er ermöglicht den Kontakt zu „höheren“ Empfindungen und Qualitäten und damit auch zu Vertrauen, Annahme, Hingabe, Gnade, Mitgefühl, Dankbarkeit, Respekt, ethischem Empfinden und tiefer Sinnhaftigkeit.
- Er trägt in sich das Wissen um die Verbundenheit allen Seins und ist in der Lage, diese über eine sogenannte „Einheitsempfindung“ zu übermitteln.

Die Agenda des Ichs und der Seele

Für die Schamanen ist es üblich, vor jeder wichtigen Entscheidung den Tod, um Rat zu fragen. Sie stellen sich dafür vor, auf dem eigenen Sterbebett zu liegen und rückblickend auf die aktuelle Lebenssituation zu schauen. Welche Alternative würde ihnen angesichts des letzten Atemzuges Frieden bescheren – und welche würden sie rückblickend als unstimmig bewerten?

Mit der Haltung „den Tod um Rat fragen" verlieren vergängliche Vorlieben an Bedeutsamkeit, während überpersönliche und überzeitliche Gesichtspunkte der Seele in den Vordergrund rücken. Diese sind es, die den spirituellen Körper nähren. Der spirituelle Körper bedarf jedoch der Mitwirkung der anderen Körper, um sich nicht in weltfremden Illusionen zu verlieren, geistig klar zu bleiben und kraftvoll auf dieser Erde zu wirken.

Eine Geschichte zum Sinn des Lebens

Nachfolgend möchte ich dir eine kleine Geschichte erzählen. Unabhängig davon, ob du die Geschichte für wahr hältst oder nicht, lade ich dich ein, diese auf dich wirken zu lassen:

Mit deiner Geburt entschied sich deine Seele, in die Welt von Zeit und Raum einzutreten, um Erfahrungen, Erkenntnisse und Fähigkeiten zu sammeln, die sie wieder in die Einheit mit der Quelle allen Seins („Gott") führt. Dazu gehören:

- Unrecht, das erlebt wurde, auszugleichen, z. B. durch Vergebung.
- Unrecht, das begangen wurde, auszugleichen, z. B. durch Reue.
- Mangel aus der Vergangenheit auszugleichen, z. B. durch Erfüllung.
- Handlungen und Gefühle, die nicht abgeschlossen wurden, abzuschließen.
- Anhäufungen und Anhaftungen, die bisher nicht losgelassen werden konnten, loszulassen.
- Bindungen, z. B. an unerlöste Muster, Gefühle, Menschen zu lösen und so frei zu werden sowie Identifikationen mit Persönlichkeitsaspekten, Errungenschaften usw. zu übersteigen.

- Situationen, vor denen bisher aus Angst zurückgeschreckt wurde, statt sich ihnen zu widmen, zu durchleben bzw. sich ihnen hinzugeben.
- Hintergründe und Zusammenhänge für das eigene Handeln und das Handeln anderer Menschen zu erkennen und so das Bewusstsein der All-Einheit zu wecken.
- „Göttliche" Qualitäten (Liebe, Weisheit, Mitgefühl usw.) auf Erden zu verwirklichen.
- Sinn im menschlichen Dasein (auch im Alltag) zu erkennen und so der Sprache des Ewigen im Zeitlichen zu lauschen.

Zudem trachtet die Seele danach, die drei großen Ur-Traumata, welche die Seele von Gott trennen, aufzulösen:

- Die Angst zu sein – sich mit seinem Ich auszudrücken. Bis diese Angst aufgelöst ist, kompensiert der Mensch seinen fehlenden inneren Halt mit *Selbst-Betäubung.*
- Die Angst nicht zu sein – sein Ich zu verlieren. Bis diese Angst aufgelöst ist, kompensiert der Mensch sein fehlendes Urvertrauen durch Erstarrung. Er lebt getrennt von dem Ganzen, wie unter einer Käseglocke.
- Die Angst vor der Selbst-Identität – die Eine Kraft, „Gott", bewusst durch sich wirken zu lassen. Bis diese Angst aufgelöst ist, kompensiert der Mensch seine fehlende Selbst-Identität durch Geschäftigkeit. Er lebt getrieben und voller Stress, statt Hingabefähigkeit und Autonomie zu entwickeln und sich von der Einen Kraft tragen zu lassen.

Die Auflösung dieser drei Ur-Traumata bzw. Ängste ist der essenzielle Sinn der eigenen Inkarnation.

Da die Seele aus sich heraus nicht handeln, fühlen oder denken kann, identifiziert sie sich für deine Zwecke mit deinem in Zeugung befindlichen physischen Körper und den dazugehörigen emotionalen und mentalen Körpern. Die Seele kann ihre Seelenabsicht jedoch nicht unmittelbar durch diese drei Körper verwirklichen, da es unabhängig von ihr ein Ich gibt, ein aufgesetztes

Selbst[72], welches als Persönlichkeit[73] wirkt und diese Körper prägt. Zu den Prägungen des Ich gehören genetische Programme, karmischer[74] Schwung, Erziehung, Umwelteinflüsse usw. Das Ich nutzt den physischen, emotionalen und mentalen Körper im Dienst seiner Agenda (weltliche bzw. in der Welt erworbene Bedürfnisse, Wünsche und Ziele).

So gibt es bei jeder Inkarnation zwei Impulse, die den Menschen ins Leben begleiten: Der eine kommt aus der Seele, der andere aus dem Ich.

Um aus dem Verborgenen heraus Einfluss auf die Persönlichkeit und die Lebensereignisse nehmen zu können, bedient sich die Seele des *spirituellen Körpers*. Von dort aus wartet sie auf die Gelegenheit, ihre Agenda, den (der Persönlichkeit meist unbekannten) „Plan der Seele“ in die physische Ebene zu tragen.

Unterschiedliche Agenden:

Ich („Persönlichkeit“)	**Seele**
Mehrung (Geld, Gesundheit, Erfolg ...)	Freiwerden (von Bindungen der Seele)
Gewinnen (gegen andere, in Situationen)	Ausgleichen (Unerledigtes erledigen)
Erreichen (Ziele, Diplome, Anerkennung)	Erkennen (Hintergründe)
Reichtum (Fülle auf der physischen Ebene)	Heilung (von Verletzungen in allen Körpern)
Euphorie leben	Stimmigkeit leben, egal wie sie sich anfühlt
Sinne befriedigen	Sinn erkennen und erfüllen

72 Mit *Selbst* ist die Ich-Identifikation der Persönlichkeit gemeint, nicht das universelle, „erleuchtete“ Selbst.

73 Das Wort *Persönlichkeit* kommt aus dem alten Rom aus Zeiten, in denen die Schauspieler Masken trugen, durch die der Klang, die Sprache der Schauspieler kommt *(per sona = lat. ‚durch den Klang‘)* und offenbart, dass die Persönlichkeit eigentlich die Maske ist, die wir gegenüber der Welt aufgesetzt haben.

74 Karma = Sanskrit, *die Tat, das Geschaffene‘*; das Prinzip des Karmas geht davon aus, dass jeder Gedanke, jedes Gefühl, jede Handlung, die jemand unternimmt, eine Ursache ist, die eine Auswirkung auf die Zukunft dieses Menschen hat. Dies entspricht in etwa dem biblischen: „Was ihr sät, werdet ihr ernten.“ Der Karmaglaube geht davon aus, dass die Wirkungen der Vergangenheit teilweise auch aus früheren Inkarnationen (Wiedergeburtslehre) herrühren können. So entstehen Kräfte, die wir in früheren oder diesem Leben erschaffen haben und von Anhaftung und Identifikation geprägt sind.

Im Zusammenwirken von Seele und Ich sind grundsätzlich folgende Konstellationen möglich:

- Das eigene Leben ist weder nach dem Programm der Seele noch nach dem Programm der Persönlichkeit ausgerichtet: tiefe Unzufriedenheit, da sich weder die Ziele der Persönlichkeit noch die Ziele der Seele verwirklichen. Abhängigkeit, oftmals aufgrund tiefer liegender Programme im emotionalen und/oder mentalen Körper.
- Das eigene Leben ist nach dem Programm der Persönlichkeit ausgerichtet, welches entgegengesetzt zum Programm der Seele verläuft: Ohne es zu wissen, steht die Lebensgestaltung der Verwirklichung deiner Seelenziele im Weg. Über den spirituellen Körper versucht die Seele auf diese Thematik aufmerksam zu machen: Das Leben wird als kompliziert erlebt. Immer wieder geschehen Krisen, Unfälle, Schicksalsereignisse, welche auf die Programme der Seele und die Seelenabsicht aufmerksam machen sollen. Geplante Ziele verwirklichen sich nicht, da der spirituelle Körper als Botschafter der Seele diese blockiert.
- Das Programm der Seele wird gelebt, jedoch auf Kosten der Absicht der Persönlichkeit: Spirituelle Erfahrungen, die einen hohen Preis fordern: Märtyrertum. Trotz spiritueller Berufung wird das eigene Leben als beschwerlich erlebt. Sinnliche und emotionale Bedürfnisse werden verdrängt oder verweigert. Erfahrungen von weltlichem Mangel angesichts spiritueller Fülle.
- Das Programm der Seele und die Absicht der Persönlichkeit widersprechen sich nicht, kommunizieren aber auch nicht miteinander: Die Erfüllung von Bedürfnissen (körperliche Fitness, emotionaler Genuss, geistige Klarheit usw.) wird als unbefriedigend erlebt. „Irgendetwas" fehlt. Jedes erreichte Ziel hinterlässt den schalen Beigeschmack, „das nun auch erledigt" zu haben. Insgeheim ist man von dem Wissen getragen, dass jede weltliche Erfüllung eigentlich bedeutungslos war, da von ihr der spirituelle Körper keinen Impuls erhält. Oft kommt es auch vor, dass weltliche und spirituelle Erfüllung im Wechselspiel, nicht jedoch zeitgleich erlebt werden (innere Spaltung).

- Der spirituelle Körper und die Agenda des Ich arbeiten Hand in Hand mit den anderen Körpern zusammen: Synchronisation der Persönlichkeit mit dem Seelenplan auf einer harmonisch empfundenen Lebensspur. Synchronizitäten und freudvolle Resonanz werden in der inneren wie in der äußeren Welt erfahren. Die Lebensereignisse stehen in einem spürbaren Zusammenhang mit der inneren Erfüllung. Glückliche Zufälle offenbaren ein tiefes eingestimmt Sein auf das Webmuster der Schöpfung (Flow-Phänomen). Das eigene Handeln, Denken, Fühlen ist im Fluss mit dem Tagesablauf – frei von Disstress oder Unterforderung.

Wenn die Ängste der Seele geheilt werden, kommt es zu einer vollständigen Dekonstruktion der IchPersönlichkeit. Man erkennt die Persönlichkeit als das, was sie ist: Ein Imitat-Charakterbild, das mühsam aufgebaut wurde, um auf der physischen Ebene zu überleben, Schmerz zu vermeiden und den drei oben angeführten Seelenängsten auszuweichen.

Die Persönlichkeit verschwindet dadurch nicht, da sie auf der physischen Ebene für die Existenz notwendig ist. Sie gewinnt jedoch an Flexibilität und stellt sich in den Dienst der drei spirituellen Ebenen (Seelenplan, Glückseligkeit, Einheitsbewusstsein). Statt ängstlich und neurotisch auf die Alltags-Situationen zu reagieren, stellt sie sich jeweils in der Form zur Verfügung, wie es den spirituellen Erfordernissen der jeweiligen Alltags-Situation entspricht. Im Laufe dieser Praxis wandeln sich auch die anderen Körper:

- Der *Mentalkörper* wird zum weisen Ausdruck befreiter Identifikation
- Der *Emotionalkörper* wird zu universellem Mitgefühl – frei von Anhaftungen
- Der *physische Körper* wird zum Instrument göttlicher Manifestation

In die Augen der Seele schauen – die Übung für den spirituellen Körper

Ein großer ZEN-Meister wurde einmal gefragt, was das Geheimnis der Erleuchtung sei. Er hielt kurz inne, dann antwortete er: „Most intimate!" (Auf Deutsch: „Sehr vertraulich!") Viele Schüler verstanden, er wolle das Geheimnis seiner Erleuchtung für sich behalten. Dieser Ausspruch hat jedoch auch noch eine andere Bedeutung: Es geht um die Vertraulichkeit mit sich selbst. In unserem Kulturkreis könnten wir sagen: Die Vertraulichkeit mit der eigenen Seele.

Es gibt eine Beziehung, die vertraulicher als jede weltliche Beziehung ist. Sie ist dir näher als die Beziehung zu deiner Mutter, deinem Vater, deinem Lebenspartner, näher als die Beziehung zu deinen Kindern oder deinem besten Freund. Dies ist die Beziehung zu deiner Seele. Aus deiner Seele bist du hervorgegangen in die Welt der Manifestation. In deine Seele wirst du nach deinem letzten Atemzug zurückkehren.

Leider haben die meisten Menschen keinen Kontakt zu ihrer Seele. Oder sie geben diesen Kontakt auf zugunsten weltlicher Beziehungen, statt die Vertraulichkeit, die sie mit ihrer Seele haben, als Geschenk in ihre weltlichen Beziehungen hineinzutragen. Sie lauschen nicht, was ihre Seele ihnen sagen will. Sie stellen das Zeitliche vor das Überzeitliche, das Getrennte vor das Verbindende. Damit lassen sie ihren spirituellen Körper verkümmern bzw. stellen ihn ins Abseits.

Die Tankstelle für den spirituellen Körper und über ihn auch für alle anderen deiner Körper ist der bewusst gepflegte Kontakt zur eigenen Seele. Mit der nachfolgenden Meditation wollen wir uns an die Qualität der Seele erinnern und von ihr tanken.

Vorübung:

Die nachfolgende Übung wird mit einer Farbentspannung eingeleitet. Die Übung wirkt besonders intensiv, wenn du dir dabei die (Grund-)Farben Rot,

Orange, Gelb, Grün, Blau, Indigo, Violett vorstellen kannst. Ich selbst habe das „Farbensehen" wie folgt geübt:

1. Ich habe mir sieben Plakatkartons in den entsprechenden Farben gekauft. Dann habe ich einen Plakatkarton, z. B. in der Farbe Rot zu einem Halbkreis gebogen und im Abstand von ca. 10 cm um mein Gesicht herum gelegt. Anschließend habe ich die Augen geschlossen, mich auf die Farbe konzentriert und versucht, diese Farbe wahrzunehmen. Danach habe ich die Augen geöffnet und die Farbe Rot mit offenen Augen um mich herum gesehen, um im Anschluss die Augen wieder zu schließen und erneut diese Farbe zu imaginieren. Mit mehrfachem Üben gelang es mir immer stärker, dass sich die entsprechende Farbe von selbst vor meinem geistigen Auge bildete, sobald ich an sie gedacht habe.
2. Ich habe so lange an Etwas gedacht, das in der Natur in der jeweiligen Farbe vorkommt, bis ich die jeweilige Farbe auch mit geschlossenen Augen imaginieren konnte, z. B.:
   - Rot: Tomate, Erdbeere
   - Orange: Orange
   - Gelb: Banane, Zitrone
   - Grün: Wiese, Wald
   - Blau: Meer, Himmel
   - Indigo: Veilchen
   - Violett: Stiefmütterchen

Wenn du dir die Farbentspannung einmal eingeprägt hast, ist es dir möglich, dich in relativ kurzer Zeit mithilfe der Farbimagination in tiefe Entspannung zu begeben und eine Kurzform der nachfolgenden Hauptübung an jedem Ort der Welt, z. B. auch in der S-Bahn oder der Mittagspause zu praktizieren.

Hauptübung:

Mache es dir einmal ganz bequem und begebe dich in eine Position, in der du in der Lage bist, dich für ca. 30 Minuten nicht zu bewegen. Entspanne gezielt die Muskeln deines physischen Körpers. Die Zehen loslassen. Die Beine loslassen. Das Gesäß loslassen. Den Bauch entspannen. Alle Anspannungen in den Schultern loslassen. Die Arme entspannen. Den Nacken entspannen. Das ganze Gesicht flach und ohne Ausdruck lassen. Fühle in deine Entspannung hinein.

- Mit dem nächsten Ausatmen lasse alle Anspannungen los, die sich noch im Inneren des physischen Körpers befinden. Ein – Aus.
- Mit dem nächsten Atemzug lasse alle Anspannungen in deinem Emotionalkörper los. Ein – Aus.
- Mit dem nächsten Atemzug lasse alle Anspannungen in deinem Mentalkörper los. Ein – Aus.

Die Augenlider sind sanft geschlossen, die Stirnfalten ganz leicht nach oben gezogen, während sich um deinen Mund herum ein Lächeln ausbreitet. Du konzentrierst nun deine Aufmerksamkeit auf einen Punkt zwischen und etwas hinter den Augenbrauen und schaust von dort aus auf einen Punkt ca. 20 cm vor deinen geschlossenen Augen, als wäre dort ein dunkler Vorhang, der sich gleich öffnen wird.

- Während du weiterhin schaust, nimm einen tiefen Atemzug und stelle dir dabei vor, dass sich vor dir ein roter Farbtunnel bildet, in den du hineingleitest. Ein – Aus.
- Mit dem nächsten Atemzug lasse dich weiter in den Farbtunnel hinein gleiten, die Farbe wird zu einem leuchtenden Orange. Ein – Aus.
- Mit dem nächsten Atemzug lasse dich noch weiter in den Farbtunnel hineingleiten, die Farbe wird zu einem strahlenden Gelb. Ein – Aus.
- Mit dem nächsten Atemzug lasse dich noch weiter in den Farbtunnel hineingleiten, die Farbe wird zu einem saftigen Grün. Ein – Aus.
- Mit dem nächsten Atemzug lasse dich noch weiter in den Farbtunnel hineingleiten, die Farbe wird zu einem beruhigenden Blau. Ein – Aus.
- Mit dem nächsten Atemzug lasse dich noch weiter in den Farbtunnel hineingleiten, die Farbe wird zu Indigo. Ein – Aus.
- Mit dem nächsten Atemzug lasse dich noch weiter in den Farbtunnel hineingleiten, die Farbe wird zu einem tiefen Violett. Ein – Aus.

Vor deinem geistigen Auge erscheint eine Lichtdusche. Stelle dir vor, dass du unter diese Dusche aus reinem Licht trittst und diese Dusche dich komplett von allen Störungen, Belastungen und Irritationen reinigt, sodass du dich vollkommen rein und klar fühlst.

Vor dir siehst du ein großes Tor. Dieses Tor ist das Tor zu deiner lichten Innenwelt. Du trittst durch das Tor und vor dir liegt eine Landschaft. Dies ist die Landschaft deiner Seelenwelt. Aktiviere alle inneren Sinne: Spüre den Boden unter deinen Füßen und einen sanften Luftzug um deine Haut. Nimm die verschiedenen Farben wahr. Vielleicht sind dort auch wundervolle Klänge. Wenn du möchtest, rieche an einer Blume.

Vor dir liegt ein Weg. Dieser Weg ist dein Lebensweg. Du schreitest diesen Weg entlang, bis du zu einem Gewässer gelangst. Handelt es sich um einen See, einen wilden Bach oder einen Fluss? Ist es klar oder schmutzig, tief oder flach? Nimm es ganz deutlich wahr. Nimm ein Bad in diesem Gewässer. Spüre, wie gut es dir tut, darin zu baden. Dann kommst du aus dem Gewässer heraus und trocknest dich ab.

Du schreitest auf deinem Lebensweg voran und siehst in der Nähe einen Baum. Dieser Baum ist das Symbol deiner Vitalität. Wie geht es diesem Baum? Ist er stark oder schwach, knorrig oder biegsam? Nimm es ganz deutlich wahr. Umarme diesen Baum. Fühlst du seine Lebenskraft und auch, wie es ihm geht und was er von dir braucht.

Dann verabschiedest du dich von deinem Baum. Dein Weg führt dich weiter zu einem Berg. Der Weg auf den Berg symbolisiert deinen Lebensweg. Ist dieser Weg schmal oder breit, steinig oder bewachsen? Und wie ist dein Berg gehalten, ist dieser hoch und steil oder eher niedrig und flach? Du kannst es ganz deutlich erkennen.

Du schreitest nun Schritt für Schritt hinauf auf diesen Berg. Oben am Berg angekommen breitest du die Arme weit aus. Du siehst ein wunderbares, kraftvolles Licht. Dieses Licht ist das Licht deiner Seele. Und aus diesem Licht schauen dir zwei Augen entgegen. Es sind die Augen deiner Seele. Nimm wahr, wie unendlich liebevoll und mitfühlend die Augen deiner Seele dich anschauen, voller Dankbarkeit dafür, dass du deine Erdenreise angetreten hast, um so viele Dinge für deine Seele zu erledigen. Spüre die Reinheit und Liebe im Blick deiner Seele.

Während die Augen der Seele weiter auf dir ruhen, bildet sich um die Augen der Seele herum eine Lichtgestalt, die sich langsam aus dem großen Licht löst und auf dich zuschreitet. Imaginiere, dass diese Lichtgestalt dich umarmt, und spüre die ganze Liebe dieser Lichtgestalt – deiner Seele – zu dir.

Du spürst die Offenheit und das Mitgefühl dieser Lichtgestalt. Und während die Augen der Seele dich weiterhin liebevoll anschauen, berichtest du über dein Leben. Berichte deiner Seele über deinen Lebensweg, auch über deinen Alltag, den du Tag für Tag durchlebst. Und auch über Themen, die dich beschäftigen oder bedrücken.

- Wofür bist du dankbar – und womit hast du Schwierigkeiten?
- Worunter leidest du – und welche Hilfe wünschst du dir?
- Für welche Situation in deinem Leben stellt sich dir die Sinnfrage?

Mache dir eine Herzensangelegenheit bewusst, für die du dir die Antwort deiner Seele wünscht. Stelle deine Frage jetzt. Halte inne. Schaue in die Augen deiner Seele. Und empfange den Sinn oder die Antwort – jetzt.

Dein Ich fragt jetzt dich als Seele bezüglich einer Situation, die dich besonders beschäftigt nach dem Sinn dieser Situation. Und du als Seele siehst diese Situation jetzt von außen, jenseits aller Zeit, und erklärst der Persönlichkeit den Sinn – jetzt.

Dein Ich fragt dich auch nach dem Sinn deines gesamten Lebens. Und du als Seele übersiehst den gesamten Lebensweg der Persönlichkeit, die gesamte Zeitlinie, vielleicht so wie ein langer, langer Lebensfluss, in dem sich die endlosen Alltags-Situationen spiegeln, und antwortest der Persönlichkeit – jetzt.

Aus dem großen Licht löst sich jetzt die Seelenplan-Ebene in Form eines eiförmigen kobaltblauen Lichtes voller durchsichtiger Energielinien. Du und deine Seele betrachtet gemeinsam dieses kobaltblaue Licht und erkennt, ob es darin Knoten oder Blockaden gibt. Jeder Knoten, jede Blockierung weist auf ein Thema hin, das durch deine Inkarnation im Alltag gelöst werden möchte. Nun berühre einen Knoten. Während du diesen Knoten berührst, löst er sich aus dem kobaltblauen Licht und verwandelt sich in ein Hologramm. Gemeinsam mit deiner Seele schaust du in dieses Hologramm hinein, wie in einen Bildschirm, und erkennst dort eine belastete oder blockierte Situation aus deiner Vergangenheit oder deinem Alltag.

Unterstützt von deiner Seele fühlst und erlebst du diese Situation noch einmal und veränderst diese nun so, dass Sie sich stimmig anfühlt. Die geheilte Situation siehst du nun in dem Hologramm und dir ist, als ob du die Erlösung auch in deinem Körper spüren kannst. Nun berührst du dieses Hologramm erneut. Das Hologramm wird kleiner und findet seinen Platz wieder in dem kobaltblauen Licht. Es wird zu einer durchsichtigen Energielinie – ohne Knoten. Du hast einen Teil von dir, von deiner Seele, umgewandelt und damit einer Erlösung zugeführt. Das kobaltblaue Licht verschmilzt wieder mit dem großen Licht.

Nun erscheint aus dem großen Licht die Perlmutt-Ebene in Form eines angenehm leuchtenden Ovals. Steige in dieses Oval hinein. Genieße das Gefühl, in diesem Licht gebadet zu sein, das dich erquickt und mit den „höheren" Empfindungen deiner Seele nährt. Ist es Entspannung, Leichtigkeit, Frieden oder Glückseligkeit? Finde ein Wort für diese besondere Qualität. Steige aus diesem leuchtenden Oval heraus. Das Oval verschmilzt wieder mit dem großen Licht und du schaust erneut in die Augen der Seele.

Während du in Kontakt mit deiner Seele bleibst, wechselt sich deine Perspektive. Du erlebst nun, dass du selbst durch die Augen der Seele auf dich in deiner herkömmlichen Erscheinung schaust. Empfinde die unendliche Liebe und das Mitgefühl, das du als Seele für das gewöhnliche Ich hast.

Siehst du das herkömmliche Ich mit all seinem Mut und Potenzial, aber auch mit seinen Defiziten und Verletzungen? Was ist es, dass dein herkömmliches Ich gerade am dringendsten braucht? Sende über deine Augen dem herkömmlichen Ich genau diese Qualität und betrachte, wie sich dein herkömmliches Ich dadurch verändert.

Nun wechsle wieder die Perspektive. Du erlebst dich wieder als die Persönlichkeit, die in die wunderbaren Augen der Seele schaut. Nimm noch einmal die Liebe wahr, die von den Augen der Seele ausgeht. Während du in die Augen der Seele schaust, ahnst du, dass du ein Teil von einer gewaltigen Schöpfung bist, die alle Zeitalter und alles Leben durchwebt und durchweht.

Berührt von tiefer Dankbarkeit verabschiede dich jetzt von dieser Lichtgestalt, die wieder mit dem großen Licht verschmilzt. Du weißt, dass du jederzeit wieder zu ihr kommen kannst, um Rat aus einer überzeitlichen und überpersönlichen Ebene zu bekommen.

Du schreitest nun den Weg hinunter ins Tal, vorbei an dem Baum, dem Gewässer, zurück durch das Tor und siehst wieder deinen Farbtunnel. Du schreitest nun durch diesen Farbtunnel und siehst um dich herum die Farbe Violett – weiter nach Indigo – weiter nach Blau – nach Grün – nach Gelb – nach Orange – nach Rot. Bewege deine Füße und Zehen, recke und strecke dich und öffne die Augen, wieder ganz im Hier und Jetzt.

Kurzfassung (Variante):

Für die Anwendung im Alltag, z. B. in der S-Bahn oder der Mittagspause oder auch bei wichtigen Entscheidungen stelle dir die sieben Farben (Rot – Violett) vor und imaginiere, dass du direkt in die Augen deiner Seele schaust. Wenn du einige Male die längere Version geübt hast, wird es dir im Alltag möglich sein, blitzschnell den Kontakt mit deiner Seele abzurufen.

„Unsere Leben gehören nicht uns. Von der Wiege bis zur Bahre sind wir mit anderen verbunden in Vergangenheit und Gegenwart. Und mit jedem Verbrechen und mit jedem Akt der Güte erschaffen wir unsere Zukunft."

(Äbtin in dem Film „Cloud Atlas")

Glück kommt nicht vorgefertigt von außen auf uns zu.
Es entsteht allein dadurch, dass wir etwas als Glück ansehen.

Oder noch einfacher: Glück ist das, was wir für Glück halten.

(Peter Hohl[75])

75 Peter Hohl, *1941, deutscher Journalist und Verleger.

Große Vier-Körper-Meditation

Hinweis: Die nachfolgende Reise kann dich darin unterstützen, Fragen, die dich beschäftigen, mithilfe der vier Körper zu beantworten oder ein Anliegen, das dir am Herzen liegt, zu unterstützen. Auch kannst du deine vier Körper fragen, welche Lebensweise, welche Ressourcen gut für dich sind und welche nicht. Falls du dies wünschst, fertige vor Beginn der nachfolgenden Reise eine Liste mit Lebensweisen/Ressourcen (evtl. auch mit Spalten für physische, emotionale, mentale und spirituelle Ressourcen) an und notiere ein Anliegen, das dir momentan wichtig ist.

Es handelt sich bei der nachfolgenden Übung um eine längere Meditation. Wenn du mit dem Ablauf vertraut bist, kannst du auch einzelne Elemente aus dieser Meditation herausnehmen und separat anwenden (z. B. nur dem physischen Körper begegnen). In der praktischen Anwendung kannst du die nachfolgende Meditation wahlweise

- vorlesen lassen
- auf dein Smartphone sprechen und danach anhören
- einen Absatz lesen, die Augen schließen, um die Inhalte innerlich zu vollziehen, die Augen wieder öffnen, um den nächsten Absatz zu lesen usw.

Nun viel Freude mit der nachfolgenden Meditation:

Mache es dir bequem und setze dich in eine Position, die sich gut anfühlt und die es dir gestattet, dich für einige Zeit nicht zu bewegen.

Nimm deinen Atem wahr, wie er durch dich ein- und ausströmt. Einfach nur beobachten, nichts verändern. Weder den Atem vorantreiben noch den Atem unterdrücken. Mit deinem nächsten Atemzug fließt aller physischer Stress, fließen alle körperlichen Anspannungen aus dir heraus. Mache dir bewusst: Ich habe jetzt Zeit für mich. Spüre, wie dein ganzer Körper beginnt, sich von Kopf bis Fuß zu entspannen. Dein physischer Körper entspannt sich. Du ruhst in deiner inneren Mitte.

Mit deinem nächsten Atemzug fließt aller emotionaler Stress aus dir heraus. Alle Gefühle, Stimmungen und Empfindungen sind momentan nicht wichtig. Dein emotionaler Körper entspannt sich. Du ruhst in deiner inneren Mitte.

Mit deinem nächsten Atemzug fließt aller mentaler Stress aus dir heraus. Alle Gedanken, Glaubenssätze, Urteile sind momentan nicht wichtig. Dein mentaler Körper entspannt sich. Du ruhst in deiner inneren Mitte.

Mit deinem nächsten Atemzug fließt aller spiritueller Stress aus dir heraus. Alle Fragen über Sinn, alle übersinnlichen Empfindungen sind momentan nicht wichtig. Dein spiritueller Körper entspannt sich. Du ruhst in deiner inneren Mitte.

Mache dich jetzt deiner Intention bewusst: *Ich will meine vier Körper kennenlernen und mit ihnen Freundschaft schließen. Ich will wissen, wie es ihnen geht und meine Beziehung zu ihnen und untereinander verbessern.*

(Farbentspannung) Vor deinem geistigen Auge erscheint ein Farbtunnel. Imaginiere ein kraftvolles Rot und gehe in den roten Farbtunnel hinein. Je weiter du in den Farbtunnel hineingehst, umso mehr verändert sich die Farbe in Richtung eines fröhlichen Orange. Du gehst weiter in den Farbtunnel hinein und die Farbe wird zu einem leuchtenden Gelb. Du gehst weiter in den Farbtunnel und die Farbe wird zu einem saftigen Grün. Während du weiter in den Farbtunnel hineingehst, wandelt sich die Farbe in ein friedvolles Blau. Du gehst weiter in den Farbtunnel und empfindest ein tiefes Indigo. Und du gehst weiter in den Farbtunnel und spürst die Farbe Violett.

Du gehst durch den Farbtunnel hindurch und vor deinem geistigen Auge erscheint eine Lichtdusche aus reinem Licht. Du stellst dich unter diese Lichtdusche. Das Licht aus dieser Lichtdusche reinigt dich vollkommen.

Vor deinem geistigen Auge erscheint nun ein großes Tor. Dies ist das Tor zu deiner lichten Innenwelt. Du nimmst einen tiefen Atemzug und gehst durch das Tor. In deiner lichten Innenwelt befindet sich eine Landschaft, die Landschaft deiner lichten Innenwelt. Du spürst den Boden unter deinen Füßen und die Sonnenstrahlen auf deiner Haut. Du gehst durch die Landschaft deiner lichten Innenwelt, bis du zu einem besonderen Platz kommst. Dem Platz der Begegnung und Wandlung.

Und hier, an diesem Platz der Begegnung und Wandlung, stellst du dich in die Mitte des Platzes und spürst, wie es sich anfühlt, den Platz der Mitte einzunehmen.

Physischer Körper

Und an diesem Platz rufst du nun deinen physischen Körper (genauer gesagt das feinstoffliche Abbild deines physischen Körpers).

Vor dir erscheint nun der physische Körper. Du siehst ihn von außen, als ob du vor einem Spiegel stehst. Aber hier, in dieser lichten Innenwelt verfügst du über eine besondere Gabe: Du nimmst deinen physischen Körper detaillierter wahr. Du kannst alle seine Stärken und Schwächen erkennen. Und in diesem Bewusstsein gleitet dein Blick liebevoll über deinen physischen Körper, von oben nach unten und von unten nach oben.

Wie geht es den einzelnen Partien deines physischen Körpers? Wie geht es seinen Augen, seinen anderen Sinnesorganen, seinen Schultern, seinem Torso, seinen Armen, Beinen und Gelenken? Nimm auch deinen physischen Körper von hinten wahr – wie geht es seinem Hinterkopf, seinem Nacken, seinem Rücken? Du kannst all dies in allen Details erkennen. Und wie geht es deinem physischen Körper energetisch?

Ist er vital oder erschöpft? Flexibel oder steif? Lebensfreudig oder lebensmüde? Weit oder eng? Frei oder eingeengt? Ausdrucksfreudig oder frustriert? All dies kannst du wahrnehmen.

Nun schaue deinen physischen Körper wieder von vorne an. Schaue ihm liebevoll in die Augen und sage zu ihm: „Ich habe dich gerufen, um dir ein Geschenk zu machen – das Geschenk der Vitalität. Du bist mein Instrument des Wirkens auf der physischen Ebene. Du hast mir ein Leben lang treu gedient. Und dafür danke ich dir. Nur dir ist es zu verdanken, dass ich in der physischen Welt handeln und mich ausdrücken kann. Ich danke dir auch dafür, dass du den oftmals unbewussten Umgang von mir und anderen Menschen ertragen und mitgetragen hast. Ich danke dir und bitte verzeih mir, dass ich deine Signale so oft überhört oder für sie noch nicht die optimale Lösung gefunden habe. Verzeih mir auch meine Bewertungen und Urteile über dich. Bitte lass mich wissen, wie es dir in all den Jahren mit mir ergangen ist, was dir gutgetan hat und wo ich nicht gut für dich gesorgt habe. Bitte erzähle es mir jetzt."

Und nun stelle dir vor, dass der physische Körper zu reden beginnt. Er erzählt dir von seinen Leiden und seinen Freuden. Von den Situationen, die ihm zu schaffen machen und denen, die er begrüßt. Von der Umgebung, die ihm guttut – und der, die deprimiert. Was vermisst er am meisten – und was wünscht er sich sehnsüchtig? – Und du hörst ihm voller Anteilnahme zu.

Und dann, wenn der physische Körper gesprochen hat, fragst du ihn mitfühlend, was er benötigt, was ihm hilft, dass es ihm gut geht. Vielleicht erzählt er es dir direkt. Und vielleicht möchtest du ihm Vorschläge machen bezüglich deines Lebensstils, deiner Ernährung, deiner Körperertüchtigung oder bezüglich spezieller Übungen[76]. Du fragst deinen physischen Körper, ob dies oder jenes für ihn gut ist und erhältst jeweils ein Ja oder ein Nein als Antwort. Du siehst es direkt an seiner Beschaffenheit, was die eine oder andere Veränderung mit ihm macht: Wird ein Vorschlag begrüßt, erkennst du es daran, dass er stärker leuchtet, lebendiger und vitaler wird. Wird dein Vorschlag indes abgelehnt, wird er matter, trüber und energieleerer. Du bietest deine Alternativen an und erhältst deine Antworten – jetzt.

Und nun bist du bereit, deinen physischen Körper auch von innen her zu fühlen. Dafür nimm einen tiefen Atemzug und mit dem Ausatmen verschmilzt du mit dem Abbild deines physischen Körpers. Hier an diesem besonderen Ort, in diesem besonderen Zustand fühlst du ungefiltert und unmittelbar, wie es deinem physischen Körper geht und was ihm guttun würde – jetzt.

76 An dieser Stelle nimm die Liste mit Vorschlägen/Alternativen für den physischen Körper zur Hand bzw. lassen sich diese während dieser Reise vorlesen.

Nun nimm auch wahr, welche Farbschwingung dein physischer Körper am dringendsten benötigt. Falls du es nicht weißt, probiere verschiedene Farben aus: Rot, Orange, Gelb, Grün, Indigo, Violett, Magenta, Bronze, Silber, Gold, Perlmutt, Weiß oder eine andere Farbe. Du erkennst es – jetzt.

Nimm einen weiteren tiefen Atemzug und mit dem Ausatmen erscheint über dir deine Lichtdusche. Diese Lichtdusche strahlt jetzt genau die Lichtfarbe in dich hinein, welche die stärkste Heilwirkung für deinen physischen Körper bewirken wird. Nimm drei weitere tiefe Atemzüge und mit jedem Atemzug breitet sich dieses Licht stärker und stärker in deinem physischen Körper aus. Es fließt insbesondere zu den Körperstellen hin, welche am dringendsten Hilfe und Heilung benötigen. Der ganze physische Körper leuchtet in dieser Farbe. Alle Störungen und Belastungen im physischen Körper sind transformiert – jetzt.

Und dann nimm einen tiefen Atemzug und mit dem Ausatmen gehst du wieder aus deinem physischen Körper heraus und betrachtest ihn von außen. Was hat sich geändert an seinem Aussehen? Ist seine Ausstrahlung eine andere? Vielleicht möchtest du deinem physischen Körper ein Versprechen machen, wie du in Zukunft besser für ihn sorgen wirst. Dann bedankst du dich bei deinem physischen Körper für seine Bereitschaft zur Zusammenarbeit und bietest ihm einen bequemen Platz zum Ausruhen an.

Emotionaler Körper

Nun rufst du deinen emotionalen Körper, der den Zustand deiner Gefühle, Empfindungen und Motivationskräfte ausdrückt.

Vor dir erscheint der emotionale Körper. Du nimmst deinen emotionalen Körper detailliert wahr. Ist er kompakt oder eher luftig, dunkel oder hell? Was wünscht er sich von dir? Kann er leben in dem Umfeld, in dem du dich bewegst? Oder trägt er gar Belastungen aus der Vergangenheit mit sich herum?

Du kannst alle seine emotionalen Schichten erkennen. Dein Blick gleitet über deinen emotionalen Körper, nimmt ihn von allen Seiten wahr, auch in den kleinen Details, die vielleicht auf den ersten Blick nicht erkennbar sind.

Wie geht es den einzelnen Partien deines emotionalen Körpers und seinen verschiedenen Kräften und Energien? Wie geht es seiner Klarheit, seiner Lebensfreude, seiner Autonomie, seiner Lust, seinem Mitgefühl und seinem Wunsch nach Freude und Begeisterung? Wie glücklich und erfüllt ist dein emotionaler Körper – und was fehlt ihm?

Ist er in den Pflichten des Alltags erdrückt oder hat er auch Räume für die schönen Dinge des Lebens, Kunst, Musik und Spiel? Kann er sich in diesem Leben, so wie du es führst, wahrnehmen? All dies vermittelt dir dein emotionaler Körper durch seinen Ausdruck.

Schaue dir deinen emotionalen Körper von vorne an. Schaue ihm liebevoll in die Augen und sage zu ihm: „Ich habe dich gerufen, um dir ein Geschenk zu machen – das Geschenk der Lebenslust. Du bist mein Instrument des Wirkens auf der emotionalen Ebene. Du bist mein Garant für Lebenslust und Lebensfreude. Durch deine Gefühle und Empfindungen erfahre ich auch, ob mein Leben und meine Beziehungen harmonisch sind. Du hast mir ein Leben lang treu gedient. Und dafür danke ich dir. Nur dir ist es zu verdanken, dass ich den emotionalen Reichtum dieser Welt wahrnehmen und schätzen kann. Ich danke dir auch dafür, dass du den oftmals unbewussten Umgang von mir und anderen Menschen ertragen und mitgetragen hast. Ich danke dir und bitte verzeih mir, dass ich deine Signale so oft überhört oder für sie noch nicht die optimale Lösung gefunden habe. Verzeih mir auch mein Verdrängen und Überhören deiner wertvollen emotionalen Botschaften. Bitte verzeih mir ebenfalls die Momente, in denen ich dich nicht unterrichtet, geführt und gestärkt habe, in denen ich dich allein gelassen habe mit deinen Gefühlen und deinem emotionalen Schmerz. Bitte lass mich wissen, wie es dir in all den Jahren mit mir ergangen ist, was dir gutgetan hat und wie ich in Zukunft besser für dich sorgen kann. Bitte erzähle es mir jetzt."

Und nun stelle dir vor, dass der emotionale Körper mit dir zu kommunizieren beginnt. Er erzählt dir von seinen Leiden und seinen Freuden. Von den emotionalen Erfahrungen, die ihm zu schaffen machen und denen, die er begrüßt. Was vermisst er am meisten und was wünscht er sich sehnsüchtig? – Auch deinem Emotionalkörper hörst du voller Anteilnahme zu.

Und dann, wenn der Emotionalkörper gesprochen hat, fragst du auch ihn mitfühlend, was er benötigt, was ihm hilft, dass er seine Aufgabe erfüllen kann. Vielleicht erzählt er es dir direkt. Und vielleicht möchtest du ihm Vorschläge machen bezüglich deines Lebensstils, deiner Begegnungen, deiner Aufenthaltsorte und deiner Mitmenschen[77]. Du fragst deinen emotionalen Körper, ob dies oder jenes für ihn gut ist und erhältst jeweils ein Ja oder ein Nein als Antwort. Du siehst es direkt an seiner Beschaffenheit, was die eine oder andere Veränderung mit ihm macht: Wird dein Vorschlag begrüßt, erkennst du daran, dass er stärker leuchtet, glücklicher und freudvoller ist. Wird dein Vorschlag abgelehnt, erkennst du es daran, dass er energieleerer wird. Du bietest deine Alternativen an und erhältst deine Antworten – jetzt.

Und nun bist du bereit, deinen emotionalen Körper auch von innen her zu fühlen. Dafür nimm einen tiefen Atemzug und mit dem Ausatmen verschmilzt du mit deinem emotionalen Körper. Du fühlst als dein emotionaler Körper, wie es ihm geht und was er braucht, welche Bedürfnisse erfüllt sind und welche noch dringend auf Erfüllung warten – jetzt.

Nun nimmst du auch wahr, welche Farbschwingung dein emotionaler Körper am dringendsten benötigt. Falls du es nicht weißt, probiere verschiedene Farben aus: Rot, Orange, Gelb, Grün, Indigo, Violett, Magenta, Bronze, Silber, Gold, Perlmutt, Weiß oder eine andere Farbe. Du erkennst es – jetzt

Nimm einen weiteren tiefen Atemzug und mit dem Ausatmen erscheint über dir wieder deine Lichtdusche. Diese Lichtdusche strahlt jetzt genau die Lichtfarbe in dich hinein, welche die stärkste Erfüllung und Heilung für den emotionalen Körper bewirken wird. Nimm drei weitere tiefe Atemzüge und

77 An dieser Stelle nimm dir die Liste mit Vorschlägen/Alternativen für den emotionalen Körper zur Hand bzw. lassen sich diese während dieser Reise vorlesen.

mit jedem Atemzug breitet sich dieses Licht stärker und stärker in deinem emotionalen Körper aus. Es findet insbesondere zu den Körperstellen hin, welche am dringendsten Näherung und Heilung benötigen. Der ganze emotionale Körper leuchtet in dieser Farbe. Alle Störungen und Belastungen im emotionalen Körper sind transformiert – jetzt.

Und dann nimmst du einen tiefen Atemzug und mit dem Ausatmen gehst du wieder aus deinem emotionalen Körper heraus und betrachtest ihn von außen. Was hat sich geändert an seinem Aussehen? Ist seine Ausstrahlung eine andere? Vielleicht möchtest du deinem emotionalen Körper ein Versprechen machen, wie du in Zukunft besser auf ihn aufpassen wirst. Dann bedankst du dich bei deinem emotionalen Körper für seine Bereitschaft zur Zusammenarbeit und bietest ihm einen bequemen Platz zum Ausruhen an.

Mentaler Körper

Nun rufst du deinen mentalen Körper, der dein Denken, deine Urteile, Glaubenssätze und auch deine Identifikationen in sich birgt.

Vor dir erscheint der mentale Körper. Du nimmst deinen mentalen Körper detailliert wahr. Ist er strukturiert oder fließend, kleinkariert oder großzügig? Welche Art von Bildern trägt er in sich? Leidet er unter der Bürde des Denkens oder ist er erfreut, sich mit gedanklicher Leichtigkeit in dieser und anderen Welten zu bewegen? Wie klar oder verwirrt ist er? Gibt es Dinge, unter denen er leidet, Vorstellungen, Stör- und Fremdgedanken?

Du kannst den Mentalkörper in all seiner Reinheit oder auch seiner Befremdung erkennen. Dein Blick gleitet liebevoll über deinen mentalen Körper. Nimm ihn von allen Seiten wahr, auch in den kleinen Details, die vielleicht auf den ersten Blick nicht erkennbar sind.

Passen die einzelnen Bilder und deren Ladung zueinander oder liegt der mentale Körper mit sich selbst im Kampf? Verfügt er über eine gute Stabilität und Ausrichtung oder ist er schwach und weht wie ein Fähnchen im Wind? Wie geht es seinem Wunsch nach Klarheit, Verstehen und Begreifen der verschiedenen Welten? Erlebt er sich als genial oder als beeinträchtigt?

Worin liegt sein Reichtum und was fehlt ihm? All dies vermittelt dir dein mentaler Körper durch seinen Ausdruck.

Schaue deinen mentalen Körper von vorne an. Schaue ihm liebevoll in die Augen und sage zu ihm: „Ich habe dich gerufen, um dir ein Geschenk zu machen – das Geschenk der Klarheit. Du bist mein Instrument des Wirkens auf der mentalen Ebene. Du bist mir ein Verbündeter dabei, mich in meiner Welt zurechtzufinden, sie zu verstehen, zu begreifen und meine Gedanken mit der Welt zu teilen. Du hilfst mir, meine Ziele zu verwirklichen, die richtigen Wege für meine Heilung und Erfüllung auszuloten und mich strategisch klug in dieses Lebensspiel einzubringen.

Nur dir ist es zu verdanken, dass ich in Klarheit und Ausrichtung durch mein Leben gehen kann. Ich danke dir auch dafür, dass du den oftmals unbewussten Umgang von mir und anderen Menschen ertragen und mitgetragen hast. Bitte verzeih mir, dass ich so häufig zugelassen habe, dass Fehlurteile, falsche Glaubenssätze und fixe Vorstellungen sich in dir einnisten – ich war oft zu unbewusst, um dies zu bemerken. Bitte lass mich wissen, wie es dir in all den Jahren mit mir und meiner Umwelt ergangen ist, was dir gutgetan hat und wie ich in Zukunft dich besser schützen und optimaler einsetzen kann. Bitte erzähle es mir jetzt."

Und nun stelle dir vor, dass der mentale Körper mit dir zu kommunizieren beginnt. Er erzählt dir von seiner Verwirrung und seiner Klarheit. Von den mentalen Prägungen, die ihm zu schaffen machen, und denen, die er begrüßt. Davon, wie Eltern, Erzieher, Vorbilder, Lehren und Dogmen ihn beeinflusst haben – was ihn beeinträchtigt hat und was ihm geholfen hat, um zu wachsen und Klarheit zu entwickeln.

Welche Form der geistigen Anregung und Betätigung vermisst er am meisten – und was wünscht er sich sehnsüchtig? – Und auch deinem mentalen Körper hörst du voller Anteilnahme zu.

Und dann, wenn der mentale Körper gesprochen hat, fragst du auch ihn mitfühlend, was er benötigt, was ihm hilft, damit er seine Aufgabe noch besser erfüllen kann. Vielleicht erzählt er es dir direkt. Vielleicht möchtest du ihm auch Vorschläge machen bezüglich deiner geistigen Anregung, der Literatur, Filme, Vorträge, Seminare, Gespräche, Projekte, Ziele, Strategien und Begegnungen.[78] Du fragst deinen mentalen Körper, ob dies oder jenes für ihn gut ist und erhältst jeweils ein Ja oder ein Nein als Antwort. Du siehst es direkt an seiner Beschaffenheit, was die eine oder andere Veränderung mit ihm macht: Wird dein Vorschlag begrüßt, erkennst du es daran, dass er stärker leuchtet, klarer und besser ausgerichtet ist. Wird dein Vorschlag abgelehnt, erkennst du es daran, dass die Klarheit eher zurückgeht. Du bietest deine Alternativen an und erhältst deine Antworten – jetzt.

Und nun bist du bereit, deinen mentalen Körper auch von innen her zu fühlen. Dafür nimm einen tiefen Atemzug und mit dem Ausatmen verschmilzt du mit deinem mentalen Körper. Du fühlst als dein mentaler Körper, wie es ihm geht und was er braucht, welche Bedürfnisse erfüllt sind und welche noch dringend auf Erfüllung warten – jetzt.

Nun nimmst du auch wahr, welche Farbschwingung dein mentaler Körper am dringendsten benötigt. Falls du es nicht wissen solltest, probiere verschiedene Farben aus: Rot, Orange, Gelb, Grün, Indigo, Violett, Magenta, Bronze, Silber, Gold, Perlmutt, Weiß oder eine andere Farbe. Du erkennst es – jetzt.

Nimm einen weiteren tiefen Atemzug und mit dem Ausatmen erscheint über dir wieder deine Lichtdusche. Diese Lichtdusche strahlt jetzt genau die Lichtfarbe in dich hinein, welche die stärkste Erfüllung und Heilung für den mentalen Körper bewirken wird. Nimm drei weitere tiefe Atemzüge und mit jedem Atemzug breitet sich dieses Licht stärker und stärker in deinem mentalen Körper aus. Es findet insbesondere zu den Stellen, welche am dringendsten Klarheit und Ausrichtung benötigen. Der ganze mentale Körper leuchtet in dieser Farbe. Alle Unklarheiten und Verwirrungen im mentalen Körper sind transformiert – jetzt.

78 An dieser Stelle nimm dir die Liste mit Vorschlägen/Alternativen für den mentalen Körper zur Hand bzw. lassen sich diese während dieser Reise vorlesen.

Und dann nimm einen tiefen Atemzug und mit dem Ausatmen gehst du wieder aus deinem mentalen Körper heraus und betrachtest ihn von außen. Was hat sich geändert an seinem Aussehen? Ist seine Ausrichtung eine andere? Vielleicht möchtest du deinem mentalen Körper ein Versprechen machen, wie du in Zukunft besser auf ihn aufpassen wirst. Dann bedankst du dich bei deinem mentalen Körper für seine Bereitschaft zur Zusammenarbeit und bietest ihm einen bequemen Platz zum Ausruhen an.

Spiritueller Körper

Nun rufe deinen spirituellen Körper, der auf den Sinn deines Lebens ausgerichtet ist und dein Dasein aus dem Überzeitlichen, Höheren heraus erlebt.

Vor dir erscheint nun der spirituelle Körper. Du nimmst deinen spirituellen Körper detailliert wahr. Wie klar ist er und wie erfüllt? Leuchtet er im Feuer der Verwirklichung oder wirkt er eher schlaff und unbewusst? Ist er stark oder schwach, aktiv oder passiv, wach oder schläfrig? Was inspiriert ihn und wie sehr sind seine inneren Antennen auf die höhere, überzeitliche Perspektive ausgerichtet? Wirkt er durchsetzungsstark oder eher klein und unterernährt? Ist er angefüllt mit Sinnlosigkeiten, mit Sinnsuche oder mit Sinnerfüllung?

Du kannst den spirituellen Körper in all seinem Feuer oder all seiner Verdunkelung erkennen. Dein Blick gleitet liebevoll über deinen spirituellen Körper, nimmt ihn von allen Seiten wahr, auch in den kleinen Details, die vielleicht auf den ersten Blick nicht erkennbar sind.

Sind die im spirituellen Körper enthaltenen Inspirationen lebendig und ausdauernd oder handelt es sich um Eintagsfliegen? Hat der spirituelle Körper Enttäuschungen erleben müssen, vielleicht auch Ablehnung von der Alltagswelt oder ist es ihm gelungen, die Anliegen der Seele auf Erden zu manifestieren?

Wie geht es seinem Wunsch nach Sinnerfüllung, Selbsterkenntnis und Selbstverwirklichung? Worin liegt seine Stärke und was braucht er noch? All dies vermittelt dir dein spiritueller Körper durch seinen Ausdruck.

Schaue deinen spirituellen Körper von vorne an. Schaue ihm liebevoll in die Augen und sage zu ihm: „Ich habe dich gerufen, um dir ein Geschenk zu machen – das Geschenk der Sinnerfüllung. Du bist mein Instrument des Wirkens auf der spirituellen Ebene. Du bist mir ein Verbündeter dabei, meinen Seelenauftrag zu erfüllen und in meiner Welt spirituell zu leben. Du trägst in dir meine tiefsten spirituellen Werte. Du hilfst mir, diese Werte zu erkennen und zu verwirklichen, die richtigen Wege für meine Sinnerfüllung auszuloten und mit dem allumfassenden („göttlichen") Plan zu kooperieren. Nur dir ist es zu verdanken, dass ich Bewusstheit über den Sinn meines Lebens gewinnen kann. Ich danke dir dafür, dass du mich immer wieder inspirierst und mich mit den spirituellen Ebenen in Kontakt bringst. Bitte verzeih mir, dass ich so häufig vergessen habe, dich in mein Leben bewusst einzubeziehen. Bitte verzeih mir auch, wo ich dich verraten habe, wo ich, in Sehnsucht nach dem Feuer der Begeisterung, unpassenden Anregungen und fehlgeleiteten Idealen gefolgt bin, wo ich mich habe verführen lassen, statt dir zu lauschen. Bitte lass mich wissen, wie es dir in all den Jahren mit mir und meiner Umwelt ergangen ist, was dir gutgetan hat und wie ich in Zukunft besser mit dir kooperieren kann. Bitte erzähle es mir jetzt."

Und nun stelle dir vor, dass der spirituelle Körper mit dir zu kommunizieren beginnt. Er erzählt dir von seinen Enttäuschungen und seinen Erfüllungen. Von den Wertlosigkeiten, die ihm zu schaffen machen und den Werten, die er begrüßt. Davon, was ihn von der Wahrnehmung des Lebenssinnes getrennt hat und was ihm Sinn und Nahrung gibt.

Welche Form der spirituellen Betätigung vermisst er am meisten – und was wünscht er sich sehnsüchtig? Und auch deinem spirituellen Körper hörst du voller Anteilnahme zu.

Und dann, wenn der spirituelle Körper gesprochen hat, fragst du auch ihn mitfühlend, was er benötigt, was ihm hilft, damit er seine Aufgabe noch besser erfüllen kann. Vielleicht erzählt er es dir direkt. Vielleicht möchtest du ihm auch Vorschläge machen bezüglich deiner spirituellen Übungen, Meditations- und Gebetspraktiken, spirituellen Gemeinschaften, sozialen Tätigkeiten, spirituellen Vorbilder und Werte-Ausrichtung[79]. Du fragst deinen spirituellen Körper, ob dies oder jenes ihn mit Sinn erfüllt und erhältst jeweils ein Ja oder ein Nein als Antwort. Du siehst es direkt an seiner Beschaffenheit, was die eine oder andere Veränderung mit ihm macht: Wird dein Vorschlag begrüßt, erkennst du es daran, dass er stärker leuchtet. Wird dein Vorschlag abgelehnt, erkennst du es daran, dass sein Licht etwas stumpfer wird. Du bietest deine Alternativen an und erhältst deine Antworten – jetzt.

Und nun bist du bereit, auch deinen spirituellen Körper von innen her zu fühlen. Dafür nimm einen tiefen Atemzug und mit dem Ausatmen verschmilzt du mit deinem spirituellen Körper. Du fühlst als dein spiritueller Körper, wie es ihm geht und was er braucht, welche Bedürfnisse erfüllt sind und welche noch dringend auf Erfüllung warten – jetzt.

Nun nimm auch wahr, welche Farbschwingung dein spiritueller Körper am dringendsten benötigt. Falls du es nicht wissen solltest, probiere verschiedene Farben aus: Rot, Orange, Gelb, Grün, Indigo, Violett, Magenta, Bronze, Silber, Gold, Perlmutt, Weiß oder eine andere Farbe. Du erkennst es – jetzt.

Nimm einen weiteren tiefen Atemzug und mit dem Ausatmen erscheint über dir wieder deine Lichtdusche. Diese Lichtdusche strahlt jetzt genau die Lichtfarbe in dich hinein, welche die stärkste Erfüllung und Heilung für den spirituellen Körper bewirken wird. Nimm drei weitere tiefe Atemzüge und mit jedem Atemzug breitet sich dieses Licht stärker und stärker in deinem spirituellen Körper aus. Es findet insbesondere zu den Stellen, welche am dringendsten Inspiration und Sinnerfüllung benötigen. Der ganze spirituelle Körper leuchtet in dieser Farbe. Alle Unklarheiten und Verwirrungen im spirituellen Körper sind transformiert – jetzt.

Und dann nimm einen tiefen Atemzug und mit dem Ausatmen gehst du wieder aus deinem spirituellen Körper heraus und betrachtest ihn von außen. Was hat sich geändert an seinem Aussehen? Ist seine Ausrichtung eine andere? Vielleicht möchtest du deinem spirituellen Körper ein Versprechen

---

79 An dieser Stelle nimmst du die Liste mit Vorschlägen/Alternativen für den spirituellen Körper zur Hand bzw. lassen sich diese während dieser Reise vorlesen.

machen, wie du in Zukunft besser auf ihn aufpassen wirst. Dann bedankst du dich bei deinem spirituellen Körper für seine Bereitschaft zur Zusammenarbeit und bietest ihm einen bequemen Platz zum Ausruhen an.

Alle vier Körper zugleich

Nun richte die Aufmerksamkeit wieder auf deinen physischen Körper: „Physischer Körper, ich rufe dich!“ – Der physische Körper kommt zu dir und du schaust ihm direkt in die Augen und sagst zu ihm: „Bitte stelle dich nun so hin, wie es deiner Beziehung zu mir entspricht“ und du erkennst, wie dein physischer Körper eine ganz bestimmte Position auf diesem Platz der Begegnung und Wandlung einnimmt. Du kannst klar erkennen, wie nah oder wie weit entfernt er nun von dir ist. Ist er von dir abgewandt oder zugewandt? Wie ist seine Haltung? Ist sie aufrecht oder zusammengesunken? Wie ist seine Blickrichtung? Du kannst all dies klar erkennen.

Anschließend richtest du die Aufmerksamkeit auf deinen emotionalen Körper: „Emotionaler Körper, ich rufe dich!“ – Der emotionale Körper kommt zu dir und du schaust ihm direkt in die Augen und sagst zu ihm: „Bitte stelle dich nun so hin, wie es deiner Beziehung zu mir entspricht“. Du siehst, wie dein emotionaler Körper eine ganz bestimmte Position auf diesem Platz der Begegnung und Wandlung einnimmt. Du erkennst ganz klar, wie nah oder wie weit entfernt er nun von dir ist, wie seine Ausrichtung ist und ob er aufrecht oder zusammengesunken ist. Steht er in einer guten Beziehung zu deinem physischen Körper oder ist er von ihm abgewandt? Und in welcher Beziehung ist er zu dir? Auch dies kannst du gut wahrnehmen.

Nun richte die Aufmerksamkeit auf deinen mentalen Körper: „Mentaler Körper, ich rufe dich!“ – Der mentale Körper kommt zu dir. Du schaust ihm direkt in die Augen und sagst zu ihm: „Mentaler Körper, bitte stelle dich nun so hin, wie es deiner Beziehung zu mir entspricht“. Du siehst, wie dein mentaler Körper seine Position auf diesem Platz der Begegnung und Wandlung einnimmt. Du kannst klar erkennen, wie nah oder wie weit entfernt er nun von dir ist, wie seine Ausrichtung ist und ob er aufrecht oder zusammengesunken ist. Steht er in einer guten Beziehung zu deinem physischen und deinem emotionalen Körper oder ist er von ihnen abgewandt? Und in welcher Beziehung ist er zu dir? Auch dies kannst du gut wahrnehmen.

Als Letztes richtest du die Aufmerksamkeit auf deinen spirituellen Körper: „Spiritueller Körper, ich rufe dich!" – Der spirituelle Körper kommt zu dir und du schaust ihm direkt in die Augen und sagst zu ihm: „Bitte stelle dich nun so hin, wie es deiner Beziehung zu mir entspricht". Du siehst, wie auch dein spiritueller Körper seine Position auf diesem Platz der Begegnung und Wandlung einnimmt. Du kannst klar erkennen, wie nah oder wie weit entfernt er von dir ist, wie seine Ausrichtung ist und ob er aufrecht oder zusammengesunken ist. Steht er in einer guten Beziehung zu deinen drei anderen Körpern oder ist er von ihnen abgewandt? Und in welcher Beziehung ist er zu dir? Auch dies kannst du gut wahrnehmen.

Wie stehen diese vier Körper zueinander, wie harmonisch oder disharmonisch, wie zugewandt oder abgewandt? Welcher Körper steht dir am nächsten und welcher ist am weitesten von dir entfernt?

Um dies klar zu erkennen, kannst du dir vorstellen, dass du dein Bewusstsein erhebst und die vier Körper in ihrer selbst gewählten Zusammenstellung aus der Vogelperspektive von oben betrachtest. Dann begib dich wieder auf die Ebene der vier Körper.

Sage zu ihnen: „Danke, dass ihr mir zeigt, wie es euch geht und wie ihr zueinander in Beziehung steht. Ich bin gekommen, um euch zu helfen besser miteinander zu kooperieren. Ich bin sicher, dass jetzt, da ihr gereinigt und genährt seid, euer bestes Potenzial zur Verfügung steht. Wie geht es euch miteinander?"

Zuerst meldet sich der physische Körper. Er teilt dir mit, wie er zu dir steht und wie es ihm mit dem emotionalen, dem mentalen und dem spirituellen Körper geht – jetzt.

Du bedankst dich beim physischen Körper und fragst ihn, was er von den drei anderen Körpern braucht, damit er mit ihnen optimal kooperieren kann.

Und dein physischer Körper antwortet, indem er zu den drei anderen Körpern direkt spricht:

- „Emotionaler Körper, ich brauche von dir ... (Anliegen), damit ich ... (Bedürfnis).
- Mentaler Körper, ich brauche von dir ... (Anliegen), damit ich ... (Bedürfnis).
- Spiritueller Körper, ich brauche von dir ... (Anliegen), damit ich ... (Bedürfnis)."

Du bedankst sich bei deinem physischen Körper.

Nun meldet sich der emotionale Körper. Er teilt dir mit, wie er zu dir steht und wie es ihm mit dem physischen, dem mentalen und dem spirituellen Körper geht – jetzt.

Du bedankst dich beim emotionalen Körper und fragst ihn, was er von den drei anderen Körpern braucht, damit er mit ihnen optimal kooperieren kann. Und dein emotionaler Körper antwortet, indem er zu den drei anderen Körpern direkt spricht:

- „Physischer Körper, ich brauche von dir ... (Anliegen), damit ich ... (Bedürfnis).
- Mentaler Körper, ich brauche von dir ... (Anliegen), damit ich ... (Bedürfnis).
- Spiritueller Körper, ich brauche von dir ... (Anliegen), damit ich ... (Bedürfnis)."

Du bedankst dich bei deinem emotionalen Körper.

Nun meldet sich der mentale Körper. Er teilt dir mit, wie er zu dir steht und wie es ihm mit dem physischen, dem emotionalen und dem spirituellen Körper geht – jetzt.

Du bedankst dich beim mentalen Körper und fragst ihn, was er von den drei anderen Körpern braucht, damit er mit ihnen optimal kooperieren kann. Und dein mentaler Körper antwortet, indem er zu den drei anderen Körpern direkt spricht:

- „Physischer Körper, ich brauche von dir ... (Anliegen), damit ich ... (Bedürfnis).
- Emotionaler Körper, ich brauche von dir ... (Anliegen), damit ich ... (Bedürfnis).
- Spiritueller Körper, ich brauche von dir ... (Anliegen), damit ich ... (Bedürfnis)."

Du bedankst dich bei deinem mentalen Körper.

Nun meldet sich der spirituelle Körper. Er teilt dir mit, wie er zu dir steht und wie es ihm mit dem physischen, dem emotionalen und dem mentalen Körper geht – jetzt.

Du bedankst dich beim spirituellen Körper und fragst ihn, was er von den drei anderen Körpern braucht, damit er mit ihnen optimal kooperieren kann. Und dein spiritueller Körper antwortet, indem er zu den drei anderen Körpern direkt spricht:

- „Physischer Körper, ich brauche von dir ... (Anliegen), damit ich ... (Bedürfnis).
- Emotionaler Körper, ich brauche von dir ... (Anliegen), damit ich ... (Bedürfnis).
- Mentaler Körper, ich brauche von dir ... (Anliegen), damit ich ... (Bedürfnis)."

Du bedankst dich bei deinem spirituellen Körper.

Nun meldet sich die Farbschwingung, welche den vier Körpern dabei hilft, optimal miteinander zu kooperieren. Falls du es nicht wissen solltest, probiere verschiedene Farben aus: Rot, Orange, Gelb, Grün, Indigo, Violett, Magenta, Bronze, Silber, Gold, Perlmutt, Weiß oder eine andere Farbe. Du erkennst es – jetzt.

Nimm einen weiteren tiefen Atemzug und mit dem Ausatmen erscheint über dem gesamten Platz wieder deine Lichtdusche. Diese Lichtdusche strahlt jetzt genau die Lichtfarbe in dich und alle vier Körper hinein, welche die stärkste Unterstützung für das Zusammenwirken aller vier Körper bewirken wird. Nimm drei weitere tiefe Atemzüge und mit jedem Atemzug breitet sich dieses Licht stärker und stärker in allen vier Körpern aus.

Und dann bittest du alle vier Körper erneut, in sich hineinzuspüren und ihre Position und Haltung so zu verändern, wie es ihnen nun nach der Lichtdusche entspricht.

Was hat sich geändert an der Position der vier Körper? Ist ihre Ausrichtung eine andere, ihre Haltung, ihre Kooperation mit Ihnen?

Nun lade alle vier Körper ein, sich um dich herum aufzustellen, dir zugewandt. Spüre die Kraft und Kooperation aller vier Körper und bedanke dich bei ihnen für ihre Unterstützung.

In dieser Kooperation und Unterstützung aller vier Körper, was ist nun möglich, was vorher nicht möglich war? Welches Ziel, welcher Wunsch, welches Anliegen kann sich erfüllen?[80] nimm es wahr – jetzt.

Und dann spüre noch einmal die Kraft deiner vier Körper um dich herum, während du dich auf die Rückreise machst. Vor dir ist wieder dieses große Tor, durch das du jetzt schreitest, dein Lichttunnel, in den du hineingehst. Du erlebst die Strahlung der nachfolgenden Farben, während du mehr und mehr in die physische Realität zurückkommst: Violett – Indigo – Blau – Grün – Gelb – Orange – Rot. Rot: Du bist wieder im Hier und Jetzt, aber deine vier Körper sind weiterhin mit dir in dieser Welt von Zeit und Raum.

Nach der geführten Reise mache dir Notizen darüber, was du erlebt und erkannt hast.

Zusammenfassung:

- Kreisen der Wahrnehmung durch die verschiedenen Körperregionen: Bringt sensorische Ströme ins Fließen.

---

80 Nimm an dieser Stelle dein Anliegen zur Hand, das du zu Beginn der Fantasiereisen formuliert hast oder empfange dein Anliegen intuitiv an dieser Stelle.

- Kontakt mit dem Unbewussten über den Farbtunnel mit den sieben Regenbogenfarben Rot–Violett.
- Lichtdusche – Tor – Platz der Begegnung und Wandlung.
- Dorthin den physischen, emotionalen, mentalen, spirituellen Körper einladen. Den jeweiligen Körper fragen, was er braucht und ihm eben dieses geben. Die optimale Lichtfarbe ermitteln und über die Lichtdusche zuführen.
- Alle vier Körper und ihre Position untereinander wahrnehmen. Jeden der vier Körper fragen, was er für eine optimale Kooperation mit den anderen Körpern braucht und ihm eben dieses geben. Die optimale Lichtfarbe ermitteln und über die Lichtdusche zuführen.
- Die Kraft der dir zugewandten vier Körper spüren, danken.
- Über den Farbtunnel wieder zurückkehren ins Hier und Jetzt. Weiterhin die Kraft der vier dir zugewandten Körper spüren.

Nachwort

Ich bin froh, wenn es jemand in ganz kurzer Zeit geschafft hat, durch meine Impulse unabhängiger zu werden, sein Leben wieder in die Hände nimmt und wieder glücklich ist. Deshalb habe ich noch nie etwas von langwieriger Psychotherapie gehalten, außer bei psychisch Schwerkranken, die Klienten eher in Abhängigkeit bringt, als möglichst schnell wieder auf die Füße. Am Ende müssen wir alles mit uns selbst ausmachen, die Anregungen im Leben umsetzen und vor uns selbst Zeugnis ablegen.

Die Vier-Körper-Aufstellung ist das wirkungsvollste und effektivste Instrument für die Arbeit mit Menschen und für unser Selbstmanagement, das ich je kennengelernt habe. Nimm dir bitte fest vor, so schnell wie möglich, eine konkrete Erfahrung damit zu machen, allein, mit Begleitung, in einem eintägigen Einführungsseminar bei uns am Ammersee, mit Freunden oder, wenn du schon die Erfahrungen damit gemacht hast, ein paar Wochen lang diese jeden Tag einmal kurz zu wiederholen. Es sind nur ein paar Minuten am Morgen und dein Tag wird einfach anders ablaufen. Besser. Klarer. Leichter. Zentrierter. Mache dir einen Reminder, vielleicht an deinem Badezimmerspiegel, an dem du morgens vorbeikommst und schenke dir einen kostbaren Moment für dich, indem du kurz in deine vier Körper hineinspürst.

Für mich ist Beratung und Coaching immer Hilfe zur Selbsthilfe. Und mir war es schon immer wichtig, mich unabhängig von Coaches, Trainern und Beratern zu machen. Deshalb finde ich auch nur diejenigen Coachingmethoden seriös, die ich am Ende selbst anwenden kann. Dann sind sie so einfach, dass ich es auch tue. Denn darum geht es letztendlich: Kein Meisterkurs bei einem Instrumentalisten, kein Vortrag eines erfolgreichen Stars, keine Fortbildung in einer neuen Kampfsportart nützen uns etwas, wenn wir die dort erlernten Übungen und Impulse nicht durch tägliches Training weiterentwickeln. Wie es der russische Starpianist Horowitz mit über 90 Jahren ausdrückte: *„Wenn ich einen Tag nicht übe, höre ich es selbst. Wenn ich zwei*

Tage nicht übe, mein Agent. Und wenn ich drei Tage nicht übe, auch mein Publikum."

Wegbereiter für Meditation

Die Vier-Körper-Aufstellung ist übrigens, selbst wenn man sie nur wenige Minuten macht, auch ein wunderbarer Einstieg in Meditation. Wenn die vier Körper am richtigen Platz stehen, uns zugewandt und wohlgesonnen sind, dann sind wir auch eher in der Lage, still zu werden und nach innen zu gehen. Manchmal nutze ich den spirituellen Körper als Einstieg in Meditation, manchmal setze ich mich am Ende meiner Vier-Körper-Aufstellung einfach nur kurz hin, und sofort überkommt mich eine selige innere Ruhe. Probier's einfach aus.

Literaturhinweise

- Aufstellungen in Eigenregie: Anleitung zur Selbsthilfe von: Gabriele A. Petrig
- Aufstellungen mit dem Systembrett, Wolfgang Polt, Markus Rimser, Ökotopia Verlag
- Aufstellungsarbeit mit dem Inneren Team: Methoden- und Praxisbuch für Gruppen, von: Dagmar Kumbier
- Basics der Systemischen Strukturaufstellungen: Eine Anleitung für Einsteiger und Fortgeschrittene - mit Beiträgen von Insa Sparrer und Matthias Varga von Kibéd, von: Renate Daimler
- Business-Aufstellungen auf dem Systembrett: Kurzanleitungen zu verschiedenen Variationen
- Circles of Life, Ursula Becker: arbeitet mit dem Vier-Körper-System allerdings nicht aufstellungstechnisch
- Das Geheimnis des Herzmagneten, Rüdiger Schache, Goldmann Verlag
- Das geistige Familien-Stellen: Ein Überblick von: Bert Hellinger, Paper@ Screen Anna Moderegger
- Das Handwerk des Familien-Stellens: Eine Einführung in die Praxis der systemischen Hellinger-Therapie von: Bertold Ulsamer
- Das innere Team in Aktion. Praktische Arbeit mit dem Modell. von: Friedemann Schulz von Thun, Modell des inneren Königs
- Das Kind in dir muss Heimat finden; Stefanie Stahl, Kailash Verlag,
- Das Seelenrad des Lebens. Systemische Astrologie und Aufstellungen auf dem Horoskoprad von: Lisa Böhm (Broschiert), gute Beschreibung der Planeten-Kräfte
- Das unsichtbare Netz: Erfolg im Beruf durch systemisches Wissen. Aufstellungsgeschichten von: Renate Daimler

- Das verborgene Netzwerk der Macht: Klaus p. Horn – Wording von Aufstellungen auf Unternehmen bezogen: Systematische Aufstellung in Unternehmen und Organisationen
- Der Gefühls- und Bedürfnisnavigator: Gefühle & Bedürfnisse wahrnehmen. Eine Orientierungshilfe f. Psychosomatik- & Psychotherapiepatienten von: Gerlinde R. Fritsch (Broschiert)
- Die Ich-Selbst-Aufstellung; Siegfried Essen, Selbstliebe als Lebenskunst; http://www.siegfriedessen.com/vortraege.php?DOC_INST=8
- Das 10-Minuten-Familienstellen, Dr. Jörg Tacke, DVD
- Die Architektur der Innenwelt, Artho Stefan Wittemann (DVD)
- Die Architektur der Innenwelt, Artho Wittemann: hat vier Ebenen des Bewusstseins und 5 Kontinente der Psyche
- Die Ordnungen des Erfolgs: Einführung in die Organisationsaufstellung von: Kristine Erb,
- Die Sehnsucht des Lebens nach sich selbst: Der Lebens-Integrations-Prozess in der Praxis von: Wilfried Nelles,
- Die vier Elemente in Astrologie und Tarot von: Hajo Banzhaf
- Einführung in die Praxis der Systemaufstellungen von: Diana Drexler
- Facetten des Familienstellens 1 von: Marc Baco
- Frühes Trauma: Schwangerschaft, Geburt und erste Lebensjahre, von: Franz Ruppert (
- Ich stelle selbst auf - Wie Sie Ihre Selbstheilungskräfte durch Freies Aufstellen aktivieren von: Olaf Jacobsen (Broschiert) – für Selbstaufstellung
- Lösungen mit dem Systembrett, Georg Breiner, Wolfgang Polt, Ökotopia Verlag
- Praxis des Familien-Stellens. Beiträge zu Systemischen Lösungen nach Bert Hellinger, von: Gunthard Weber (Taschenbuch)
- Systemische Therapie für Dummies von: Paul Gamber
- Systemisches Projektmanagement: Grundlagen, Umsetzung, Erfolgskriterien, von: Harald Heinrich

- Symbiose und Autonomie, Franz Ruppert, Klett-Cotta Verlag
- Wie Sie alte Wunden allein heilen und neue Kraft schöpfen: Familienaufstellung ohne Stellvertreter – Ein Selbsthilfebuch mit CD von: Bertold Ulsamer
- Wut, Schuld & Scham: Drei Seiten der gleichen Medaille von: Liv Larsson

Weblinks:

- Deutsche Gesellschaft für Systemaufstellungen
- **Familienstellen, Mentzos, Stavros Mentzos:** Familienaufstellungen – Versuch einer Kritik, aber auch einer Würdigung vom psychoanalytischen Gesichtspunkt aus
- **Fernsehsendung über die Aufstellungsmethode auf BRAlpha:** Was wir noch nicht wissen: Woher weißt du, was ich fühle?
- Internet-Videos mit bekannten Systemaufstellern: http://www.jahnsverlag.de/d/ueber_jahnsverlag.htm

Printed in Poland
by Amazon Fulfillment
Poland Sp. z o.o., Wrocław

71589521R00168